教育人間学

臨床と超越

田中毎実――[編]

東京大学出版会

Pedagogical Anthropology:
Clinical Approaches and Transcendental Thoughts
Tsunemi TANAKA, Editor
University of Tokyo Press, 2012
ISBN 978-4-13-051322-7

はじめに

本書は、教育哲学の領域で個性的な仕事を積み重ねてきた研究者たちによる、養育と教育に関する原理的な論考の集成である。いずれの論考も、在来の常套的な議論の仕方に飽きたらず、これらを教育学・人間学の両面において水平的・垂直的に突破する仕方で書かれている。結果として「教育人間学」というカテゴリーによってのみ包括することのできるような原理論的統合論的な理論が展開されており、これらを一読することによって、今日教育人間学という分科がどのような水準に到達しようとしているのかを概観することができる。この豊かな共同作業に参加することができた幸運を、まずは率直に喜びたい。

それにしても、本書の仕事は、教育人間学領域の仕事のうちでどのような位置を占めるのだろうか。本書に十年あまり先だって、『日本の教育人間学』(皇紀夫・矢野智司編、一九九九年、玉川大学出版部)が刊行された。この先駆的な仕事によって、我が国における教育人間学の生成と構成と展開が包括的に示された。以後、教育人間学に関連する業績はすべて、同書で暫定的に示された学問的規定のうちに自らの位置を見出すべく模索せざるをえず、その限りでまた、自らこの学問的規定の妥当性を検証する契機になるほかはなかった。本書もまた、まさにこのような文脈の裡にある。

もっとも『日本の教育人間学』では、教育人間学というディシプリンについてはっきりとした規定ないし境界付けを示すことは、意識的に避けられている。教育人間学を区切る境界はかなり緩やかに広くとられ、この特異なディシプリンの展開の可能性、そして個々の研究者による自己規定の余地が、大きく残された。同書で取りあげられたのは、木村素衞、小原國芳、倉橋惣三、勝田守一、正木正、下程勇吉、森昭、上田薫、村井実、蜂屋慶、大田堯、堀尾輝久、和田修二である。我が国で「教育人間学」の起源を求めるとすれば、精一杯遡行してもせいぜいのところ木村素衞の仕事――「パイースとパイダゴゥゴスを二つの焦点とする人間学」ないし「形成的自覚的存在論としての人間学」としての「教育学」（木村素衞『国家に於ける文化と教育』岩波書店、一九四六年、五三頁以下）――までである。もっと限定して、教育人間学が自立したディシプリンとして意識的自覚的に引き受けられた時点にまで遡行しようとすれば、その探索の及ぶのは、せいぜいのところ森昭の仕事――『教育人間学―人間生成としての教育』（森昭『教育人間学』黎明書房、一九六一）――までである。実際のところ、『日本の教育人間学』で取り上げられた人々のうち、自分の仕事を何らかの仕方で「教育人間学」と規定したのは、わずかに木村、下程、森、堀尾、和田のみである。

『日本の教育人間学』における考察対象の選択は、暫定的ではあった。しかしこれは、教育人間学の理論的系譜をできるだけ広い範囲で構成し、理論展開の見通しと余地をできるだけ広げるためには、適切な戦略的選択であった。たとえば、『教育哲学研究一〇〇号記念特別号』（教育哲学会編、二〇〇九年）「第9章　人間学」を構成する二つの論文は、『日本の教育人間学』以来の理論的視野や対象選択の柔軟さ広さの伝統によって下支えされて、のびのびと論を展開している。この豊かな解放作用だけでも、『日本の教育人間学』の刊行は画期的な出来事であったといえよう。

『日本の教育人間学』での柔軟で間口の広い規定をうけていうなら、「教育人間学」は、教え育てる人たちの「教育」と「人間」に関する「トータルな」「自己認識」である。今日、家庭、地域、児童関連施設、学校制度、塾や予備校などの学校補完制度、行政、職場などは、互いに癒合して、学校複合体とも名付けるべき巨大な収容システムを編んでいる。そして学校複合体は、自生的にさまざまな問題を引き起こしている。この問題は、きわめて複雑かつ多面的であり、しかもこれについて考察しようとする人自身をも巻き込んでいる。ここで求められる認識は、利害中立的な対象認識ではありえず、その問題への直面を契機とする認識する人自身の人間と教育に関するトータルな自己認識である。このような自己認識としての教育人間学は、巨大な学校複合体の機能障害に直面する今日の養育教育状況にこそ適合的な理論である。

養育と教育の領域での人間のトータルで全体的な自己認識という理念は、教育人間学のもっとも基本的な学問的特質である。教育人間学は、このトータルな自己認識を通して、理論の展開にとって桎梏となってきたさまざまな制約を超え、教育学を日常的な実践と関わる全体的な理論へと再生させる。本書は、「ライフサイクルと臨床」、「超越とメディア」の二つの部から構成されているが、この二つが示しているのは、在来の教育理論を拘束してきた制約を離脱・超脱する二つの基本的な運動方向である。

第一に、養育と教育の理論は、これまでおもに「子どもの大人への発達」を扱ってきたので、大人の成熟や老いや死の受容への成熟、そして異世代間の相互生成などを、うまく捉えることができなかった。さらに、社会の全領域での養育・教育機能の低下、家族や地域社会の凝集力の解体、宗教性の希薄化のさなかでは、大人の成熟、老いや死の受容などは、どのような場面でも確たる展望の見えないむつかしい課題であらざるをえない。私たちは理論の視野を、子どもの大人への「発達」から大人や老いや死を含む「ライフサイクル」へと広げざるをえない。さらに、養育と教育の理論の生産が巨大な学校複合体の下位システム（理論産出システム）の機能として制度化されるに従って、理論は、理論を生成する前理論的基盤である日常性との臨床的なつながりを失い、自動的でメカニックな機能的所産となる。

臨床性をもたない理論は、今日の巨大な学校複合体が次々と生み出す自生的な危機に、うまく対応することができない。「ライフサイクルと臨床」という表題で括られるべき考察が求められる所以である。

第二に、理論の前理論的基盤である日常性という具体的な経験の場は、本来、成人や老いや死を含む豊かな時間の流れのうちにあるばかりではなく、深く高く超越に向けて垂直レベルへと開かれており、さらにさまざまなメディアを介して広く水平レベルへと開かれている。しかし理論がこのような豊かな垂直的水平的広がりをもつ日常性とのつながりを失うにつれて、理論の視野は、養育と教育の問題に直面して理論の定位されるべき時間的空間的な広がりを失ってしまう。「超越とメディア」という表題で括られるべき考察が求められる所以である。

本書は、「ライフサイクルと臨床」および「超越とメディア」という二つの部から構成されている。教育人間学は、在来の養育と教育の理論の視野の狭さを突破するために、第一に、養育と教育に関わる生の時間的流れの全体性、具体的な経験という場の全体性へ拘泥するべきであり、第二に、具体的な経験の超越に向かう垂直レベルの深さ高さ、メディアに介された水平レベルの広さへ拘泥するべきである。本書の論考はすべて、この二つの部のいずれかに振り分けられている。しかし子細に見れば、それぞれの論考はすべて、なんらかの仕方でこの二つの全体性の把握を試みているものとみることができる。この意味では、二つの部への振り分けは、あくまでも暫定的であるにすぎない。すべての論考に実際に認められるのは、在来の養育と教育の理論を時間的空間的に突破しようとする意志であり、この意志による教育人間学の構成運動である。もちろんこの自己認識運動は、養育と教育の理論がかたちづくる文脈において確定した位置を求めようとする限り、「学問」でなければならない。それでは、どうすれば自己認識は、学問でありうるのか。このことについては、本書での西平論文における生々しい記述を参照されたい。

しかし学校複合体の理論生産システムの自動運動として理論が量産されるさなかで問われているのは、「これは

〈学問〉なのか」――すなわち「これは〈学問〉というカテゴリーに属する仕事なのか」――といった大所高所からの問いではない。ここで問われているのはむしろ、「私たちは誰に向かって書いているのか」というきわめて切実な問いである。本書の論考はすべて、既成の学問的営為に飽き足らない立場から書かれている。しかし、教育人間学というまだに新奇さのニュアンスの消えない学問的営為を駆動している主要な力の一つは、あらためて書き手と読み手を問う問いである。すなわち、これまでの論では曖昧なままに問われることのなかった「書き手」を、さらには「読み手」を問いの対象に据えて、あらためて「誰が誰に向かって書いているのか」、そして「この語りかけは届いているのか」を問うのである。私たちは、この問いをどのように超えれば、あらためて歩み出すことができるのか。これこそが、現在の私自身が直面しているもっとも切実な問いである。

最後に一言。本書の編集にあたって、定年退職に伴う職場の移動と重なって、実務の大半を、矢野智司さんにお任せすることになってしまった。お詫びするとともに、にもかかわらず本書がこのような見事な形をとることができたことについて、深い感謝の意を示しておきたい。私自身は、本書の編集に若干でも関与できたことによって、このきわめて多忙な時期に、自分の研究の在り方を深部から着実に捉え直すことができた。このような豊かな機会が与えられたことについて、矢野さんと執筆仲間たちに感謝の意を記しておきたい。

田中毎実

教育人間学——臨床と超越　目　次

第Ⅱ部　超越とメディア

序　章　人間学と臨床性

教育人間学から臨床的人間形成論へ

田中毎実

はじめに

教育人間学は、教育領域における人間の存在と生成についてのトータルな自己理解をめざして、これまで理論の視野を制約してきたさまざまの枠組みを意識的自覚的に突破し、理論を全体化し統合化してきた。しかしこの全体性・統合性への突破は、生活世界の具体性からの離脱でもありうる。したがって、突破は今一度繰り返され、今度は日常的生活世界の具体性に向き合う臨床性に向けて、理論の全体性統合性が突破されなければならない。

しかし突破はさらに、今一度繰り返されなければならない。臨床性への焦点化は、状況の具体性特殊性に対応する視野の制約でありうるのであり、これを人間の存在と生成のトータルな自己理解としての人間学に向けて今一度突破することが求められるからである。こうして、人間学への突破と臨床性への突破は循環的に繰り返される。この循環を通してじょじょに構築される新たなディシプリン、すなわち人間学と臨床性とを構成契機とする分科を、臨床的人間形成論と名付けよう。

ところで、木村素衞（一八九五―一九四六）を端緒とし森昭（一九一五―一九七六）を末尾とする京都学派の直接の影響のもとにある教育学の流れを想定してみると、ここで理論構成を駆動しているのは、人間学志向と臨床性志向の交互的規定である。木村の「一打の鑿」（一九三三）にみられる臨床性志向は、遺著『国家に於ける文化と教育』における人間学――正確にいえば「パイースとパイダゴッゴスを二つの焦点とする人間学」としての「教育学」（木村、一九四六、五三頁／大西、二〇一一、三一二頁以下）――志向によって突破される。逆に、森昭の主著『教育人間学――人間生成としての教育』（森、一九六一）から未完の遺著『人間形成原論』（森、一九七七）へ到る理論展開は、人間学志向による理論の全体化統合化への一次的突破が臨床性へ向けて二次的に突破される運動そのものである。

臨床的人間形成論の構築は、人間学志向と臨床性志向の交互的突破のもたらす循環運動である。この意味で臨床的人間形成論の構築は、人間学と臨床性とを二つの構成契機としているが、それはまた、教育の領域で木村、森の理論を介して京都学派の理論構成企図を継承する運動であるとともに、教育理論を状況的課題に応答する統合論的臨床的ディシプリンへと再構築する運動でもある。

第一節　教育人間学から人間形成原論へ――森昭の理論展開

森昭の主著『教育人間学』と遺著『人間形成原論』との間には、大きな断絶がある。前者が教育領域での人間の全体的自己理解をめざして巨大な階層論的統合論を展開しているのに対して、後者においては、当初の構想であった階層論が、死に瀕した森自身による「生命鼓橋の作り渡し」に関する切実で臨床的な自己理解の試みによって、内から破られている。この人間学的な自己理解と臨床的な自己理解との間の拮抗ないし緊張は、京都学派に内在する同様のダイナミックスを直截に引き継ぐものである。この点を見るために、まずは師である田邊元と森とのやりとりを振り返ることから始めよう。

森の『教育人間学』は、田邊との密接な連絡のもとに書かれた。これについての証言は、田邊元全集第八巻「月報」に掲載された森の「田邊先生の書簡から」のみであり、しかもここで引用されているのは、田邊の「約五〇通に及ぶ」森宛書簡のうち『教育人間学』に関する三通の、それも一部でしかない。この証言は、森の編集を介してはいるが、死直前の田邊と森とのやりとりについての貴重な資料である。書簡からは、『教育人間学』の原稿はある程度まとまり次第、順次、田邊のもとへ送られ、田邊は原稿段階での『教育人間学』を通読したようにも読める。引用された書簡によれば、田邊の『教育人間学』への肯定的評価は、森の人類生物学的議論——これは全体（八四六頁）のわずか一五％（一三〇頁）にすぎない——に集中している。さらに次の三点が読み取れる。

（一）森は『教育人間学』を〈「人間存在論」から区別された「人間生成論」〉と規定している。この「区別」には、森の〈教育学に従事する哲学者〉としての自負（「人間存在論に対抗して人間生成論を展開する教育学者／哲学者である自分」）が賭けられている。しかしこの論点には、田邊はさほどの注意を向けてはいない。

（二）森の仕事は、田邊が「種の論理」に関連して「論理的に展開した所」に「人類生物学という実証的基礎」を与えた点で、評価されている。教育人間学は、たんに哲学に「実証的基礎」を与えるものとして価値づけられているにすぎず、それゆえにこそ森には田邊から実証的理論を越えた原理的理論の展開が課題づけられている。

（三）森の「個体発生が系統発生を創造する」とする論点が肯定的に評価されているが、これは、「種の矛盾対立の間から、個がそれを超えて、対立を統一する類の象徴として自らを実現する」という田邊の「種の論理」の「弁証法」の立場からの評価である。森は「系統発生を創造する」個の実存的営為に焦点づけているのだが、田邊からすればこの焦点づけは、個・種・類の弁証法的連関から力動性や全体性を抜き去るものである。森へ「実存主義哲学からの脱却」という課題が提起されているゆえんである。

森によれば、人間はその生物学的基礎の逆説性によって、行為を通して世界と自己とを規定し「生産的人格」へと自己生成することを強いられた存在である。森のいう生成とは、人間が生物学的、社会文化的、人格的な階層を次々と突破していく自己超越である。人間存在を行為し生成する存在とみる点で、森と田邊は一致する。しかし田邊の見るところ、森においては、行為や生成を組み入れる文脈の全体性が十分に把握されておらず、しかも行為や生成のさしむけられる方向（すなわち理念）が分明ではない。つまり、生成が、類・種・個の弁証法的連関において把握されていない。これが、田邊の批判である。

田邊から森に与えられた課題（実存主義哲学の克服、類・種・個の弁証法的把握）は、『人間形成原論』によって応えられたのか。少なくとも応えようと努められたのか。『原論』が実証的研究の紹介を最小限にとどめて、直截に理念や本質を問おうとしていること、さらに『原論』での「生命鼓橋」論が――少なくとも形の上では――実存協同、死・復活などといった田邊晩年期の発想の森なりの受容とも読めることなどを考え合わせるなら、『人間形成原論』は、森の田邊への応答であるとも考えられる。しかしここでの森の応答は、実存主義哲学の克服ではなく、むしろ孤独な個の自己投企としての「生命鼓橋の作り渡し」について論ずる実存主義哲学の徹底である。森は、田邊に逆らう仕方で田邊の課した課題に応えたことになる。それればかりではない。種を媒介とする個と類との弁証法的運動についていえば、『原論』における〈異世代間の生命鼓橋の相互的な作り渡し〉という議論は、個と個の相互性について語るにとどまる。『教育人間学』における個の実存的自己生成から『人間形成原論』における異世代間の相互性への理論展開をもたらした契機は、弁証法的なダイナミックスなどではなく、きわめて強靱で健康であった著者にとっては思いがけなかったはずの発病（網膜剥離）や孫の出生などをきっかけとする日常的生活世界への臨床的な転回ないし回帰である（田中、二〇一二）。この森の理論にみられる人間学的全体的な自己理解と臨床的な自己理解との間の緊張は、京都学派ないし京都学派教育学のそれを直截に継承するものとみることができる。

第二節　人間学と臨床性——京都学派と京都学派教育学

森が折々に記した伝記的記述や関連文献（大島、一九七八）などによって、森の理論構築に関与する人々を特定することができる。この人々は、通常思い描かれる「京都学派」の中核をなしている。「京都学派」をこのようにルーズに規定するとすれば、この「学派」は、生の哲学、現象学、解釈学、実存哲学、人間学などを爆発的に展開しつつあった欧米、わけてもドイツ哲学の（船便で書籍の届く一ヶ月というタイムラグをもつ）ローカルな、仏教などの伝統的思想と眼前の生活の貧困窮乏（谷川、一九九七）とに根差した一分派とみることができる。この学派の理論の世界水準の豊かさと理論が根差す生活現実の貧しさとの間には、目眩のするような乖離がある。半身は前近代に、半身は近代に属し、さらに半身はローカリティに、半身はユニバーサリティに属する。この境界性（marginality）が、翻って、前近代／近代、ローカリティ／ユニバーサリティのいずれをも相対化しその対象的把握を可能にする。しかし境界性の今ひとつの特質は、不安定や動揺である。とすれば、境界性に根差すこの学派は、理論的アイデンティティをどこにどう見出すことができたのか。

たとえば、この学派の二つの焦点である西田幾多郎と田邊元は、互いに強い緊張のもとにありながら「絶対無」などに含意される生成論的・生命論的発想を共有している。かれらはともに、生きて活動する存在として生きて活動する存在をまるごとに把握しようとする。さらに、かれらは、人間学という形での人間存在の全体性の自己理解への統合論的原理的関心、理論の土台としての経験性・臨床性への関心を共有している。これについて少し詳しくみてみよう。

1　京都学派――人間学への関心、臨床性への関心

まず、「人間学」への関心について。京都学派は、ドイツでの人間学の展開から間を置かずに理論構築を進めた。以下で言及する文献群については、本章末尾の文献表のほか、拙著（二〇一二）の第一章を参照されたい。一九三一年以後数年の西田、和辻、田邊の人間学の展開は、シェーラー、プレッスナー、ハイデッガーの関連文献の公刊（一九二八―二九）を受けている。第一次大戦後の経済破綻と社会的政治的混乱をへてナチスの勃興に至る激動期のドイツで「人間とは何か」という人間の根元的な自己理解への問いが問われたのは、必然的とも思われる。この時期の我が国もこの激動という意味では世界同時性のうちにあるから、京都学派の人間学への関心もまた、時代状況から説明できる。三一年以後数年の端緒的な人間学の仕事は、三八年の高山、九鬼、西田の幾分か体系化された本格的な哲学的人間学の仕事へと展開される。西田の「論理と生命」（一九三六）以降のマルクス主義との対質をきっかけとする新たな展開を含めて、京都学派の人間学はすべて、人間が自身の存在と生成の広がりと深さの全体に向ける自己認識・自己理解であり、この意味での全体性・統合性と自省性とを特質とする原理論である。それらは多くの場合、全体性の把握に適合的な階層論的構成をとっている。

次いで、「臨床性」への関心について。生活世界の具体的日常性への関心を「臨床的」と規定するとすれば、この意味での関心を、西田、田邊、木村素衞、森昭の理論に、一貫して見出すことができる。「今（ここといま）」におけ

る人間の存在と生成の全体への関心である。「今」は、その根柢において、（そこから時間や世界や世代などが立ち現れる）「永遠の今」に、さらにいえば「絶対無」に触れている。「永遠の今」の自己限定（西田に拠ればこれは「人格的生命の自己限定」でもある）によって、過去や未来や世界が生ずる。このことを坂部恵（一九九四）は、「西田において、自己ないし自覚あるいは〈我々の意識と考えるもの〉が、そこから生成してくると考えられる世界ないし環境あるいは〈於てある場所〉は、つねに、〈永遠の今〉という底知れぬ深みにまで届く〈無限の深さ〉というのがここでのキーワードである〉、いわば幾重もの重層をはらんだ〈垂直〉の次元として考えられている」とまとめている。臨床的関心の見出す「ここといま」という理論にとっての生成的基盤は、「永遠の今」に到るまでの垂直次元の「無限の深さ」と水平次元の「世界ないし環境あるいは〈於てある場所〉」とからなる（西田、二〇〇二）。

三木や田邊は、「永遠の今」という考え方が行動や変革とは背反するのではないかと疑うが、「永遠の今」はむしろ、行動や変革を「超越論的」（transzendental）に導く——つまり、現実を距離化しそこから新たな行為や変革を生み出し支える——母胎である。このような深みと広がりをもつ「今」（ここといま）は、西田の場合、「純粋経験」から「現実」をへて「現在」へと変遷し、さらに「場所」、「行為的直観」、「歴史的身体」などさまざまなタームを産出してきた（田中、二〇一二）。主客未分の「純粋経験」、直観経験と反省の同一である「自覚」、自覚の自覚としての「絶対自由意志」、絶対自由意志を可能にする根拠としての／一切のものを自己の内に包み、また自己自身の内に映して見る「絶対無の場所」、形而上学的な絶対無の場所の自己限定としての「弁証法的世界」と、名付け方はたしかに次々に変遷したが、まさにこのような「いま」を把握しようとする立場、すなわち「すべてがそこからそこへ」という「何処までも直接な、もっとも根本的な立場」は、終始一貫している。

「臨床性」において把握されるのは、（そこから時間や世界が立ち現れる）「永遠の今」に触れる「ここといま」における人間の存在と生成のありようである。これを、三木清の用語法を援用して「パトス」と呼ぶこともできる。「永遠の今」との接触を支えに自己状況にリアクトしつづける受苦的情熱的で応答的な人間のありようである。臨床においてみいだされるのは、日常的生活世界における人間であり、ここといまにおけるパトスとしての人間である。木村素衞を嚆矢とする教育理論の流れを「京都学派教育学」と呼ぶとすれば、これもまた、京都学派に共有される生命論生成論的発想、人間の全体性への人間学的関心、臨床性への関心を土台としている。

2　京都学派教育学の展開

「哲学工房」としての京都学派は、教育理論をも産出した。京都学派教育学の発端には、木村素衞の「一打の鑿」（木村、一九三三）と西田の「教育学について」（西田、一九三三）があり、末尾には、森昭の『人間形成原論』（一九七七）における「生命鼓橋」論がある。木村と西田の発端は、この学派が本格的に人間学を展開しはじめる時期と重なっている。木村の教育学には、京都学派の生命論生成論、人間学的な全体的原理的自己理解志向、臨床性志向のすべてが、引き継がれている。

西田が小論「教育学について」を書き記したのは、その執筆時期を勘案すると、弟子である木村を広島文理科大学における美学担当から引き抜き、京都大学の教育学講座に就かせ、美学から教育学の世界へといくぶんか強制的に送り出すにあたって、木村へエールをおくるためであったと考えることができる。この論考の中心タームは、美的形成にも教育的形成にも共通する「天地の化育に賛す」という理念である。これに対して、ほぼ同時期に執筆された木村の「一打の鑿」においては、人間の「プラクシス・ポイエーシス」――中期西田哲学に由来するこの複合語では対人的「相互行為」と対物的「労働」とは区別されず、「彫刻」と「教育」もまた区別されない――は、（「天地の化育」という言葉こそまだ直接に使われてはいないが）「絶対無の表現」の一端を担う人間の営為であり、しかもこの営為によって人間は、自己表現する絶対無（ないし化育する天地）と動的に宥和するものとされている。木村は「一打の鑿」において西田の「天地の化育に賛す」という理念をその実質において、しかもプラクシス・ポイエーシスにおいて先取りし、これを自らの教育学の成立根拠として、形而上学的色彩と臨床理論的色彩とを同時にもつ教育理論の体系構築に着手したのである。西田の「教育学について」と木村の「一打の鑿」に共通するのは、「絶対無の表現」ないし「天地の化育」という発想に示されている生成的で生命論的な存在論・生成論である。

木村は「一打の鑿」で、中期西田哲学の「行為的直観」を芸術的創作行為のありようとして受けとめ、「場の論理」に拠る臨床的かつ形而上学的な教育行為論・学習論を展開した。木村は、「一打の鑿」を出発点とし、当時焦眉の課題であった国家と教育との関連の問題を解くために京都学派の「世界史的国民」論などを引き受けて、遺著『国家に於ける文化と教育』（木村、一九四六）で、京都学派教育学の一応の体系を示した。しかしこの体系性は、「一打の鑿」では顕著であった臨床性志向が後退することを代償として、獲得されている。木村は、初期の臨床性志向から出発して、これを人間のトータルな自己理解をめざす人間学志向が突破する仕方で体系的な教育理論を構築した。木村の場合にも、人間学の全体的自己理解志向・体系志向と臨床性志向とはうまく両立せず、時期ごとにどちらか一方にアクセントが置かれた。この二つの間で何とかバランスを取ることが、森の場合にもその理論構築の深部にある関心であったと考えることもできる。

第三節　教育人間学から人間形成論へ

敗戦による年長世代の研究者たちの公職追放や木村の思いがけない死などによって、当時三〇歳代そこそこであった森は、にわかに一人前の教育学者として振る舞わなければならなくなった。ここでかれが直面した課題は、一方では、徹底的な「教育の学への懐疑」から出発して、理論を人間存在論・人間生成論にまで溯って原理的に基礎づけることであり（森、一九四八）、他方では、教育実践へ（指導するのではなく）連帯しつつ臨床的に関わること（森、一九五〇）であった。当事者を二股に割きかねないこの人間学的／臨床的関心の表明は、森のその後の「教育人間学」から「人間形成原論」へ至る学問的苦闘を先取りしている。

森によれば、敗戦後には子どもたちの教育も徹底的な合理性に基づいて、しかも子どもたち自身の経験や自発性を最大限生かしつつ、社会の再建のために再組織されなければならない。この森の議論は、戦中期に国民の「自発性の調達」を論じた京都学派の総動員論（高坂ほか、一九四三）と微妙な形で重なり合っている。森の議論にしたがうかぎり、教育は経済的総力戦に向けての総動員体制の一環をなすことになるからである。森の「建て直し型」（中井、一九八二）の認識傾向は「復興」の時代とみごとに適合する。美を抜いた真と善、聖と遊を抜いた俗の世界が、『教育人間学』に到るまでの森の理論的世界であるが、これは経済的な総動員体制としての我が国の戦後世界の理論的写し絵である。

しかし森の地道な「建て直し」路線は、『教育の実践性と内面性』（森、一九五五）の「補論」以来じょじょに、統合学的で原理論的な教育人間学の構築をめざすという、単色の学術的色彩を帯びてくる。高度経済成長が軌道に乗り巨大な学校複合体が輪郭をあらわしつつあるこの時期に、森は、敏感に自分自身の軌道を修正し、新たな途方もなく巨大な社会的現実に拮抗できる全体的理論の構築に着手したのである。爆発的な制度化へと自動回転する現実に直面して、教育の理論には、もはや実践との臨床的な協働などではなく、巨大な教育現実に拮抗できる人間の統合的自己理解が求められた。森は、「教育以前」の生物学的な事実から出発して「教育以上」の実存的人格的な問題にまで及ぶ壮大な階層論的統合理論『教育人間学』を構築して、巨大な社会的現実に対抗しようとしたのである。

この学術的な『教育人間学』は、経済的総力戦への総動員体制にまきこまれた戦後教育体制からも、「五五年体制」という先鋭化された政治対立からも距離をとっている。ちなみに、『教育人間学』の刊行は、五五年体制からもこの体制にはめ込まれた戦後教育学の主流からも距離をとろうした「教育哲学会」の発足と、時期的に符節を合わせている。政策論議を離れた理論の統合化全体化と臨床化は、森らの理論構築の基本的方向であるばかりではなく、むしろ過度に政治化された戦後教育学へ対抗する人々が採用した二つの戦略でもあったのである（田中、二〇一〇）。

しかし『教育人間学』においてすでに、この著作は、田邊による批判ないし課題設定を念頭に置くかのごとき仕方で、これを土台として「実践的理念」の「哲学的解明」がなされるべき「予備学」と規定された。しかし未完の遺著『人間形成原論』では、この「解明」は、死を間近に控えた森にとって「生命鼓橋の作り渡し」への切実な臨床的関心によって導かれることになった。木村の理論構築が臨床性への関心から人間学的関心へ推移したのに対して、森の理論構築は、これとは真逆に、人間学への関心から臨床性への関心へと推移したのである。

もちろん、統合学（『教育人間学』）と原理論（『人間形成原論』）とを同時に追求するという森の学理論的構想は、しっかりと引き継がれるべきである。とはいえ、この継承作業を、統合学的な予備学の色彩が強すぎて森自身によって放棄された「教育人間学」と呼ぶことはできず、かといって、統合学のニュアンスを振り払うために過度に原理論に偏って命名された「人間形成原論」と呼ぶこともできない。「人間形成論」といういささか中立的な名称が用いられるべきである。この名称の使用には、今ひとつの理由がある。かりに、臨床性への志向性が前面にせり出してきたまさにその箇所で森の死によって突然中絶した『人間形成原論』を、その後に想定される理論展開を含めてまるごと継承しようとするなら、「人間形成論」という中立的な言語使用の方が適切であると考えることができるのである。ともあれ、私たちがめざすのは、理論の全体化・統合化に偏る「教育人間学」でもなく、原理化に偏る「人間形成原論」でもなく、この二つの意図をともに受け止める「人間形成論」の構築なのである。

ところで、この人間形成論は、今日の文脈におかれるとすれば、さまざまな状況的課題に直面せざるをえない。そしてこのような応答を試みる限りで、人間形成論は、さらに臨床的人間形成論へと展開されざるをえない。次にはこのことを見てみよう。

第四節　臨床的人間形成論へ

人間形成論に応答を求める現代の課題は、たとえば次の四つである。

（一）　養育・教育関係の非対称性・相互性の問題……「教育」と「発達」という伝統的な理論的枠組みでは、「教育する側」は、あたかもその枠組みの外にある恒常的な定数であるかのようにみなされてきた。このような教育関係は、非対称性を特質とする。しかし、さまざまな場面で大人や老人の成熟が問題になるにつれて、教え育てる側を発達の枠組みの内部に繰り込む理論の再構成が求められてくる。教育関係に焦点づけて言えば、非対称性から対称性ないし相互性へと重心が移動するのである。

（二）　理論の実践性・臨床性の問題……今日の我が国の養育と教育の問題には、高度産業社会諸国の多くに共通する部分と、我が国の巨大な養育・教育システムが自生的に生み出している部分とがある。世界同時性を見るグローバルな見方とともに、システムの自生的生起を「こことしいま」において把握する臨床的実践的な見方が求められる。養育と教育の理論に、強い実践的臨床的感覚が求められるのである。

（三）　教え育てる人たちとこれを研究する人たちとの連携の問題……今日では教え育てる人たちどうしの連携、さらには教え育てる人たちとこれを研究する人たちとの間での連携が、十分ではない。この公共性の生成を支援する理論が求められる。

（四）　人間学的発想、生命論・生成論の問題……今日の対人関係領域の多くでは意味や価値への問いを排除する「没人格的な」（Weber, M.）技術的合理性が支配的であり、関係する人々のすべては、システムの機能要件として物象化されている。この支配のもとでは、人間存在は、あらかじめ設えられた目的の実現に向けて自発性を調達される受容的存在ではあっても、能動的で活動的な状況構成主体ではない。人間存在は、その根源的な生成性ないし活動性としての「パトス」、つまり、自己状況にリアクトする根源的な受苦的情熱的存在様態を貶められている。パトスの貶価によって、教育の実践や理論は、教育問題を克服すべき人間的諸力との結びつきを見失う。技術的合理性の支配をとらえ返し、あらためてパトスと結合しうる理論の構築が求められる。

四つの問題に応えるためには、「発達」と「教育」を主題化してきた在来の教育理論は、教え育てる側をその理論的枠組みの内部に組み込まなければならなくなる。ところが、このような組み込みをはかると、在来の教育理論は、内部から破綻せざるをえなくなる。「発達」は、老いと死を含む「ライフサイクル」の全体へと炸裂し、「教育」は「異世代間の相互性」へと炸裂せざるをえないからである。私たちは、この炸裂をあえて引き受け、上記四つの理論

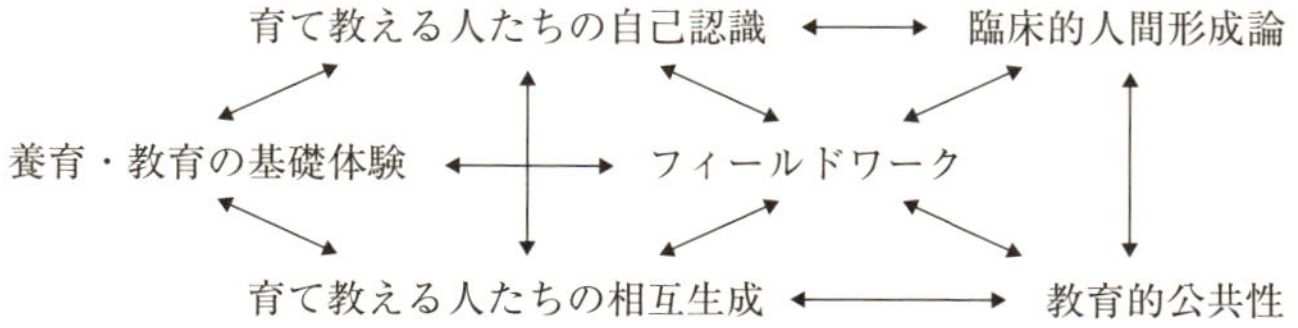

図１　基礎体験，臨床的人間形成論，教育的公共性の生成的循環

課題に応えようとする学問を、もはや人間形成論と呼ぶことはできず、むしろ「臨床的」な人間形成論と呼ぶべきである。臨床的人間形成論とは、教育現実との臨床的出会いをきっかけとして、ライフサイクルを通しての成熟と異世代間の相互生成を理論化する、統合論的原理的な「生成理論」（an emergent theory）（Wilson, 1977）である。

今日の教育理論は、巨大な学校複合体の構成要件である理論産出システムによって大量に、しかもいくぶんか自動的かつメカニックに生み出されている。産出される理論の大半は、自家生産的自動運動の所産であって、臨床性も人間学的な広がりももちえていない。求められているのは、教え育てる人たちの自己認識と教育的公共性の生成に協働できる人間学的な臨床的理論である。臨床的人間形成論という新たな分科は、状況への臨床的応答として構築されるが、同時にそれは、京都学派教育学から出発し、森昭の「教育人間学」「人間形成原論」を経由して、構築されてきたとみることができる。

臨床的認識には、第一次的と第二次的の二つが区別される。第一次的な臨床的認識は、実践者たち自身の自分たちの実践に関する自己認識ないし自省である。西田の常套的用語を用いるなら、自己認識・自省は、スタティックな「対象認識」ではない。自己認識・自省の獲得自体が、認識し自省する自分自身をダイナミックに変容させ生成させるからである。臨床的な認識は、主体の生成である。実践状況にコミットする研究者たちの第二次的な臨床的認識もまた、この生成の循環のうちにある。教育の臨床的研究は、教育実践についての相互的な自省・自己認識と相互的な自己生成とにコミットしつつ、自らを自省し構成するのである。自己認識・自己生成に先行する体験を、三木清は、初期の「人間学のマルクス的形態」（三木、一九二七）において、「基礎体験」と呼んでいる。この基礎体験と自己認識、自己生成、臨床的人間形成論と教育的公共性との関係を図示するとすれば、（図1）のようになる。

この図における「自己認識」と「臨床的人間形成論」との関連については、たとえばシュッツの「社会諸科学が行うもろもろの構成は、二次的な構成であり、すなわち、社会科学者がその行動を観察し説明すべき当の行為者たちが社会場面で行う構成の構成（constructs of the constructs made by actors）である」（Schutz, 1970, p. 272）という言葉が妥当する。臨床的人間形成論は、自己認識と臨床的研究、二次的解釈と一次的解釈、人間学とイデオロギーなどのダイナミックな相関（生成的循環的相関）のうちにある。以下、臨床的人間形成論を構成する若干の事例研究を見ておこう。

第五節　臨床的人間形成論を生成する臨床的研究群

私たちは、臨床的人間形成論を家族に関する事例研究や大学教育に関する臨床的研究を通して展開してきた。これを概観しておこう。

1　臨床的家族研究から臨床的人間形成論へ

前著『臨床的人間形成論へ』（田中、二〇〇三）では、解体家族（ホスピタリズム事例）と凝固家族（虐待事例）という家族関係の二つの事例を扱った。

〈事例一　家族解体と施設漂流〉

男児Zは、家庭にめぐまれず、出生地の町役場からの依頼による児童相談所の施設処置によって二歳時から養護施設に収容されたが、中学への進学時から、収容他児への暴力沙汰などの激烈な不適応症状を示した。Zは、施設職員のさまざまな働きかけを受けながら、しかし治療的・教育的にはほとんど何の目立った成果をも示すことなく、不適応行動を繰り返した。この結果、Zは児童相談所の三度の一時保護を挟んで、養護施設、精薄児施設、教護院、精神薄弱者授産施設などさまざまな施設をたらい回しにされることになった。

〈事例二　児童虐待と凝固家族〉

地方小都市の公共賃貸住宅に住む、父親と二人の連れ子、母親と連れ子、父親と母親のあいだにできた三人の子どもからなる八人の家族では、まず、父親の連れ子である男児Aに対して父母が、およそ二年間にわたって持続的に心身両面へ極端な虐待を加えた。近隣の人々、学校、警察、病院、児童相談所などが次々に善意の救済行動をとったが、虐待そのものをとどめることはできず、Aは、中学の最終学年を親族宅に避難し過ごした。Aが中学を卒業して父親と同じ職業に就き、自宅に帰ると同時に、虐待の対象は、母親の連れ子である男児Bに移った。

Z事例は、子どもが家族的人間関係にめぐまれないままに施設措置された場合の、ホスピタリズムの出来事を示している。ここでは、Zにかかわる職員たちはすべて、役割規範に拘束されたシステム役割行動と治療的・教育的な相互性との間で引き裂かれる。そして、Zとのかかわりの失敗は、施設のシステムとしての力量の自己検討と改良の契機となる。

次の虐待事例では、外部から家族への「虐待する親」といったラベリングが家族内外の境界を作り出し、さらに虐待そのものが「犠牲の羊」戦略によって、家族の内的結合を生み出している。このように病的に癒合する家族を、

表１　家族の三類型

	解体家族	凝固家族	生成家族
主要な生起	ホスピタリズム	虐待	相互生成
家族境界	脆い境界	凝固した境界	柔軟な境界
施設と家族	施設への放置	施設からの取り戻し	自律的家族
生成との関連	生成の放置・散乱	生成の阻止	生成の相互促進

「凝固家族」と呼ぼう。とすると、Z事例と虐待事例は、解体と凝固という正反対の方向から、まるでネガがポジを浮きださせるようにして、家族の「ノーマルな」様態を浮き彫りにする。家族は、一人一人の成員のライフサイクルにそった変化や危機に応じて、不断にその結合を再構築しなければならない。いいかえれば家族はつねに、危機を契機として家族成員それぞれの力が交わり拮抗し押さえつけ合う、力動的な生成過程にある。このような成員の相互性による生成が遮断された二つの典型的な関係様式を、私たちは、解体と凝固に見ることができるのである。この解体家族、凝固家族、生成家族の関連を表記してみよう（表1）。

生成と凝固と解体という三つの関係様式は、社会集団の三つの組織化様式でもある。今日では、学校複合体を構成するすべての下位組織に、生成と凝固と解体が見られる。学校複合体は、社会化と人材配分という社会機能のいずれにおいても、機能過剰による機能障害に苦しんでいる。通常の場合なら、学校複合体に収容される青少年へのかかわりを契機として、ある程度は成員全体の生成と成熟を可能にする異世代間の相互性が組織される。しかしこの相互性は、成員を含めて関連するすべてを機能要件として物象化するシステム化の力によって妨げられ、ある場合には凝固や解体がもたらされる。今日の教育問題の中核にあるのは、すべてを物象化する「システム」と相互生成を可能にする「相互性」との拮抗という問題である。この二つの事例からは、発達と教育という伝統的枠組みではなく、ライフサイクルと相互性という新たな枠組みが求められていること、さらに、相互性はシステム化との緊張のもとに把握されなければならないことが示されている。臨床的人間形成論を構成する中核的な発想とタームが出現するのである。

2　大学教育の臨床的研究から臨床的人間形成論へ

臨床的人間形成論を構成する力をもつ今ひとつの臨床的研究は、拙著『大学教育の臨床的研究』（田中、二〇一一）で扱った研究群である。我が国で大学教育研究に関するレビューが書かれたのは比較的近年のことであるが、このことは関連研究の蓄積の乏しさを示している。その大きな原因は、大学で教育実践に従事する人たちの自省があまり真剣にはなされず、臨床的研究の協働すべき相手がなかなか現れなかったことにある。教育関係者たちが集団的な自省を強いられ、臨床的研究があらわれたのは、大学教育が危機に瀕してきたからである。それは、急速に進行した大学へのユニバーサル・アクセスとグローバル化であり、この変化への対応を名目とする教育行政の動きであり、大衆化と国際化と行政の動きへ何とか応答しようとする大学教育現場の動きである。しかし今日の大学教育領域の理論にみられるのは、批判性・啓蒙性の全般的衰弱であり、衰弱した理論のテクノクラートとの癒合である。一括りに言えば、技術的合理性の支配という問題である。戦前の我が国の高等教育の在り方を規定した官立セクターは、近代化のための西欧科学技術の中継・開発拠点であり、さらに官僚養成・技術者養成機関であった。我が国の大学教育機関は当初から、技術的合理性によって領導されていた。しかしこの支配が目立ってきたのは、大学で教育が研究や経営から分離され、それによって経営の技術合理主義的理念の統制のもとにおかれるようになってからである。

前著（田中、二〇一一）で詳細に論じた公開実験授業、遠隔連携ゼミ、相互研修型ＦＤなどの私たちの研究プロジェクトがめざしてきたのは、大学という生活世界を把握しようとするフィールドワークをネットワーキングする統合的臨床的理論の構築である。この大学教育の臨床的研究に課題づけられるのは、なによりもまず、技術的合理性の支配への適切な向き合い方を理論的に基礎づけることである。

大学は社会制度であるから、その重要な存立要件は、所与の社会にとって機能的であることである。しかし、大学で求められるのは、所与性にとって機能的であることばかりではなく、機能的であることと超脱することとの間でつねになにがしかの緊張をもつことである。大学教員の本質的徴表は、臆見を超えて真知を求める志向である。ただしこの理念は、教員だけではなく、教員と学生の双方のものでもある。真知への大学教員たちの関心と学生たちの関心とがふれあうことによってはじめて、かれらは互いに所与性を不断に超越し互いの生成を促進し合う学問教育共同体を構成することができる。ここで求められるのは、技術的合理性の支配によって解体したり凝固したりする既存の教育関係・研究関係を学問教育共同体に向けていくぶんか距離化し超脱し、〈ずらす〉ことである。大学教育の臨床的研究は、この〈ずらし〉を、理念的に基礎づけ、あらためて活性化することを援助しなければならない。

大学教育の臨床的研究は、臨床性、生成性、相互性などを理念とするが、これらの理念はいずれも、所与性へ批判的に対抗しつつ所与性の規定力をずらし、教育的日常性の豊かさへと立ち返ることをめざす。大学教育の臨床的研究は、大学という特殊な場でのさまざまな世代の相互性の重なり合いという日常性に根差して、これらの人々の日常的構成を二次的に構成する。この二次的構成が、うまくいけば、技術的合理性の支配をズラシ、その優位性を相対化して、一次的構成の解放的書き直しを可能にし、それによって人々の相互生成の可能性の余地を広げることができる。そして、この一次的構成の展開が、二次的構成そのもののさらなる展開を可能にする。これが、臨床的人間形成論の理論構築の「方法」である。大学教育の臨床的研究は、臨床的人間形成論の展開のうちにその重要で不可欠の部分として組み込まれているのである。

第六節　臨床的人間形成論の展開のために

臨床的人間形成論は、養育と教育の領域における人間の全体的自己理解という人間学志向と臨床性志向とを交互的に受けとめ、これを契機として循環的に構築される。本章では、この新たなディシプリンの理論的位置を、木村と森を介する京都学派の展開のうちに見出し、このディシプリンの方法について検討した。

本書は、「第Ⅰ部　臨床とライフサイクル」、「第Ⅱ部　超越とメディア」に分かれているが、どちらかといえば第Ⅰ部では臨床性志向が目立ち、第Ⅱ部では人間学志向が目立つ。たとえば人間の存在と生成に関するトータルな自己理解をめざす人間学志向のうち、第Ⅱ部の「超越」は自己理解の「深さ」に、「メディア」は自己理解の「広さ」に関連づけて考えることができる。ただし各部に属するどの議論にも、立ち入ってみれば臨床性志向と人間学志向のいずれをも見いだすことができる。すべての議論は、臨床性と人間学を契機とする循環的な理論構築過程のうちにあると考えることができるのである。

ところで、本章でのこれまでの考察から明らかなように、臨床的人間形成論は、生成の端緒的段階をなお脱してはいない。拙著『臨床的人間形成論へ』での事例研究、『大学教育の臨床的研究』での実践研究は、臨床性志向にもとづく仕事であり、これには人間のトータルな自己理解をめざす人間学志向の仕事が続かなければならない。拙著『臨床的人間形成論の構築』（田中、二〇一二）では、「相互性」と「ライフサイクル」という中核概念をより広い文脈で再規定することが必要だと考えて、「相互性」から「教育的公共性」へ、さらに「ライフサイクル」から「世代継承性」へと議論を進めた。この仕事を含めて臨床的人間形成論を端緒の臨床性志向の仕事から人間学志向の仕事へと展開させることが、さしあたっての私たちの課題である。

参考文献

Heidegger, M., 1951, *Kant und das Problem der Metaphysik*. Klostermann.（木場深定訳、一九六七、『カントと形而上学の問題』理想社）
河上徹太郎ほか、一九四三、『近代の超克』創元社（現在は、冨山房百科文庫）
高坂正顕ほか、一九四三、『世界史的立場と日本』中央公論社
高山岩男、一九三八、『哲学的人間学』岩波書店
木村素衛、一九三三、「一打の鑿」（木村素衛、一九九七、『表現愛』こぶし文庫）
木村素衛、一九四六、『国家に於ける文化と教育』岩波書店
九鬼周造、一九三八、「人間学とは何か」（一九八一、『九鬼周造全集』第三巻、岩波書店）
三木清、一九二七、「人間学のマルクス的形態」（『三木清全集』第三巻、岩波書店）
三木清、一九三三〜三六、「哲学的人間学」（『三木清全集』第一八巻、岩波書店）
三木清、一九三三、「イデオロギーとパトロギー」（『三木清全集』第一一巻、岩波書店）
三木清、一九三三、「パトスについて」（『三木清全集』第一九巻、岩波書店）
三木清、一九三三、「パトロギーについて」（『三木清全集』第一九巻、岩波書店）
三木清、一九三六、「西田哲学の性格について」（『思想』第一六四号「西田哲学特集」、『三木清全集』第一〇巻、岩波書店）
三木清、一九三九、「構想力の論理、第一」（『三木清全集』第八巻、岩波書店）
森昭、一九四八、『教育哲学序論——教育哲学への限界状況』蕉葉書房（現在は、『森昭著作集』第一巻、黎明書房）
森昭、一九五〇、『今日の教育原理』黎明書房

森昭、一九五五、『教育の実践性と内面性』(『森昭著作集』第三巻、黎明書房)
森昭、一九六一、『教育人間学――人間生成としての教育』(『森昭著作集』第四巻・第五巻、黎明書房)
森昭、一九六四、「田邊先生の書簡から」月報(『田邊元全集』第八巻付録、筑摩書房)
森昭、一九七七、『人間形成原論』(『森昭著作集』第六巻、黎明書房)
森昭編、一九七三、『幼児　人間のための教育一』日本放送出版協会
中井久夫、一九八二、『分裂病と人類』東京大学出版会
西田幾多郎、一九三一、「人間学」(二〇〇三、『西田幾多郎全集』第七巻、岩波書店)
西田幾多郎、一九三二、「私と汝」(二〇〇二、『無の自覚的限定』所収　『西田幾多郎全集』第五巻、岩波書店)
西田幾多郎、一九三三、「教育学について」(二〇〇三、『西田幾多郎全集』第七巻、岩波書店)
西田幾多郎、一九三六、「論理と生命」(『哲学論文集第二』岩波書店、現在は『西田幾多郎全集』第一三巻、岩波書店)
西田幾多郎、一九三八、「人間的存在」(『哲学論文集第三』岩波書店、現在は『西田幾多郎全集』第八巻、岩波書店)
西田幾多郎、一九四〇、「序文」(高山岩男著『西田哲学』)
西谷啓治・高坂正顕・高山岩男・下村寅太郎ほか、一九九一、『田辺哲学とは』燈影舎
大島康正、一九七八、「森昭君のこと」(『森昭著作集』第三巻・月報六、黎明書房)
大西正倫、二〇一一、『表現的生命の教育哲学――木村素衞の教育思想』昭和堂
Plessner, H., 1928=1981, *Die Stufen des Organischen und der Mensch: Einleitung in die philosophische Anthropologie* 1. Aufl. Suhrkamp.
坂部恵、一九九四、「西田哲学と他者の問題」(二〇〇七、『坂部恵集』第五巻、岩波書店)
Scheler, M., 1949, *Die Stellung des Menschen im Kosmos*. Nymphenburger, Verlagshandlung.(1. Aufl. 1927)(亀田裕他訳、一九七七、「宇宙における人間の位置」『シェーラー著作集』第一三巻、白水社)

Schutz, A., 1970, *On Phenomenology and Social Relation*. University of Chicago Press.
田中毎実、一九九三、「ホスピタリズムと教育における近代」(近代教育思想史研究会、『近代教育フォーラム』第二号)
田中毎実、一九九九、「森昭の教育人間学——統合学と原理論を循環する生成理論」(皇紀夫・矢野智司編、『日本の教育人間学』玉川大学出版部)
田中毎実、二〇〇三、『臨床的人間形成論へ——ライフサイクルと相互形成』勁草書房
田中毎実、二〇〇六、「発題Ⅷ、ジェネラティビティと世代継承的公共性——教育関係と世代関係から」(鈴村興太郎・宇佐美誠・金泰昌編、『公共哲学二〇 世代間関係から考える公共性』東京大学出版会)
田中毎実、二〇一〇、「『聞き書、村井実、上田薫、回顧録』を読む」(教育哲学会、『教育哲学研究』一〇一号)
田中毎実、二〇一一、『大学教育の臨床的研究——臨床的人間形成論』第一部、東信堂
田中毎実、二〇一二、『臨床的人間形成論の構築——臨床的人間形成論』第二部、東信堂
田中毎実・鷹尾雅弘、一九九一、「制度化と相互性——ホスピタリズムとその一事例に関する人間形成論的研究」(愛媛大学教育学部教育学科、『教育学論集』一三号)
田邊元、一九三〇、「西田先生の教を仰ぐ」(一九六三、『田邊元全集』第四巻、筑摩書房)
田邊元、一九三一、「人間学の立場」(一九六三、『田邊元全集』第四巻、筑摩書房)
田邊元、一九六六、『哲学入門 哲学の根本問題』筑摩叢書五五
谷川俊太郎編、一九九七、『母の恋文——谷川徹三・多喜子の手紙』新潮文庫
Wilson, S., 1977, The use of ethnographic techniques in educational research, *Review of Educational Research*, vol. 47 (1)
和辻哲郎、一九三四、「人間の学としての倫理学」(一九六二、『和辻哲郎全集』第九巻、岩波書店)
和辻哲郎、一九三七・一九四二、『倫理学』上巻・中巻(一九六二、「倫理学上」『和辻哲郎全集』第十巻、岩波書店)
和辻哲郎、一九四九、『倫理学』下巻(一九六二、「倫理学下」『和辻哲郎全集』第十一巻、岩波書店)

吉岡正幸、一九七八、「信州での森昭先生」（森美佐子編、『光芒　森昭の思い出』私家版）
矢野智司、一九九六、「生成の教育人間学再考――森昭『教育人間学――人間生成としての教育』の射程」（和田修二編、『教育的日常の再構築』玉川大学出版部）

第I部　臨床とライフサイクル

第1章　共存在の主体

デリダの「生き残り」と正義

田中智志

〈あなた〉は〈私〉にとって「かけがえがない」という〈私〉の心情は、〈あなた〉の実在性によってではなく、〈私〉と〈あなた〉の対関係性によって生じる。この対関係性は、〈私〉と〈あなた〉がそれぞれ独自的でありながら一体的であるという関係性である。この対関係性は、互いを支えあい互いを自由にする「愛」という「思考」である。この対関係性は、ハイデガーの共存在論によっても暗示されているが、それは「生き残り」を論じるデリダによって、またツェランを論じるデリダによって明示的に語られている。対関係性に支えられている主体は、自己審問する個人的主体ではなく、他者という贈与を享受する共存在的主体である。対関係的な共存在である人は、不条理と闘い、諦念を退ける敢然性を体現しうる。デリダの語る「正義」はこの敢然性である。教育は、つねにかけがえのなさを看過し棄却するという不条理にさらされている。したがって教育は、つねに対関係的な共存在の了解を必要としている。

第一節　近代的主体を超える主体

1　かけがえのなさの存立条件

私たちは、ある人を自分にとっての「かけがえのない人」と感じるとき、その人の何を自分にとってかけがえがないと感じているのだろうか。それは、その人の容貌だろうか。そのたぐいまれな美しさだろうか。それとも、その知性だろうか。その卓越した探究力だろうか。それとも、その人の感性だろうか。世界の本質を感得するその美的感覚だろうか。

そうした「すぐれたもの」は、なるほど私たちがある人を大切に思う導出契機であり、また存続条件であるが、その人のかけがえのなさを私たちが感じる、その心情の存立条件ではない。というのも、もしもそうした「すぐれたもの」が、その人をかけがえがないと思う心情の存立条件であるとすれば、それら「すぐれたもの」が喪われた瞬間に、その心情は消えてなくなるはずだからである。ところが、それら「すぐれたもの」が喪われても、それでもなお、むろんつねにというわけではないが、私たちはしばしば、その人を「かけがえのない」と感じ、大切に思う。

老化そして死は、どんなに「すぐれたもの」でも、消し去ってしまう。後には、ささやかな痕跡が残されるだけである。にもかかわらず、私たちは、「すぐれたもの」の痕跡というよりも、だれかの痕跡を愛おしむ。たとえば、私たちは、他界した大切な人を偲び、その痕跡である墓にゆく。しかし、墓にあるのは遺骨であり、大切な人そのものではない。にもかかわらず、私たちは墓参を行う。あるいは、私たちは、大切な人の遺したものを大切にする。しかし、大切な人が遺したものは、大切な人そのものではない。にもかかわらず、私たちはその遺品を抱く。

私たちがかけがえがないと感じるその人自身は、その人の身体でもなければ、その人の書いたものでも、やったことでもなければ、その人が使ったものでもない。このように確かめてくるなら、「私たちはその人の何を自分にとってかけがえがないと感じているのか」という問いの立て方は、正しくないといえるだろう。問いを、相手の属性や所有物に向けるべきではないからである。

2　かけがえのなさの存立条件としての関係性

かけがえのなさの存立条件という問いは、〈私〉と〈あなた〉との関係に向けられるべきである。そうすると、私たちがある人に対して「かけがえがない」（「大切である」）と感じるときの、その心情の存立条件は、その人の実在というよりも、その人と〈私〉との「関係性」であると考えられる。その人の実在とは、さきほどの「すぐれたもの」であり、より一般化していえば、その人の身体、容貌、容姿、言動、用具などであるが、私たちがだれかをかけがえのないと感じるとき、その心情を可能にしているものは、そうした実在に還元されない。その人のかけがえのなさは、その人にかかわるさまざまな実在物をふくみながら、それらの実在物を〈私〉が「かけがえがない」と意味づけることを可能にしている〈私〉とその人との関係性だろう。

なるほど、〈私〉と〈私〉にとってかけがえのない〈あなた〉との関係性も、たしかに〈私〉の内面に現れる意味感覚（sense）である。それは〈私〉という主体（主観）が創出し〈私〉という主体に帰属する意味感覚である。しかし、この〈私〉という主体が創出し〈私〉に帰属する意味感覚としての関係性は、個人的な意味感覚ではない。〈私〉という主体が創出し〈私〉に帰属する意味感覚としての関係性は、〈私〉のものでありながら、個人としての〈私〉の所有を超える意味感覚である。意味感覚としての関係性は、〈私〉によって創られ、〈私〉に属するものでありながら、〈私〉が〈私〉のことよりも、ときに命よりも優先する他者によって支えられているからである。

いいかえれば、〈私〉が〈私〉よりも大切に想う〈あなた〉が〈私〉の想いを拒否するかぎり、どんなに〈私〉が「私とあなたとの間には関係性がある」と信じようとしても、その関係性は存在しない。関係性は、〈私〉と〈あなた〉の相互承認を必須の条件とする。むろん、この事実を受け容れられない者もいる。それが、たとえば「ストーカー」である。関係性が相互承認を必須とするという事実を受け容れることと、それを受け容れないこととの違いは、決定的であり、また重大である。

3　個人と主体の違い

しかし、より重要なことは、個人としての〈私〉と主体としての〈私〉は、厳密に区別されなければならないということである。なるほど、雑駁にいえば、「個人」も「主体」も、これまで同義のように用いられてきた。しかし、それは近現代における意味同定にすぎない。個人と主体を同一視するという考え方は、たとえば、カントが展開した、さかのぼれば一八世紀の「スコットランド道徳哲学」が展開した近現代概念にすぎない。個人＝主体という考え方は、「〈私〉を支えるものは何か」という、内に向かう問いが生みだした、近現代的な答えの一つにすぎない。

この問いに欠けているのは、デリダやナンシーの共存在論の問い、すなわち「〈私〉はだれに支えられているのか、だれを支えうるのか」という、外に向かう問いである。「〈私〉を支えるものは何か」という問いに欠けているものは、自分の自分自身へ向かう問いを反転させるような、自分の他者自身へ、そして世界へと向かう問いであり、そうした問いを可能にする思考である。以下、ハイデガーの共存在論を踏まえつつ、デリダの「生き残り」という概念を敷衍し、また彼の「正義」の含意を、ツェランの敢然性という生への態度によって敷衍しよう。そうした議論は、近現代の主体を共存在の主体へと転換する視界を開くはずである。

第二節　共存在をめぐるハイデガー

1　ハイデガー存在論の問い

「〈私〉はだれに支えられているのか、だれを支えうるのか」という問いは、自・他の関係性を前提にするときに、必然的に到来する問いである。そして、この問いは、さかのぼれば、ハイデガーの存在論すなわち共存在論の問いである。ナンシーは「ハイデガーは、哲学の限界ぎりぎりのところで、共存在（l'être-avec）を存在そのもののなかに帰した最初の人である」と述べている（Nancy, 1990=2011: 302）。たとえば、ハイデガーは「死人とちがい、「遺族」から引き離された「故人」は、葬式や埋葬や墓参という方法で「顧慮的気遣い」［後述］の相手である。……遺族は、敬虔な気持ちで顧慮的に気遣うという様態で、彼と共に存在している。……故人は、私たちの「世界」を去って他界したが、彼自身の「世界」を後に残したのである。この「世界」のことを考えれば、遺された人びとは、なお彼と共に存在している」と述べている（Heidegger, 2001: 238）。

したがって、ハイデガーのいう「共存在」は、人びとが協働連関に編み込まれていることを意味するだけではない。すなわち、実際に生きている人たちが適材適所で共に助けあい、支えあい、何らかの問題を解決することを意味するだけではない。ハイデガーのいう「共存在」は、すくなくとも可能態としては、他者を無条件に気遣うという営み、すなわち他者との無条件の関係性とともに開かれる拡がりである。その拡がりは、共時的な空間にも拡がり、また通時的な空間にも拡がる。いいかえれば、共存在の拡がりは、東西にも南北にも拡がり、過去へも未来へも拡がる。

2　ハイデガーの共存在

共存在論において、他者がかけがえがないのは、他者が現存在としての自分と同じように現存在しているからである。他者は、「手前にあるもの」（事物性）でもなく、「手元にあるもの」（道具性）でもなく、「また・ともに」あるものである。すなわち〈私〉と同じように〈私〉とともにあるものである。自分が「自分自身にとってかけがえのない存在」（seinem eigenen Sein）であるように、他者もまた他者自身にとってかけがえのない存在である。つまり、〈私〉と〈あなた〉が同じ「人間」だから、かけがえのないのではない。「人間」という価値概念カテゴリーを介して、自分・他者という現存在は価値づけられるのではない。現存在は、すでにつねに世界にそれぞれにかけがえがない存在者として根づいているから、かけがえがないのである。

「このような他者である者は、手前にあるものでもなければ、手元にあるものでもない。それは、自分を開く現存在［としての自分］と同じように、そこに存在している。つまり、他者という存在者は「また・ともに現に存在する」（es ist auch und mit da）。……他者とは、多くの場合、ある人が自分と区別しない人であり、自分のなかに存在する人である。この他者とともにまた・現に・存在すること（Auch-da-sein）は、［主観という］一つの世界の内部において他者が「ともに」・手元にある（Mit-vorhandensein）という存在論的特徴をもつのではない。［「また・ともに現に存在する」というときの］「ともに」は他者が現存在的にいることであり、この「また」は、他者が配視的に配慮的に気遣う世界内存在としての存在にひとしいことを意味している。」（Heidegger, 2001: 119）

「また・ともに」を「実存論」的に理解せず、「カテゴリー」的に理解するとき、他者は自分と同じ人間であるという誤りが生じる。「人間」というカテゴリーで、〈私〉と〈あなた〉を一つの集合に入れて済ませてしまう、という誤りが生じる。そのとき、「[ある人が]自分と区別しない人であり、その人のなかに存在する人」としての他者は、親密な関係にある他者ではなく、他者の他者性が認められていない他者に還元されてしまう。

「「ともに」も「また」も、実存論的に理解されなければならない。カテゴリー的に理解されてはならない。このような「ともに」という特徴をもつ世界内存在にもとづいて、世界は、すでにいつでも〈私〉が他者と分かちもっている世界である。[したがって] 現存在の世界は共世界である (Die Welt des Daseins ist Mitwelt)。世界内存在とは他者との共存在である (Das In-sein ist Mitsein mit Anderen)。他者の世界内存在は共現存在である (Das innerweltische Ansichsein dieser ist Mitdasein)。」(Heidegger, 2001: 119)。

ハイデガーにとって、他者は、「手前にあるもの」としてなんらかの抽象概念でくくられるものではなく、また「手元にあるもの」としてなんらかの関係概念でくくられるものでもない。〈私〉が〈私〉自身にとってかけがえがないように、〈あなた〉は〈あなた〉自身にとってかけがえがない。しかも、いつもというわけではないが、〈あなた〉は、〈私〉の「なかに存在する」ことで〈私〉を安堵させ安心させるほどに、〈私〉にとってかけがえがないだろう。

3　尽くすことと自由にすること

ハイデガーにとって、共存在を特徴づける営みは、他者に対してであれ、事物に対してであれ、自分がかかわるものへの「気遣い」(Sorge) である。ハイデガーは、他者に対する気遣いを「顧慮的気遣い」(Fürsorge) と表現し、事物に対する気遣いを「配慮的気遣い」(Besorgen) と表現する (Heidegger, 2001: 193)。そして顧慮的気遣いを二つに分けている。一つは「他者のために尽くし支配する気遣い」、もう一つは「手本を示し他者を自由にする気遣い」である。「他者のために尽くし支配する気遣い」は、他者のために他者の抱えている問題を解決してやったり、他者がやらなければならないことを代行したりすることである。それは、結果的に、他者を「依存的で従属的な人」にしてしまうこともある。この場合、気遣いが向かう先は、他者本人ではなく、他者が直面している問題である。「他者に手本を示し他者を自由にする気遣い」は、他者本人に気遣いの実例を示し、他者自身に気遣いができるようさせることによって、他者を自由にすることである。この気遣いのめざすところは、「他者が、本人の気遣いのなかで生きていることを了解し、本人の気遣いに向かって自分を解放することを援助すること」である (Heidegger 2001: 122)。たとえば、親が乳幼児の世話をすることは、他者のために尽くす気遣いである。またたとえば、師が弟子に技を示し伝授することは、手本を示し他者を自由にする気遣いである。自・他の「本来的な連繋」が生じるのは、この手本を示し他者を自由にする気遣いにおいてである。

4　非本来的なる「世人」

しかし、顧慮的気遣いは、容易に妨げられる。「ある人が自分と区別しない人であり、自分のなかに存在する人」である他者という存在様態は、容易に見失われる。私たちは、容易に他者を「また・ともに」ある者と見なさなくなる。共存在という本来性は容易に看過される。他者は、事物すなわち「手前にあるもの」と見なされたり、道具すなわち「手元にあるもの」と見なされたりする。なぜなら、〈私〉であれ、〈あなた〉であれ、現存在は、「手前にあるもの」とされなくても、「手元にあるもの」の連関すなわち道具連関のなかに位置づけられているからである。そして、何らかの問題が生じたとき、人は交換可能なもの・代替可能なものとして意味づけられることがあるからである。そうした交換可能・代替可能な存在者として意味づけられた現存在を、ハイデガーは、世間一般によくいる人（男）という意味で「世人」（das Man）と呼んでいる。そして「現存在は世人であり、たいてい世人のままである」という（Heidegger, 2001: 126, 129）。

「世人」は、いわば世間・通念・常識を体現する「他人たち」として生きている。いいかえれば、すべてをバラバラにし、平均的なものにし、ありきたりになものにする人として生きている。支えあう絆、かけがえのなさ、驚異的な秘儀を無視する人として。「世人」である「他人たち」は、現存在を「均質化」によって支配し、それに隷属させる。こうした「他人たちの支配はめだたない。共存在としての現存在によって、その支配が知らないうちに受容されているからである」。現存在する「人自身が、他人たちに属し、他人たちの権力を強化している」からである（Heidegger, 2001: 126）。この「他人たち」による支配は、フーコーが「権力の関係」を語るときの「支配」についての考え方と同じである。フーコーは、権力が支配として機能するとき、支配される者は、支配する者をいつのまにか受け容れている、と考えているからである（田中、二〇〇九）。

5　対関係性

しかし、ハイデガーの言葉は充分ではない。ハイデガーの存在論の言葉は、倫理的なもの、真に倫理的な「正義」を語る言葉としてみれば、充分ではない。それぞれの人がそれぞれの人にとってかけがえのないということは語られていても、〈私〉と〈あなた〉が対関係性として共存在することが充分に強調されていないからである。対関係性は、〈私〉と〈あなた〉がそれぞれ独自的でありながら一体的であるということである。いいかえれば、「〈私〉はだれに支えられているのか、そして〈私〉はだれを支えうるのか」という、愛する他者に向かう問いを可能にする「思考」が、充分に強調されていないからである。端的にいえば、互いを真に支えあい互いを自由にする愛が共存在のなかで特化され重視されていないからである。

愛他の対関係性を特化しないからこそ、ハイデガーの共存在論は、民族的な共同体へ滑落してゆく。「ドイツ的なるもの」「ギリシア的なるもの」を賛美する罠にとらわれてゆく。実存を彩る「根本衝迫」(Grundstimmung) すなわち「[実存を] 貫きつつ [実存を] 包み込む強大な力」が「民族」と結びつけられてゆく (Heidegger, 1980=1986: 91, 101)。その足らない言葉をおぎない、対関係的な共存在の含意を語る者が、デリダである。以下において、私が注目し確認することは、デリダが示している対関係的な共存在の含意である。それは、脱構築不可能なものとしての「正義」が、〈私〉と〈あなた〉との対関係性すなわち愛他の営みのなかでのみ創出可能になる、ということである。そのとき、〈私〉も〈あなた〉も、主体でありながら、かつてデカルト、カントが語ったような個人的主体ではない。その主体は、対関係性を生き抜く共存在的主体である。

第三節　生き残りと正義

1　デリダのハイデガー

デリダの思想は、しばしばハイデガーとの対話である。その対話を象徴する概念の一つが「生き残り」(survie) である。「生き残り」とは、たしかに一人なってしまったことであり、他者を喪失している状態であるが、それでもなお、他者とともに存在する状態である。この他者を喪失しながら他者と共存在するという状態は、ハイデガーが「共存在」を語るときに強調していることである。

「共存在は、具体的に他者が見いだせず、知覚されないときでも、実存論的に現存在を規定している。現存在は、一人でいるときも、世界内的な共存在である。特定の他者がいないということもあるが、それは、共存在においてのみ可能であり、共存在にとってのみ可能である。一人で存在していることは、喪失的という共存在の様態である。一人で存在していることが可能であることこそが、共存在という存在様態を証明している。」（Heidegger, 2001: 120）

ハイデガーにとって、〈私〉と〈あなた〉が共存在することは、〈私〉が〈あなた〉と実際に協働している現実を、かならずしも必要としない。「人は「多くの人のあいだでなんのかかわりもなく」その人とともにいる場合でも、その人たちは事物的に存在しているのではなく、ともに実際にそこに共現存在的に存在している」。その場合、その存在様態は「利害関心をもたない」だけである。しかし、それらの存在様態は、自・他の親しさを否定するものではない。なぜなら「実存カテゴリーとして了解されている存在は、何々のもとに住んでいる、何々と親しんでいるということを意味する」からであり、「自分にとってかけがえがない存在である［私という］現存在は、共存在という本質構造をもっている」からであり、「そのかぎりにおいて、現存在は他者にとって出会われつつあるものであり、共存在である」からである（Heidegger, 2001: 54, 121）。

他者が生きていても、死んでいても、他者を顧慮的に気遣うとき、その他者は、自分と共存在している。したがって、さきほどの「利害関心をもたない」ことは、他者を事物化することではない。まったく無視したりモノ扱いしたりすることではない。「利害関心をもたない」ことは、他者を人として承認し、他者に対する「顧慮的気遣い」をふくんでいる。ハイデガーは「何らかの事物が自分と無関係なまま現れることと、相互に共存在している人が相手に利害関心をもたないこととは、微々たる違いしかない同じような存在様態に属することのように見えるが、存在論的にいえば、本質的に区別されるべきことである」と述べている（Heidegger 2001: 121）。

2　「生きる」ことを学ぶ契機

デリダは、こうした自分・他者が共存在していること、とりわけ他者喪失でありかつ他者存在である様態を、人が生きることの本態である、と考えている。すなわち、自分だけが生き残りつつも死んだ他者とともに生き続けるということが、生の本態である、と。したがって、人は、生きるということを、まったく自分だけで学ぶことはできない。死に逝く他者との共存在、厳密にいえば、生死にかかわりない他者との共存在を実存論的に了解することによってのみ、人は生きることを学ぶことができる。「生きる」ことは、なるほど教えられるものではなく自分で学ぶものであるが、その学びは、他者との共存在という了解を介してはじめて、可能になる。

たとえば、一九九三年、当時六三歳だったデリダは、『マルクスの亡霊たち』という本の冒頭で、次のように述べている。

> 「生きることを学び教えること（apprendre à vivre）、それを一人で、自分から学び自分に教えること、自分で学び自分に教えること、……これは生きている者にとって不可能ではないだろうか。これは、論理そのものが禁じていることではないだろうか。生きることは、その定義からして、みずから学び教えることができない。自分で、自分の生をつうじて、自分の生から、そうすることはできない。それができるのは、他者の存在をつうじてであり、しかも他者の死をつうじてである。つまり、自分の生に

かかわる他者をつうじてである。……それは生と死の境界にある他者による教育（hétérodidactique）である。しかし「生きることを学び教えるという」知恵ほど、必要な知恵もない。それは倫理そのものである。……人は、自分で生きることを学ぶことの他に、するべきことがあるのだろうか。」（Derrida, 1993: 14）

3　他者の存在と他者の死

デリダが「生きることは、その定義からして、みずから学び教えることができない。自分で、自分の生をつうじて、自分の生から、そうすることはできない」というのは、デリダにとっては、自分が「生きる」ことを学ぶことが、自分が死ぬことを学ぶことを意味するからかもしれない。プラトン以来、「哲学すること、それは「何かのために」死ぬことを学び教えること」であるが（Derrida, 2005: 24）、プラトンとちがい、無条件の生存肯定を宣言するデリダにとっては、自分が、大義のためであれ、国家のためであれ、何かの抽象性のために死ぬことは、納得できることでもなければ、受容できることでもなかった。それでも、死ぬことを学ぶことは、生きている者にはできないのではないか。それは、「論理そのものが禁じている」のではないか。

ともあれ、このように考えるかわりに、デリダは、「生きる」ことを学び教えることは「他者の存在をつうじて」「しかも他者の死をつうじて」のみ可能になるという。「他者の存在をつうじて」とは、他者の生きざまを学ぶことによって、また他者と自分との結びつきを確かめることによって、という意味だろう。この場合、「生きる」ことは、他者との関係性をつねにどこかで意識し、他者のためによりよく「生きる」ことを意味している。また「他者の死をつうじて」とは、他者の死の含意を知ることによって、つまり他者の死が喚起する「正義」（justice）を知ることによって、という意味だろう。この場合の「正義」は、「生き残り」としての自分、すなわちかつて共に「生きて」いた者が他界し、今、この世界をよりよく変えられる者は自分しかいないと感じている自分に課せられている責務である。それは、どれほど困難であっても、この世界の不条理（悪）と闘いつづけることである。

4　生き残りの正義追求

デリダが「幽霊（亡霊）」（spectre [revenant]）という奇妙な言葉とともに、晩年に展開する議論は、この他者の死を媒介とした「正義」の追求である。いいかえれば、「生き残り」である者が、すでに死んでいる者でありながら自分と対話し自分とつながっている者すなわち「幽霊（亡霊）」とともに、いわゆる法を超える「正義」を追求することである。端的にいえば、デリダのいう「幽霊（亡霊）」とは、私たちに取り憑き、私たちを方向づけるが、論理的・実証的な確かな根拠をともなわないものである。いいかえるなら、不断に回帰しつつも、心情的・衝迫的によりよい事態へと向かうという可能性である。その意味で、「幽霊（亡霊）」は、〈私〉の心情の根底をゆるがし「来るべきもの」（à venir）にとどまりつづける他者である（Derrida, 1993: 162）。デリダの幽霊論は、やはり自分を「生き残り」と呼んだパウロを思い起こさせるだろう（第一テサロニケ書簡 四・十四—七）。

ともあれ確認しよう。デリダのいう「正義」は、いわゆる「司法」ではない。デリダのいう「正義」はあらかじめ定義されている規範命題ではない。デリダのいう「正義」は、ある固有な情況において、ある人が〈私〉に助けを求めているときに、つまり傷んだ者の呼びかけへの応答が可能であるときに、そこに見いだされる応答である。デリダは「いかなる正義も、何らかの応答可能性という原理ぬきに存立しえない、思考もしえない」と述べている（Derrida, 1993: 15–16）。デリダのいうこうした「正義」は、やはりパウロのいう「義」（dikaiosune）を思い起こさせるだろう。それが、なんらかのもっともらしい規範を遵守することではなく、眼前の傷み苦しむ者を助けることを意味するからである。それはまた、ハイデガーのいう「良心の声」とも大きく重なるだろう。

5　法を超える正義

デリダにとって、「生きる」ことは、いかなる苦境にあろうとも、よりよく「生きる」ことを意志することであり、そのために不条理と闘い続けることである。デリダは、この二〇〇年間に、植民地主義によって、資本主義によって、ファシズムによって、そしてあのホロコーストによって、たくさんの人間が苦しめられ、殺されていったが、彼〈女〉らに認められなかったものは、たんなる「基本的人権」でなく、「生きることにふさわしい人間の権利」である、と述べている。その「生きることにふさわしい人間の権利」は、実定法によって定められる権利ではなく、「まだ存在していない正義によって、もはや存在していない正義によって、……法に還元できない正義」によって定められる権利である（Derrida, 1993: 16）。それは、眼前で傷んでいる他者が〈私〉に求める応答であり、また非業の死を遂げた者が〈私〉に求める応答であり、いわゆる「法」を超えて他者とともに〈私〉の根本衝迫が〈私〉に求める真摯な応答である。

6　敢然性

こうした「生き残り」の「正義」の追求は、キリスト教の完全性概念に由来する啓蒙思想の完成可能性論と大きく重なっている。完成可能性論が、完全性と同じように、「敢然性」すなわち倫理的に不可能なことに無窮に挑戦しつづけるという態度を本態としているからである。デリダは、一九九九年に次のように述べている。

「私は完成可能性の過程をとても大切に思っています。なぜなら、それは十八世紀のコンテクスト、啓蒙によって刻印づけられているからです。しばしば、この啓蒙の時代と［私のいう］脱構築とが対置されることがありますが、それはちがうのです。私は啓蒙の味方、進歩の味方であり、〈進歩主義者〉です。」（Derrida, 2001=2005: 122 訳文変更、強調は引用者）

こうした敢然性の存立条件は何か。それは、共存在の事実ともいえるが、より厳密にいえば、対関係性の事実である。すなわち、〈私〉と〈あなた〉との無条件の支えあいであり、無条件の助けあいである。それは、〈私〉が〈あなた〉をかけがえがないと想うとともに、〈あなた〉が〈私〉をかけがえがないと想うことである。いいかえれば、相手への気遣いが相互に深く浸透している状態である。この対関係性は、ハイデガーの共存在論にふくまれているが、明示されていない。デリダのツェラン論から、いくらか具体的にこの対関係性の中身を敷衍してみよう。

第四節　他者を担う共存在の主体

1　ツェランにふれて

デリダにとって、思想は、世界に充満する不条理を闘い抜くための叡智である。そのとき、思想が前提にしている生は、個人的主体の生すなわち〈私〉と自分との関係を「生きる」ことではなく、〈私〉と〈あなた〉との対関係性を「生きる」ことである。たとえば、デリダがとりあげているユダヤ系の詩人ツェラン（Celan, Paul）の言葉は、〈私〉と〈あなた〉との対関係性を生きることを暗示している。ツェランは、ナチスのユダヤ人強制収容所において、両親と親友を殺された。彼自身も、一九七〇年、五〇歳のときにセーヌ川で自殺している。そのツェランは、一九六七年に出版した『息吹の転回』(*Atemwende*) という詩集のなかで「世界は彼方にある。私はあなたの存在を担っていかなければならない」と述べている (Celan, 1986, Bd. 2: 97)。私たちの生きるべき世界はもはやここにはないが、私は、あなたの命、人生を、あなたの死とともに生きなければならない、と。

デリダは、『シボレート』や『雄羊』において、主体という人の存在様態をとらえなおすために、ハイデガーの共存在論を踏まえつつ、このツェランの言葉にふれている。デリダにとってツェランのいう「私があなたの存在を担う」ということは、デカルトの「私は思う。ゆえに私は存在する」ということに先行し優先する生の様態である。すなわち「私があなたの存在を担う」ということは、「私」であるということよりも、あるいは「いる」ということよりも、そして「思う」ということよりも、はるかに重要である生の様態である (Derrida, 1986=1990)。いいかえれば、デリダにとって、自己言及する主体すなわち何が真実で何が虚偽であるのかと反省し審問する〈私〉よりも、他者言及する主体すなわち「だれを支えるのか、だれに支えられているのか」と問い、そして了解し受容する〈私〉のほうが、はるかに大切である。

2　ツェランとハイデガー

ツェランを、デリダを経由しつつもハイデガーの存在論と結びつけるべきではないと言われるかもしれない。なるほど、一九七二年に『ルヴュ・ド・ベル・レトル』という評論誌に、レヴィナス (Levinas, Emmanuel) の「存在から他者へ」という論文が掲載されて以来、そして一九七六年にその論文が彼の『固有名』という著作に収められて以来、ツェランの詩は、ハイデガーの存在論から切り離すべきである、と考えられるようになった。たしかにハイデガーは、ナチスに荷担しナチスを賛美し、ツェランは、先にふれたように、そのナチスによるホロコーストの生き残りである。

しかし、一九八六年にラクー－ラバルト（Lacoue-Labarthe, Philippe）が述べているように、そしてのちに私も暗示するように、「ツェランの詩作は、そのすべてがハイデガーの思考との対話である」。そして、ツェランとハイデガーの間には、実際の親交もあった。たとえば、一九六七年にツェランは、シュバルツヴァルトにあるハイデガーの山荘を訪れている（Lacoue-Labarthe, 1986=1996: 79, 81）。ツェランがどうしようもない苦しみのなかにありながら、その苦しみに荷担したハイデガーとあえて対話しようとし続けたという事実は、重要である。そして、この困難な対話は、ハイデガーとやはりユダヤ人のデリダとの関係においても行われていた。

3　ツェランの敢然性

まず確認しておきたいことは、デリダが敢然的であるように、「ホロコースト」の後を生きるツェランも敢然的であることである。ツェランにとって人間が帰るべき場所、心安らぐ場所はもはや喪われている。帰還し歓待される家はもはやない。苦悩が取りのぞかれ、罪過が贖われ、迫害が終わるという見込みは、喪われている。すべての企ては終わっている。人間はすでに、神という「至高の存在」（ens summum）によって創られた「被造の存在」（ens creatum）ではない。その意味で、人間は「無」（Nichts）である。頌えられるべきは、カテゴリーによっては語られない者、かけがえのない〈私〉にとってのかけがえのない〈あなた〉、何らかの利害関心と無縁な者すなわち「何者でもない者」（Niemend）である。そのかけがえのない〈あなた〉のために祈り、その〈あなた〉を愛するときにこそ、「無」である「私たち」人間は「花」を咲かせるだろう、すなわち充溢の刻を生きられるだろう、とツェランはいう（Celan, 1986, Bd. 1: 225）。

ツェランは、『何者でもない者の薔薇』（*Die Niemandsrose*, 1963）に収められている「頌歌」（Psalm）において、次のように記している（Celan, 1986, Bd. 1: 225; Lacoue-Labarthe, 1986=1997: 75）。

「頌えられよ、何者でもない者よ。
あなたへの愛のために、私たちは花を咲かせよう。
あなたに向けて。
一つの無。
それが私たち。無であり、無でありつづけるだろう。花を咲かせながら。
無が咲かせる薔薇、何者でもない者の薔薇。」

4　詩作と出会い

もう一つ確認したいことは、ツェランにおいて、この敢然性を可能にする営みは「詩作」であることである。『子午線』（*Der Meridian*, 1960）でツェランが述べているように、「詩作は他者に向かって進もうとする」からである。身体的なものとしての「苦痛」（souffrance）から区別される、どうしようもない心の痛みとしての「苦しみ」（douleur）は、すべての責めを自分に引き寄せ、自分に罪を集約させるからこそ、人に「他者」を求めさせる。「詩は他者（ein Ander）に向かおうとする。詩は他者を必要としている」。人は、自分だけでは癒やしようのない「苦しみ」を癒やしうる唯一無二の「他者」を求める。その「他者」を求める営みこそが「詩作」であり、私から脱し外に向かうという意味での「実存」（Existenz）の営みであり、予期や予測を超えて到来し出来する充溢の刻（カイロスの刻）である（Celan, 1986, Bd. 3: 198; Lacoue-Labarthe, 1986=1996: 77）。

いいかえれば、詩作が語る「他者」との「出会い」（Begegung/rencontre）が、「苦しみ」を生き抜く敢然性を可能にする。出会われる「他者」は「完全なる他者」である。すなわち〈私〉のなじんでいる他者ではない。〈私〉の想像を超え、〈私〉の予測を超える、しかし〈私〉を誘引して止まない他者である。いいかえれば、〈私〉と〈あなた〉との「出会い」は、〈私〉と〈あなた〉との差異についての〈私〉による認知にとどまらない。そうした差異の認知を超える「誘引」を、〈私〉と〈あなた〉の「出会い」はともなう。そしてその「誘引」が〈私〉を新たな〈私〉を創出する。「誘引」は、〈あなた〉を〈私〉にただ引き寄せ、〈私〉に帰属させることではない。〈あなた〉と〈私〉とがともに近づき続けること、惹かれ合い続け、近づき合い続けることである。ともにいることに限りなく筆舌に尽くせない歓喜を覚えつつ。この〈あなた〉は、〈私〉が構成する世界のなかの存在者などではなく、〈私〉にとっての世界という存在であり、そうした存在でしかありえない。ただし、そのような〈あなた〉は「神」ではない。かつて、その位置を占めていたものが繰りかえし「神」と呼ばれていたとしても、そうである。

5　共存在を語る言葉

たがいを引き寄せ、たがいを支えあう〈私〉と〈あなた〉がともにあること、すなわち対関係的に共存在することは、「表象の言葉」ではなく、いわば「詩作の言葉」によって語られる。この詩作の言葉は、人を、証明に向かわせる言葉、基礎付けに向かわせる言葉、自己審問に向かわせる言葉ではない。詩作の言葉は、人を、存在に向けて開く言葉、異なる世界へといざなう言葉、人を外に向かわせる言葉である。詩作の言葉は、おそらくアウグスティヌスが『告白録』で「私の最内奥の内面」（interior intimo meo）と呼んだものにつらなっているだろうし（III, 6, 11）、またハイデガーが『存在と時間』で「良心の声」と呼んだものにつらなっているだろう。

詩作の言葉は、人が共存在していることの確かさを、共存在の「事実それ自体」(ipso facto)に見いだす。いいかえれば、詩作の言葉は、共存在の確実性を、人が共存在しているという事実、言葉によって事後的にのみ語りうる「事実それ自体」に見いだす。共存在の確実性は、実証されたり、論証されたり、正当化されたり、合法化されたり、懐疑されたり、判断されたりするという、表象の言葉を用いた手続きを必要としていない。人が共存在しているという事実は、つねに事後的である言葉とともに、すでに遂行されていること、進行していること、つまり事後的である言葉とともに前提とされていることである。共存在の「事実それ自体」は、言葉の事実すなわち事実の痕跡によってのみ、把握される。共存在の「事実それ自体」は、けっして固定されないし定位もされない。それは、つねに推移していく。詩作という言表は、痕跡としてしか把握できない共存在の「事実それ自体」をいささかでも手元に引きとどめようとする、ほとんど不可能な努力である。

たとえば、意味内容として言表される〈私〉は、実際に共存在しつつ言表する〈私〉から隔絶されている。いいかえれば、詩作の言葉は、〈私〉という主題(sujet)に言及しているのではなく、それ自身がすでに共存在の主体(sujet)としての〈私〉を構成している。詩作の言葉としてのこの〈私〉は、まったく他者から区別された〈私〉ではなく、すでに〈あなた〉という言葉をともなっている。詩作の言葉としての「私」は、「独り言」ではなく、つねにだれかに対する「呼び声」である。それは、たとえば「私ね、あなたに……」というときの「私」である。詩作の言葉である「私がいる」は、つねに「あなたがいる」ことを前提にしている。

6　他者を支え担う主体

ハイデガーよりもはっきりと対関係的である共存在論を展開しているナンシーは、ツェランを論じるデリダにふれつつ、主体概念の共存在論的転回を試みている。すなわち、主体とはもともと下から他者を支えるもの、他者を下支えするものである、とナンシーはいう。彼は「私は、ようするに、他者を担う者としてのみ、すでにここにいる。そして私は［反省的に認識される心理学的な］自己に先行している」と述べている。ナンシーにとって、〈私〉は、他者を支え担うかぎりにおいて、真の対関係的な主体になりうる。いいかえれば、主体について考えるうえで重要なことは、「〈私〉とは何者か」と問うことではなく「〈私〉はだれのためにいるのか」と問うことである。つまり「主体」の本来の意味は「下に置かれたもの」（hypokeimenon）である。すなわち「主体」は「他者を支えるものとして存在するもの」である（Nancy, 2007=2007: 238）。

人は、自分を了解し自分を肯定する者であるかぎり、つねに・すでに他者を自分に関係づけている。いいかえれば、他者は、つねに・すでに自分に無条件に本来的に贈与されている。その他者贈与を了解するなかでこそ、人は、純粋に「活動する」ことができる。すなわち、よりよく自己を創出することが可能になる。とりわけ対関係性の具体的な営みを重ねつつ、他者贈与を了解することによって、自分の過剰な自己言及（自家撞着）がさえぎられ、自分のそして社会の未来への倫理的な途が開かれる。なるほど、そこには、よりよい未来のヴィジョンなど、具体的に描かれていない。しかし、その現存在としての、実存としての〈私〉には、よりよい未来に向かう声が出来し到来する。自由なる未来を開く倫理のマトリクスは、対関係的な愛である。

第五節　敢然性と対関係性

1　メリオリズムの敢然性

デリダ、そしてナンシーによって、主体の概念は根本的に転換されている。デリダ、ナンシーにとって、主体は、かつてカントやヘルバルトが論じてきたような、「理性」をかたる合理性によって自律する個人ではない。デリダ、ナンシーにとって、主体とは、他者を担い支えることで自律する共存在的な実存である。そして、こうしたデリダ／ナンシー的な主体は、対関係性を前提にしつつ到達困難な倫理的未来に果敢にいどむ主体である。その意味で、デリダ／ナンシーの対関係的な共存在の主体は、たえず人を鼓舞し力づける倫理的概念である。その対関係的な主体を彩る倫理的特徴は、敢然性である。敢然性は、デューイの区別を援用していえば、「オプティミズム」(optimism) から区別される「メリオリズム」(meliorism) である。すなわち、絶対善を前提にするオプティミズムではなく、不断にかつ果敢によりよい状態を希求するメリオリズムである。それは、自分の置かれている情況がどんなにわるくても、けっしてあきらめず、つねに「事態はよりよくなる」と信じ努力しつづける生への態度である。

教育という営みを実存論的に考えるとき、つまるところ、人が生きるということを実存論的に考えるとき、敢然性はとても重要である。教育という営みは、つねに喪失されつづける教育の基礎をとりもどしつづけるという、徒労に見える営みをともなっているからである。教育という営みがどのように定義されようとも、それが、人の・人による・人のための働きかけであるかぎり、教育は、共存在という存在論事実を前提としている。とりわけそれは、対関係的な共存在を前提にしている。しかし、共存在という教育の基礎は、たえず窃《ひそ》かに脅かされている。互いに相手を支えあい自他を自由にする心情を看過忘却し、表象の枝葉末節に拘泥惑溺し、そして個人的利益・組織的利益を最優先する「世人」によって、教育の基礎はたえず危機にさらされている。

2　教育の基礎としての対関係性

教育が真に批判の対象となるのは、教育にかかわる人びとが教育の基礎を了解しなかったり、その事実を看過したりすることで、教育が不条理をふくみもつときである。それは、教育が、人・子どもを事物性や道具性に還元し、そのかけがえのなさを看過するという営みそのものとして浮かびあがるときであり、子どもを交換可能なもの・機能的なもの・表象されたものととりちがえ、その未来と自由と栄光を奪いとるという事態が自明化してゆくときである。教育が、それぞれの子どもたちにとっての人生への準備であるかぎり、人が顧慮的気遣いとともに他者と共存在するという存在論的事実の了解は、教育のもっとも重要な基礎である。

つねに脅かされている、共存在という教育の基礎は、しかしつねに再構築されつづけている。私たちのほとんどは、何がもっとも根底的な人生の準備であるのか、体感しているからである。私たちのほとんどは、人生の最初期に自分が世界内存在であることを体感しているからである。人は、世界としての他者、〈私〉や〈あなた〉という区別がまだないところで、自分につらなり自分を支えている世界としての他者を体感しているからである。そして人は、その世界としての他者に、いずれまた出会うことになる。いつとも、どこでとも、どのようにしてとも、知りえないままに。その新たに出会う世界としての他者は、最初期の他者と同じくらいに、自分を根底から支え慈しみつづけるとともに、自分によっても支えられて鼓舞されていく。そうした、心から向かいあい支えあう互恵的なかかわりが、共存在的な対関係性である。

参考文献

Celan, P., 1986, *Paul Celan gesammelte Werke*, 5 Bden., Hrsg. von Beda Allemann und Stefan Reihert. Frankfurt am Main:

Suhrkamp Verlag.

Derrida, J., 1986, *Schibboleth: Pour Paul Celan*. Paris: Éditions Galilée.（飯吉光夫・小林康夫・守中高明訳、一九九〇、『シボレート――パウル・ツェランのために』岩波書店）

Derrida, J., 1993, *Spectres de Marx*. Paris: Galilée.

Derrida, J., 2001, *Jacques Derrida: Deconstruction Engaged: The Sydney Seminars*, Patton, P., & Smith, T., eds., Sydney: Power Publications.（谷徹・亀井大輔訳、二〇〇五、『デリダ、脱構築を語る』岩波書店）

Heidegger, M., 1950, Die Zeit des Weltbilds, *Holzwege*. Frankfurt am Main: Vittorio Klostermann.（桑木務訳、一九六二、『世界像の時代』理想社）

Heidegger, M., 1980, *Hölderlins Hymmen "Germanien" und "Der Rhein" in Martin Heidegger Gesamtausgabe*, Bd. 39. Frankfurt am Main: Vittorio Klostermann.（木下康光・トレチアック・H訳、一九八六、『ヘルダーリンの讃歌『ゲルマーニエン』と『ライン』』創文社、『ハイデッガー全集』第三九巻）

Heidegger, M., 2001, *Sein und Zeit*. Tübingen: Max Niemeyer Verlag.（原佑・渡邊二郎訳、二〇〇三、『存在と時間』Ⅰ・Ⅱ・Ⅲ、中央公論社）

Lacoue-Labarthe, P., 1986, *La poesie comme experience*. Paris: Christian Bourgois Editeur.（谷口博史訳、一九九六、『経験としての詩――ツェラン・ヘルダーリン・ハイデガー』未來社）

Nancy, J.-L., 1990, *Une pensée finie*. Paris: Éditions Galilée.（合田正人訳、二〇一一、『限りある思考』法政大学出版局）

Nancy, J.-L., 2007, "Ipso facto cogitans ac demens," Costas Douzinas ed., *Adieu, Derrida*. Palgrave Macmillan.（藤本一勇監訳、二〇〇七、「マッド・デリダ」『来たるべきデリダ』明石書店）

田中智志、二〇〇九、『教育思想のフーコー――教育を支える関係性』勁草書房

第2章　生の技法としての応答

岡部美香

第一節　はめこみ歯車が動くとき

筆者の担当する大学の講義では、一回九〇分の授業が終了するつど、その回の授業に関する簡単なコメントを受講生に提出してもらう。授業の内容、受講生の有する知識や経験、彼／彼女らのそのときの気分に合わせて、毎回、さまざまなコメントが寄せられる。すべてのコメントに応答することはかなわないが、授業の内容にかかわる質問や他の受講生にもぜひ考えてもらいたい問題提起などを選び出し、次の回の授業の冒頭で筆者がコメント返しをするのが通例となっている。

こうしたやりとりのなかで、次のようなコメントをもらうことがある。そこには、授業中に筆者の語った言葉がほぼ正確に再現され、授業の進行に即して順序よく並べられている。その回の授業に関する過不足のない要約ともいえるそのコメントは、受講生が授業の内容を寸分違わず把握しようと努めていたであろうことをうかがわせる。だが、歪みのない澄明な鏡のようなこうした文字列を前にすると、筆者はいつも戸惑いを覚える。ときに、のっぺらぼうに出くわしたかのような不安な心持ちになってしまう。果たして、その受講生にとって筆者の授業は意味のあるものだったのだろうか。

他方、これとは対照的なコメントをもらうこともある。そこでは、授業のなかで語られたある一つの事柄について、思いもよらないまったく別の事柄と結びつけつつ、その受講生なりに思考を展開した道筋が報告されている。授業の内容からズレているとはいえ、彼／彼女のなかで何かが生じたこと、それに筆者の語った言葉がかかわったことが、たしかな手応えとして伝わってくる。同時に、彼／彼女の思考の流れに棹さすように、少なくともそれを妨げないようにかかわりたいという欲求が筆者のなかに湧き上がる。この欲求は、授業の準備という筆者の日常的な実践を、昂揚感を伴う一つの挑戦へと高めてくれる。

数値などの明証性（evidence）は示しようもないが、互いの言葉や行為が互いの思考や実践をたしかに生き生きと喚起、誘発、促進している。このようなかかわり合いが立ち現われるとき、そこではいったいどのような事態が生起しているのだろうか。

ここで問いたいのは、異世代間の意味生成的な関係の存立構制である。異世代間の相互性によってこそ人間の生存が保証され生涯にわたる発達が可能になることを論じたエリクソン（Erikson. E. H.）は、そのような関係を「たまたま近くにいるという以上の…（中略）…ある個人が他の人びとを動かすのにつれてその人も動くというはめこみ歯車のような（cogwheeling）」[1]関係と表現している。右に挙げたコメントの事例に即すなら、そうした関係の生起にとって、思考や感情ができるだけ正確に伝達されることは必ずしも必要不可欠な条件ではないようである。

もちろん、異世代間の意味生成的な関係は、先行世代と後続世代との比較的長期にわたるかかわり合いのなかで数々の危機を経て漸成的に実現される事実であり、かつ実現されるべき規範である。だが本論では、この関係の存立構制を探求するため、先行世代と後続世代とのかかわり合いを一つの出来事として捉え、両者間に意味生成的な関係が立ち現われるカイロス的な時空間に焦点をしぼって考察したい。

本論の考察を通して、先行世代と後続世代との共約不可能性および両者を橋渡しするメディアに生起するズレこそが両者の意味生成的な関係を切り結ぶことが明らかにされるだろう。もちろん、異世代間の齟齬が深刻な対立や心理社会的な危機を引き起こすことは、エリクソン[2]も彼の後継の研究者もすでに指摘している。だが、ほとんどの場合、異世代間の関係を共約不可能なものとしては捉えておらず、コミュニケーションの途絶を基礎に据えてその関係構造を考察しているわけでもない[3]。また、従来の教育関係論においては、概して、関係を橋渡しするメディアにはあまり関心が向けられてこなかった[4]。

以下では、共約不可能性を分かちもつ異世代間の意味生成的な関係の存立構制を問う。この取り組みは、後続世代の発達と生成に作用する先行世代の日常的なかかわり――後述のように、応答的なかかわり――が具体的にいかなる実践であり何に支えられて成立するのかを探る試みである。また、メディアと共同体概念との捉え直しを通して、エリクソンの発達理論を基盤に展開されてきた教育人間学[5]が――なかでも、その相互性論が――、共同体内の社会化過程を論じると同時に、共同体を超越する生成という出来事へとつねにすでに開かれている（曝されている）ことを具体的に論証する一つの試みともなるだろう。

第二節　切り結ばれる関係

1　エリクソン―森―田中の相互性論

森昭は、「エリクソンの思想の中核」を次のように指摘する。[6] 発達心理学や哲学的人間学など、教育（学）を基礎づける諸学問が「個人的生の〈それ自身で完結しよう〉とする傾向をとくに重視」するのとは対照的に、エリクソンの発達理論は「人間の生が世代から次の世代への繋がりによって存立し、そして発展するという事実」に着目する。エリクソンのこうしたものの見方にこそ、「〈教育〉というものを考えるための哲学的人間学的前提条件」が示されている。

このように、エリクソンの発達理論は、世代サイクルへの着目という点に最大の特徴を有するといわれている。この理論を基盤に教育学的な考察を進める研究者のなかで、異世代間の相互性論を基軸の一つとして教育人間学から臨床的人間形成論を構築しようとしているのが田中毎実である。[7]

田中は、現代社会が生産の近代化と経済的な成功による人間の生の阻害という問題に直面していることを指摘し、時代のこうした問題状況を「人為的なシステムへの自然（＝システムの外部）の反乱」と診断する。[8] この状況には「人為システムの再自然化」をもって対応する必要があるが、今日では、この再自然化そのものがすでに「人為化のもたらす資産」によってしか実現し得ない。こうした社会のなかで、人びとは「絶え間ない人為化」と「人為的なシステムの人為による再自然化」を果てしなく往還し続けなければならない。

とはいえ、こうした状況下においても、逆にこうした状況下だからこそ、人びとは人生をライフサイクルとして思い描き、その完結を望み願う、と田中は述べる。ライフサイクルを完結させるためには、エリクソンが主張したように、異世代間の相互性が十全に作用し、個人のライフサイクルが次の世代を生きる個人のライフサイクルへと繋がることが必要不可欠となる。

問題は、そうした異世代間の相互性においても、人為システムと自然との拮抗がつねに生じることである。この拮抗は二つの作用において現われる。[9] 一つには、異世代間の自然な相互性の実現という多大な労力を要する課題を、人為システムに規定された役割行動によって負担免除すること。もう一つには、人為システムに規定されたそうした役割行動の破れ目を、自然な相互性が補完すること、である。この二重の拮抗において、私たちは「適切なバランス」を見出さなければならない。これは、田中によれば、「奇跡」と喩えてもよいほど極めて困難な営みであるにもかかわらず、実際には先行世代に属する大半の人びとによって日常的にやすやすと達成されている。そうであるのだから、先行世代が「程のよさ」や「自然であること」など自己に内在する共通感覚（a common sense）を信頼して後続世代に応答的にかかわろうとするならば、生き生きとした相互性のなかで両者それぞれのライフサイクルを充実、完結させることが可能になるはずである。[10] このように論じることで、田中は世代継承という発達課題を担う成人期の人びとを励ましている。

ところで、田中自身が明らかにしているように、エリクソンの発達理論と田中の展開する臨床的人間形成論とを架橋しているのは、森昭の教育人間学と人間形成原論である。

戦前・戦中の教育（学）への仮借のない自責と猛省のなかで構想された森の『教育人間学』（一九六一）[11] は、ある信念に裏打ちされていた。それは、人間と人間社会に関する総合的・統合的な経験科学的知見と理性とによって人間の内外の自然と社会を統制できれば、近代的な民主主義国家を建設することが可能になる、というものである。ところが、高度経済成長期を経た後、科学的な知性と合理的な判断の所産である生産の近代化と経済的な成功が人間の生を阻害するという状況が出現し、また自身も重篤な病に侵されつつあるなかで、森はしだいに、人間存在の被投性、所与性、偶然性、有限性を出発点として人間の生涯にわたる生成と形成を論じることへと関心を向けるようになる。

この方向転換は、個人的にも社会的にも理性的な主体の限界に直面せざるを得なかった森のある種の諦念が導いたものかもしれない。だがしかし、これは単なる後退ではない。というのも、森の遺著『人間形成原論』（一九七七）では、人間存在の被投性、所与性、偶然性、有限性や、そこからの超越としての彼方に想いを馳せること、所与のなかに彼方を探ること、具体的目標のないままに彼岸へと生命鼓橋を作り継ぐことなど[12]、理性的な主体の力では内包することも受容することもできないものをも抱え込んでしまう、現に生きている人間の割り切れなさ（余剰）やおさまりの悪さ（過剰）が描かれているからである。

人間のこの余剰と過剰は、田中の理論においては、加速度的に自己展開する巨大な人為システムのもとでライフサイクルを完結させようと望み願う先行世代の「日常性の奇跡」を構成する諸概念として描出されている。では、こうした人間の余剰と過剰を前提とするとき、後続世代に対する先行世代の応答的なかかわりは、具体的にどのような構制において立ち現われるのだろうか。また、その場合、両者のかかわり合いを支える「程のよさ」や「自然であること」という共通感覚を、私たちはいったい誰と分かちもっているのだろうか。

2　生成するメディア

これらの問いについては第三節であらためて考察することとし、ここでは、その考察の地平をより明らかにするべく、エリクソン—森—田中の相互性論を教育関係論の系譜に位置づけてみることにしよう[13]。

教育関係論が教育学議論の俎上に載せられたのは、十九世紀から二〇世紀への世紀転換期のドイツにおいてである。ディルタイ（Dilthey, W.）とノール（Nohl, H.）に端を発する教育関係論は、近代教育の技術主義的な性格を克服しようとするところから構想された。だが、それらはなお先行世代から後続世代への一方向性と前者の権威に裏打ちされた教育的愛情とに色濃く特徴づけられていた。相互性を徹底させ、教育の技術性、操作性の克服を試みる教育的相互作用論が活性化するのは一九七〇年代に入ってからのことである。この動きとほぼ同時期に森の思索の方向転換が生じていることは興味深い。

エリクソン―森―田中の相互性論は、教育的相互作用論の一つとして位置づけることができる。エリクソンによれば[14]、先行世代は、後続世代を規範の枠内におさめる（regulate）ために、まずは相手に合わせながら自分自身を規制する（regulate）。また、生まれたばかりの赤ちゃんも、家族によって育てられながら、自分をケアするのに十分に見合う力を発揮するようにと家族を動かし育てる。このことを換言して、田中は「異世代間の相互形成のただなかにある人間は、みずから教育を担うことを避けることのできない存在」であると述べ、胎児や幼少の子どもも含めて人間一般を「教育され（得）る存在であると同時に教育する存在」であると捉える人間学を提唱している[15]。

ところで、松浦良充は、教育関係論における相互性の徹底が「教育を、人間関係一般やコミュニケーションの相互作用に霧散させ」てしまうために「かえって現存する教育（的）意図の独善性や操作性の問題を見えにくくさせてしまう」と指摘する[16]。ここで指摘されている危険性は、相互性を強調する教育関係論において教える者と学ぶ者とを媒介する教育・学習内容やテクストの存在にあまり関心が向けられないことと関連しているという。そこで松浦は、教育関係を「主体―客体」の一方向的関係でもなく、教育的相互作用論が主張する「主体―主体」関係でもなく、教育関係のメディアに共に規定される「客体―客体」関係として捉える視点を提示する。

メディアに着目すべきだという松浦の指摘は重要である。というのも、ルジャンドル（Legendre, P.）によれば、言語というメディアに規定される「客体―客体」関係のなかでこそ、人間は共同体に生きる主体として組成され同定されるからである。

ルジャンドルは、人間の共同体を「ことばの法の外では生きることも再生産を続けることもできない社会」として規定する。[17] では、人間はいかにして言語を獲得するのか。それは、「真なる言説という地位をもつある言説を絶えず繰り返し伝播すること」[18]によってである。換言するなら、すでに定礎され制度化されている規範としての言語システムに「継承されてきた財産を相続するようにして」参入し、その維持に加担し続けることによって、人間は共同体のなかで主体として生きることが可能になるのである。

このように考えるならば、ある（言語）共同体に属する人間は、言語システムを措定した〈法（loi）〉のもとに生きているということができる。後続世代は言語によって構成される文化の継承者として、「先行する継承者」である先行世代の後を追って、「すでにそこにある真なる言説」について自分の分け前を獲得する。永続的に繰り返される後続世代による先行世代の後追いは、ラテン語では「〜に服属する／成功する」という意味をもつ succedere という動詞で表現される。つまり、言語を獲得して主体として生きることは、言語システムを措定した〈法〉に「順調に服従する」ことを意味するのである。[19]

では、なぜ、他でもないその特定の言語システムの〈法〉に服従しなければならないのか。また、その〈法〉をそれ以上遡及する必要のない真なるものとして規定するのは何ものか。ルジャンドルは、〈法〉の根拠は空虚だと述べる。〈法〉を措定するのは超越的かつ絶対的に他なる権力（暴力）であり、それは神話的にしか語り得ない。そこで、あらゆる共同体は、空虚としての根拠を共同体に属する人びとの目に見えるよう演出を凝らして外在化し、神話的・

宗教的な言説や儀礼の反復によって、共同体の存続を保証しようとしてきた[20]。たとえ神話や宗教そのもの、またはそれらの実効力が失われたとしても、言語システムにはすでにそれらに代わる「ドグマ」が書き込まれている、とルジャンドルはいう。ドグマとは、「真理」としての強制力を有する一方で、同時に「見せかけ」や「臆見」でもある言説のことをさす。ある特定の言語システムに参入することはドグマに順調に服従することであり、言語を日常的に使用することによってドグマは繰り返し再構成され、世代を超えて継承されていくのである。

この世代継承の営みは、エリクソンのいう「儀式化（ritualization）」にも通じる[21]。これは、異世代間におけるインフォーマルな、しかしながら定式化された相互作用を意味している。儀式化された行為を実践する当事者は「これが私たちのやり方である」ことを表明するだけに過ぎないが、日常生活のなかで反復されることによって、儀式化は、同じやり方を共有する人びとの共同体における社会的な適応や承認に対して、ひいては共同体の存続に対して大きな影響力を及ぼすとされている。

だが、いみじくもルジャンドルが指摘したように、ある特定の言語システムの〈法〉や儀式化に服従しなければならない確固たる根拠はない。言語システムの世代継承や異世代間の儀式化が共同体の存続を保証するのは、それらが日常的な実践として反復されるからであり、必ずしもそれらが真なるものだからではない。次のエリクソンの言葉は、このことを端的に表わしている。「人が教えることを必要とするのは、…（中略）…事実は語られることによって、論理は証明されることによって、真理は公に宣言されることによって生き続けるからなのである[22]。」

ところが、デリダ（Derrida, J.）は、共同体を存続させるための反復こそが、システムや共同体の同一性を根幹から揺るがすズレ（差延 différance）をもたらすと説く。彼の理論に依拠しつつ述べるなら[23]、まず、あらゆる言説や行為は引用される可能性を有する。反復とはまさに、ある特定の言説や行為を原初的なコンテクストへの帰属から切り離し、抜き出して、他の異なるコンテクストに接続するという引用を繰り返す行為である。その場合、ある特定の言説や行為は、それがもともと帰属していた特定のコンテクストから解放されて「一般化」されるとともに、新たなコンテクストに応じた新たな意味を生成する。このとき、意味の統一性や統合性が決定的な影響を被らないという保証はない。なぜなら、コンテクスト間の連続性は必ずしも保証されていないからである。

だとすれば、言説や行為の反復可能性（répétabilité）は、つねにすでにそれらの反覆可能性（itérabilité）とともにあることになる。換言するなら、反復は、自己を同定しシステムや共同体の存続に寄与する営みであるとともに、他方で同時に、自己の同一性をずらしシステムや共同体をその外部の他者性へと曝すことによって生成を促す実践でもあるといえる。言語や行為は、繰り返されるそのつど背かれ、裏切られ、覆され、裏返され得る。したがって、言語や行為が伝播するはずの〈法〉ないしドグマも散種の結果、その統一性・統合性の解体と新たな生成へと導かれることから完全には逃れることができない。

もちろん、ルジャンドルも、言語の反覆可能性に気づいていないわけではない。だが、彼にとってそれはあくまで偶有的なものであり、異世代間の関係の中心柱はドグマ継承の手続きにある。反覆は、「妥協によって、つまりは取り違えを引き受けたり、無理解の折り合いをつけたりすることで(24)」補完されるべき例外にすぎない。

だが、そうではなく、反覆可能性を言語や儀式化された行為に本質的なものとして捉えるならば、後続世代に対する先行世代のかかわりは、次の二重性に彩られることになる。一つには、言語や儀式化された行為の反復を通して共同体の〈法〉やドグマに服従させ、それによって共同体に順調に属する道を拓くというもの、もう一つには、言語や行為の反覆によって〈法〉やドグマの《外》すなわち絶対的な他者性に身を曝し生成への扉を開く、というものである。このとき、先行世代と後続世代は、両者を共に規定するメディアの反復によって結ばれつつ、同時にその反覆によって切られている――すなわち、両者は切り結ばれる関係にあるといえる。

言語というメディアのこうした特徴は、他にもヴィトゲンシュタイン（Wittgenstein, L.）を始め、多くの思想家たちによって論じられてきた。異世代間を媒介するメディアをこのようなものとして捉えるならば、両世代のかかわり合いとは、言語によって引き起こされるコミュニケーションの途絶のただなかで、途絶を引き起こす当の言語を用いて、途絶によって穿たれたクレバスに橋を作り渡して通じ合うことをさす。エリクソン―森―田中の相互性論では、この橋の作り渡しが、後続世代に対する先行世代の応答的なかかわりとして実践されるのであった。では、コミュニケーションの途絶のただなかで応答的に橋を作り渡すとは、いったいどのような実践なのだろうか。また、異世代間のこの橋の作り渡しは、個人の人生の橋を作り継ぐ実践とどのようにかかわるのだろうか。

第三節　《共に在る》存在たちの通じ合い

1　途絶のただなかの贈与

近代という時代は、一般に、共同体の解体による個の析出によって特徴づけられる。それゆえ、近代批判に際しては、共同体的なものへの回帰がしばしば主張される。教育関係論が興隆する背景にも、そうした側面があるのは否めない。だが一方で、そのような主張が、ナチズムやファシズムを始め、ナショナリズム、エスノセントリズム、レイシズムなどをたびたび招来し、凄惨な事態を引き起こしてきたのも事実である。

この、いわば手垢にまみれた共同体概念を存在論的な次元において捉え直そうと試みたのが、ナンシー（Nancy, J.-L.）のバタイユ論「無為の共同体」（一九八三）[25]である。これはまた、人間がコミュニケーションの途絶のただなかで他者と通じ合う《共に在る》存在であることを論じた論文でもある。

「私たちは共同で、すなわち他者と共に在る者として存在する。[26]」ここでいわれる《共に在る》という人間の根源的な存在様態（l'être-avec/l'être-ensemble[27]）は、死という出来事において際立って立ち現われる。死は、人間の有限性を象徴する出来事であるが、それは人間の生がそこで尽きるという意味においてだけではなく、人間の生がその人独りでは完結しないという根源的な不可能性においてでもある。私の死が私の消滅、すなわちあらゆる主体的な営みが私にとって不可能になることを意味するのであれば、それは私の力能の範疇にはない。私の死は、私以外の他者に受けとめられることによって「出来事」となり、そうして初めて私の死（私の生）は完結する。人間は、あまねく死を免れ得ない存在であるがゆえに、他者と《共に在る》ことを根源的に要請する、とナンシーは述べる[28]。

彼に即せば、私たちはつねにすでに他者と《共に在る》。それゆえ、つねにすでに他者の他者性に曝されている。この他者性は共約不可能なものである。したがって、私たちが他者の他者性に曝されると同時に、そのことによって私たち自身の有限性が曝し出され露わになる。このように、私たちは、他者の限界において――同時に、私たち自身の限界において――他者と触れ合い、せめぎ合っている。換言するなら、私たちが共約不可能性によって他者と分離・分割されていることを分有する境界において、私たちは他者の他者性と自らの有限性とを体験するのである[29]。

その場合、共約不可能性によって絶対的に分離・分割されている私たちと他者は、それぞれ他の誰にも代替不可能なかけがえのない「特異な存在（l'être singulier）」である。この特異な存在としての私は、私の主体的な営みや操作の結果として生産されるのではない。それは、同じく特異な存在としての他者と《共に在る》ことにおいて、他者の特異性とともに生成し立ち現われる。

私たちが他者とともに特異な存在として生成し立ち現われるとき、主体は「分有の脱自のうちに沈み落ちていく[30]」。

ここに、ナンシーによるバタイユ解釈が表れている。バタイユ（Bataille, G.）の提示した「脱自（l'extase）」を、ナンシーは、他者の他者性に身を曝しつつ他者と分有する境界において他者とせめぎ合いながら《共に在る》こととして捉える。このとき、私たちはもはや主体ではないが、自己の外（＝他者）に合一するわけでもない。

主体としての営みや他者との合一が途絶された人間のこの在り様を、ナンシーは「無為（désœuvrement）」[31]と呼ぶ。無為のうちに《共に在る》特異な存在たちは、「互いが互いにとって終末―目的」[32]であるがゆえに、互いを超えて共有される一つの目的のもとに有機的・融合的に結びつくような共同体（国家、民族、人種など）を形成することはない。かといって、単にバラバラであるわけでもない。共約不可能性に分離・分割されていることそのものを分有することによって、特異な存在たちは「通じ合う」[33]。この「通じ合う（se communiquer）」の名詞形 communication は、ラテン語の commūnis を語根にもつ。commūnis とは、mūnus（（神・死者への）捧げ物、供物、喜捨、贈り物、施し物）を共に分かちもつことを意味する。つまり、特異な存在たちは、互いに分離・分割されていることを分有する境界で、互いが互いに有限性を送り（贈り）返し、特異性を贈与することによって通じ合っているのである。

2　応答――もはやない／いまだない《声》を形象する

私たちは、他者と《共に在る》ことにおいて、互いに特異な存在として共に生成し立ち現われる。このことは、言語化されることによって初めて、私たちにとって「出来事」となる。換言するなら、言語化されることによって初めて、私たちの特異な存在と「いま・ここ」で私たちに臨在する世界が私たちへと到来する。

特異な存在と世界は新たに生成するものであるから、ここでいう言語化は、すでに在るものの代理表象（représentation）の営みとは異なる言語活動の実践となる。すなわち、これまでになかったもの、いまだないものを形象る実践となる。この実践には文学によく用いられる創作的言語[34]が相応する。ただし、ここでいう創作的言語は、いわゆる詩や物語や戯曲などの文学的なものだけをさすのではない。例えば、「技巧性のない歌を創る子供のはきだす溜め息[35]」を始め、声や息遣い、沈黙や絶句、また身体言語としてのジェスチャーなども含む。つまり、創作的言語とは、指示物や共同体のシステムに即した既存の意味がもはや（いまだ）ないところで創り出される言語的なもの一般をさす。私たちは、こうした創作的言語によって、私たちの特異な存在と私たちに臨在する世界を形象るのである。

この実践が、主体的・操作的に行われる営みでないことをいま一度、確認しておこう。ナンシーによれば、それは、他者との《対話（dialogue）》のなかで他者の《声》に聴き従い応答するという実践である[36]。だが、《共に在る》ことにおいて、他者とのコミュニケーションは途絶しているのではなかったか。ここでいう《対話》は、途絶のただなかで生起する通じ合いのことをさす。互いに分離・分割されていることを分有する境界で、他者によって送り（贈り）返される有限性と他者から贈与される特異性とを伝える声なき《声》に聴き従い、その《声》を創作的言語によって形象るという実践を通して、私たちは特異な存在へと生成し「いま・ここ」に立ち現われる世界に現前するのである。

こうした《対話》は、実のところ、私たちの日常生活においてしばしば生起している。例えば、次のような事例を挙げることができる。

ある女児が保育施設で母親の迎えを待っている。彼女の母親は、今日は迎えに来るのが遅くなるという。冬の日、もう外は暗く、他の子どもたちは帰宅してしまった。一人遊ぶ彼女に、保育士が声を掛ける。「もうすぐお迎えが来るからね。一緒に遊んで待っていようね。」

「ううん。こうならないとだめなの！」女児は、両手を上げて手の指先から足までピンとまっすぐに伸ばして元気にいう。だが、保育士には女児の言葉とポーズが何を意味するのか見当がつかない。「こうならないとだめなの？」保育士も同じポーズをとってみる。「そう！」と女児はまた元気に答えてくれるが、保育士には意味がわからないままである。「こうじゃだめなの？」テレビで芸能人がしていたポーズをとってみる。「そんなの、いや」と今度は泣きそうになる女児。保育士の混迷は深まるばかりである。「こう？」「ううん」「これは？」「ちがう」保育士はいろいろなポーズを試みる。女児は今朝、母親とジェスチャー遊びでもしていたのだろうか。他の子どもたちや保育士とだろうか。懸命に思い出しながら手足を動かす。女児の顔を見ると、保育士はまだ正解に辿り着いていないようだ。保育士は、自分の幼少期を思い出す。同じポーズをとったことがあっただろうか。両親は、亡くなった祖父母は、教師は、友人はどうしていたか。これまでに読んだ文章や見た映像のなかに何かヒントはなかったか。正解に辿り着いたら、女児はどれほど喜ぶだろう。逆に、辿り着かなかったら、どうなるだろう。

ふと見ると、女児が身体を動かしながら笑っている。保育士の動きをまねるのが面白いらしい。もはや「正解」どころではない。二人で競い合ってより面白いポーズをとる。かつて自分がしたポーズ、どこかで見たことのあるポーズ、これまで見たこともないポーズを身体で創り出す。人、物、さまざまなものごとを思い浮かべる。記憶にない仕方で手足を動かしてポーズを創り出してみたりもする。二人だからこそ夢中になれる充溢した時空間が広がる。

「なった！」突然、女児が手足をまっすぐ伸ばす最初のポーズをとって嬉しそうに叫ぶ。同時に時計の鐘が六回聞こえてくる。

女児の最初のポーズは、アナログ時計の針を模倣したものである。私たちはしばしば、幼少の子どもに対して時刻を示すとき、「時計の針がこうなったら……」「時計の針がここまできたら……」と針の形状で表現する。これを女児は身体言語に写し取り反復しただけである。だが、女児のこの反復を、保育士は同定することができない。このズレが、両者のコミュニケーションを途絶させる。

このとき、保育士は、女児の言葉とポーズをさりげなく無視して、女児とコミュニケーションを続けることもできたかもしれない。また、制度化された言語の規則に即した説明を女児に求めることもできたかもしれない。第二節でルジャンドルに依拠しつつ述べたように、人間どうしのコミュニケーションは「妥協によって、つまりは取り違えを引き受けたり、無理解の折り合いをつけたりすることで」成り立つのであり、そうすることで共同体は存続し、また人間も主体として安定した共同生活を送ることができるのである。

だが、保育士は、女児の理解不能な身体言語に添い、女児の他者性にまさにその身を委ね曝した。何が保育士にそうさせたのだろうか。

例えば、このような経験はないだろうか。これまで何匹もの野良猫と道ですれ違ってきたのに、その野良猫の前だけはどうしても通り過ぎることができない。いつもと同じように軽く挨拶を交わして出て行った子どもの様子がなぜだか気になって仕方がない。これまで何度か読んだときには気にならなかった文章が突然、目に飛び込んできて、図らずも夢中で読み返してしまう。たしかな根拠はない。他の人と感覚を共有することもできない。だが、たしかに何かが違う。野良猫と、子どもと、文章と「たまたま近くにいるという以上の」出来事が生起している。そこでは、何かがこの私を呼び（calling）、私の存在を鷲掴みにして、否応なく応答へと連れ出す。この私を呼ぶ声なき《声》を、私たちは主体的に聞き取ることはできない。なぜなら、それは、どこか向こうからこの私に向かって降ってくる（ときに襲いかかってくる）、この私にさし向けられた偶然という贈与だからである。

保育士もまた、こうした《声》の贈与を受け取ったのかもしれない。保育士は、共同体の制度化された言語ではなく、創作的言語をもって応答に臨む。まずは女児の身体言語を忠実に自らの身体で写し取り、次に比較を通して、女児の身体言語の解釈を試みる。

ここで注目したいのは、保育士のこの解釈を支えるものが何かという問題である。共同体の制度化された言語や儀式化の規則はもはや支えにならない。このとき保育士を支えるのは、目の前の女児を始め、女児の母親、保育施設の他の子どもたちや保育士、かつての自分、自分の家族や教師や友人、文章や映像、そして未来の女児と自分……である。保育士は、もはや（い）ない他者、現存する他者、いまだ（い）ない他者を懸命に思い出そうとしている。「人がなにごとかを『思い出す』と言うとき、『人が』思い出すのではない、記憶の方が人に到来するのだ」[37]。岡真理に即せば、保育士には、過去の記憶から未来の予感まで、さまざまなものが到来している。

「在るのは、ある特定の声／声なるもの／真なる声ではなく、それぞれの特異な存在の複数の声なのである。」[38]ナンシーのこの言葉が示すように、私たちは──たとえ一人でいるときでも──つねにすでに複数の他者と《共に在る》。目の前にいる他者だけでなく、過去の記憶や未来の予感とともに到来する複数の他者の《声》に聴き従い応答するという《対話》のなかで、私たちは複数の他者の他者性に曝され、そのことによって自らの有限性を無限に送り（贈り）返され、自らの特異性を無限に贈与される。このとき私たちは、存在論的に見るならば、複数の他者の《声》が到来し響き合う「場」であり、またその《声》に聴き従うなかで「いま・ここ」の世界が立ち現われる「場」でもあり、そして私たち自身が特異な存在へと生成する「場」でもある──すなわち、実存（Da-sein/l'être-là/「そこ」という場）なのである[39]。

ところで、保育士と女児には、しばらく後に新たなときが訪れる。「正解」の追求が遊びへと移行するときである。この移行は、両者のいずれかが主体的に働きかけた結果ではない。保育士の前にいたのは、自分の身体言語をわかってもらいたい一心で保育士をじっと見つめる女児であったし、女児の前にいたのは、「正解」に辿り着こうと懸命に努める保育士であった。にもかかわらず、「正解」へと至らないままに、二人はいつの間にか真面目な追求から遊びへと自然に変容していっている。

この生成変容は、女児において先に生起している。保育士のとるさまざまなポーズは、女児にとっては身体言語によって形象られた世界の切片である。目の前で、かつて見たことがある世界やこれまで見たこともない世界が次々に立ち現われ、女児を魅了し、消えていく。もちろん、女児は「正解」に拘ることもできただろう。だが、次々と立ち現われては消えていく世界から送られる（贈られる）《声》に抗することができなかったようだ。図らずも生起した女児における生成に触発されて、同じく「正解」に拘ることのできたはずの保育士もまた応答へと連れ出され、二人は遊びに夢中になる。このとき二人の生成を支え促しているのは、見たことのある人やもの、見たことのない人やもの、記憶にない身体感覚など、過去の記憶や現在の感覚や未来の予感とともに二人それぞれに向けて到来している複数の《声》である。この複数の《声》に聴き従い応答するという《対話》のなかで、二人はそれぞれに「複数にして特異な存在」へと生成する。

以上のように、たとえ何か特定のものを共有することで結びついていなくても、世代間の生き生きとした意味生成的な関係は成立する。しかも、それは、共同体における日常的な実践のただなかで、だが同時に制度化された言語によるコミュニケーションの途絶のただなかで立ち現われる。ただし、コミュニケーションの途絶を引き起こすズレがつねにすでに生起しているからといって、意味生成的な関係もまたつねにすでに生起するとは限らない。右に見てきたように、それは、先行世代と後続世代が《共に在る》ことにおいて、またそれぞれが複数の他者と《共に在る》ことにおいて、偶然にも到来する声なき《声》の贈与を受け、図らずもあるいは否応なく応答へと連れ出されるなかで初めて立ち現われる出来事なのである。

第四節　応答を支えるもの

さて、私たちはいまや、冒頭に紹介したエピソードのなかで、学生からの要約のようなコメントがなぜ筆者を戸惑わせたのかについて答えることができる。それは、そのコメントを書いた学生の他者性に触れた気が筆者にはしなかったからである。だが、これがもし批判的な思考の展開を重視する大学の講義ではなく、共同体の規範の伝達を基本とする小学校などの授業であれば、事情はまた異なってくるかもしれない。

本論で考察してきたことを踏まえるならば、異世代間の関係は、次の二つのかかわり合いにつねに彩られているといえるだろう。

一つには、すでに制度化された言語の規則や儀式化された行為の様式に従いながら先行世代が後続世代に応答的にかかわることによって、共同体の規範に合わせて相互に相手を規制するというかかわり合いである。このかかわり合いのなかで、先行・後続いずれの世代の人びとの生も、共同体の〈法〉（ドグマ）に順調に服従する主体として共に整えられていく。このようにして、両世代の人びとは、同じ共同体に属する人びとに理解され承認され得る人生の橋をそれぞれに作り継いでいく。

もう一つには、制度化された言語や儀式化された行為に生起したズレが引き起こすコミュニケーションの途絶のただなかで、相互に有限性を送り（贈り）返し、特異性を贈与することによって通じ合うというかかわり合いである。このかかわり合いのなかで、先行世代の人びとの生と後続世代の人びとの生は共に、だがそれぞれに特異なものとして形象られていく。人びとの生を形象るこの実践は臨床的で即興的なものであるがゆえに、形象られた生は不完全で不安定かもしれない。だが、それは代替不可能でかけがえのないアクチュアルな模像である。このような実践を通して、人びとの人生の橋は、共同体の規範や役割から解放され、その人独自の質感をまとった唯一特異な形をなしていくことだろう。

後者のかかわり合いは、共同体を超えた境域において生起する。そこでは、共同体の秩序や規則、善悪の基準や真理はほとんど意味をもたないがゆえに、判断の参照にはならない。また、そこでは主体としての営みも途絶する。したがって、《声》に呼ばれて否応なく応答へと連れ出されると、安定した生を保証してくれる共同体の規範の枠組みを超えて、また主体に制御可能な範囲をも超えて、私たちがどこへ行き着くのかは誰にもわからない。

そこで重要となるのは、私たちが共同体のなかにある一定の役割をもって位置づいていることである。第三節の事例の末尾で、遊びに夢中であった女児は、時計の鐘の音とともに、六時に迎えに来るといった母を待つ娘へと立ち戻っていった。このように、たとえ生成の充溢した時間に耽溺していても、役割遂行への欲求や意志、期待や要請を契機として、私たちの生にはクロノス的な時間が再び流れ込んでくる。この時間が規則正しく刻まれることで、主体は息を吹き返し、人生の橋はまた共同体のなかで安定的に作り継がれていく。

ここで、前者のかかわり合いと後者のかかわり合いを、「A」と「非A」というように、二項対立的に並び立つものとして捉えてはならない。両者は、一方が他方をつねにすでに含み込み、含み込まれている他方はその潜在的あるいは顕在的な力によって一方を豊饒にしたり制約したりする関係にある。あるいはまた、両者は、互いが互いを湧出させる源泉となるような仕方でつねにすでに互いを含み込む関係にある、と表現することもできるだろう。このように織り重なり絡み合う二つのかかわり合いによって、社会的に理解され承認され得るような、かつ、かけがえのないその人独自のものでもあるような人生の橋を作り継ぐという私たちの日常的な実践は織りなされている。

こうした異世代間のかかわり合いを生起させ駆動させる契機となるのは、先行世代による後続世代への応答的なかかわりである。だとすれば、それは、後続世代の生がよりよきもの、代替不可能な特異なものへと形づくられるよう配慮して彼らの生を組織しつつ、自らの生も共によりよきもの、代替不可能な特異なものへと形づくる（ある意味、そうせざるを得ない）先行世代の「生の技法」[40]だと称することができるのではないだろうか。

この生の技法のうち、私たちの生を共同体に生きる主体として整える応答的なかかわりは、第二節でも述べたように、「程のよさ」や「自然であること」など、先行世代に内在する共通感覚（a common sense）への信頼に支えられている。田中によれば、この共通感覚は、「生得的に共有されているというよりも、実際には強く社会文化的歴史的に規定されて後天的に獲得される」[41]ものである。つまり、共同体の言語システムやそれが構成する文化システムに「継承されてきた財産を相続するようにして」参入し共同体の主体へと組成されていく過程で私たちのなかに育まれる感覚である。ただし、それゆえに、この感覚は共同体に属する人びとにのみ共有され、その共同体の内でのみ有効に発揮され得るという傾向に陥りやすい。

こうした郷党的、排他的な傾向に亀裂を入れるオルタナティヴとして注目されてきたのが、もう一つの生の技法である。例えば、バトラー（Butler, J.）は、現行の慣習のなかで慣行的に排除されてきた人びとが言語を奪取し主体として活用することによって生じるズレを「遂行的矛盾（performative contradiction）」として突きつけ、既存の規範の内部の他者性を暴露する「文化翻訳（cultural translation）」という戦術を提唱している[42]。また、矢野智司は、垂直方向へのズレ（超越）に着目し、「外」の思考による生成の教育人間学を展開している[43]。ただし、上述のように、これらのオルタナティヴを、前者の生の技法と二項対立的に並び立つものとして捉えてはならない。なぜなら、その捉え方のもとでは、これらのオルタナティヴが、他者や「外」を排除しながら共同体が滞りなく機能していることを前提として成立するものとみなされてしまうからである。その場合、オルタナティヴの提示は、かえって共同体の郷党的、排他的な傾向を助長することになり、これまで幾度となく繰り返されてきた共同体的なものへの回帰という運動が辿った歴史の軌跡をまたなぞるという事態に陥りかねない。

共同体における日常的な実践のただなかで、しかも制度化された言語によるコミュニケーションが途絶し、共同体の既存のシステムがもはや支えにならないところで私たちを支えてくれるのは、本論の考察に即せば、私たちに他者から送られる（贈られる）《声》であった。では、私たちはこの《声》にいかにして聴き従い応答すればよいのだろうか。例えば、共有される解釈の地平が前提されないところで、いかにして《声》を創作的言語によって形象るのか。その解釈の適合性、妥当性はいかに判断され得るのか。

また、人は《声》に聴き従うか否かについて、あるいはどの《声》に聴き従うかについて何らかの自由を行使することができるのか。できるとすれば、その際の判断は何に拠るのか。

さらに、複数の《声》が交錯して響き合うとき、私たちはいかにしてそれらと《共に在る》のか[44]。そもそも、《声》とはその人へとさし向けられた偶然の贈与である。善悪、吉凶ともに未分なこの贈与を、私たちは、応答的なかかわりを通して、私たちにとっての恩寵へと組織することができるのだろうか[45]。また、いかにしてそれは可能となるのか。

共同体に留まりつつも共同体の枠組みを超えるところで、分有される基底を相互に送り（贈り）返しつつ実践される《解釈》、その《解釈》を踏まえつつ同様に実践される《倫理》、《政治》、《教育》の問題については、また稿をあらためて考察したい。

本論中、外国語文献からの引用ないし要約に際して邦訳書を参照した場合、訳文と訳語については、原文に照らして確認し、筆者の考えで変えさせていただいたところがある。

（1）Erikson, E. H., 1964, *Insight and Responsibility*. Norton, p. 114.（鑪幹八郎訳、一九七一、『洞察と責任』誠信書房、一〇九頁）

（2）エリクソンの論じる対立や心理社会的な危機については、Erikson, E. H., & Erikson, J. M., 1997, *The Life Cycle Completed. Extended Version*. Norton（村瀬孝雄・近藤邦夫訳、二〇〇一、『ライフサイクル、その完結〈増補版〉』みすず書房）を参照。

（3）ライフサイクルの各段階における対立や危機は、基本的に、異世代間のかかわり合いのなかで克服ないしは昇華されるべき課題として捉えられている。Aubin, E. de St., McAdams, D. P., Kim, T.-C., 2004, *The Generative Society: Caring for Future Generations*. American Psychological Association. 鈴村興太郎・宇佐美誠・金泰昌編、二〇〇六、『公共哲学二〇　世代間関係から考える公共性』東京大学出版会。

（4）岡部美香・高橋舞・谷村千絵・藤井佳世、二〇〇八、「教育関係論の射程」『教育哲学研究』第九七号、一九六頁を参照。他方、例えば丸山恭司は、学習者の他者性および教育内容が内包する語り得ないものの超越性を前提とした教育関係論を展開している（丸山恭司、二〇〇一、「教育・他者・超越――語りえぬものを伝えることをめぐって」『教育哲学研究』第八四号、三八―五三頁）。

（5）一九八〇年代まで、国内外のエリクソン研究には、identity や moratorium など、エリクソンの提唱した個々の概念に焦点を当てて、その内実を考察するものが多かったという（鬢櫛久美子、一九九二、「エリクソン理論における漸成的発達図式の検討――Virtue 概念を基軸に」『教育哲学研究』第六六号、一五頁を参照）。これに対して、一九九〇年代以降は、エリクソンの理論を全体として捉え直すことを試みる研究、その上でさらに独自の教育学理論の展開を試みる研究が見られるようになってきた。例えば、Friedman, L. J., 1999, *Identity's Architect: A Biography of Erik H. Erikson*. Scribner.（やまだようこ・西平直監訳、二〇〇三、『エリクソンの人生——アイデンティティの探求者』新曜社）、発達理論の変容過程を考察する鬢櫛前掲論文、方法論・発達論・自我論を基軸に教育人間学を展開する西平直、一九九三、『エリクソンの人間学』東京大学出版会、ライフサイクル論と相互性論を基軸に臨床的人間形成論を展開する田中毎実の研究（注（7）を参照）、日本の教育人間学におけるエリクソン研究の変遷と意義について論じた谷村千絵「教育人間学的に見たE・H・エリクソンのライフサイクル論——発達概念を軸として」、平野正久編著、二〇〇九、『教育人間学の展開』北樹出版、一〇八—一二四頁、などが挙げられる。もちろん、九〇年代以降もエリクソンの提唱した概念に関する研究は引き続き行われているが、generativity など、世代サイクルによりいっそう関連の深い概念が注目されるようになってきている（例えば、谷村千絵、一九九九、「E・H・エリクソンのジェネレイティヴィティ概念に関する考察——ライフサイクルとかかわりのダイナミズム」『教育哲学研究』第八〇号、四八—六三頁）。

（6）森昭、一九八五、『人間形成原論　遺稿』黎明書房、二一三—二一五頁。

（7）田中毎実、二〇〇三、『臨床的人間形成論へ——ライフサイクルと相互形成』勁草書房。

（8）田中毎実、「森昭の教育人間学——統合学と原理論を循環する生成理論」、皇紀夫・矢野智司編、一九九九、『日本の教育人間学』玉川大学出版部、一五〇—一五一頁。

（9）田中前掲書、六四頁。

（10）同右、二六三頁。

（11）森昭、一九六一、『教育人間学——人間生成としての教育』黎明書房。

（12）森昭、一九八五、『人間形成原論　遺稿』黎明書房、三頁。

（13）教育関係論の系譜については、次の文献を参照。宮野安治、一九九六、『教育関係論の研究』溪水社。渡邊隆信「教育関係論の問題構制」、二〇〇九、『教育哲学研究』一〇〇号記念特別号、一七四—一九〇頁。

（14）Erikson, E. H. 1963, *Childhood and Society 2 ed.* Norton（仁科弥生訳、一九七七、『幼児期と社会』第一巻・第二巻、み

すず書房）例えばp. 69（邦訳、第一巻、八二頁）を参照。

(15) 田中前掲書、二七〇頁。

(16) 松浦良充、二〇〇二、「教育関係論から『学び』論へ――Learningの思想史に向けて」、『近代教育フォーラム』第一一号、一一三頁。

(17) Legendre, P., 1999, *Sur la question dogmatique en Occident. Aspects théoriques*. Librairie Arthème Fayard, p. 24.（西谷修監訳、二〇〇三、『ドグマ人類学総説　西洋のドグマ的諸問題』平凡社、三〇頁）

(18) Legendre, *ibid*., p. 48.（邦訳、四八頁）

(19) Legendre, *ibid*.（邦訳、四九頁）

(20) Legendre, *ibid*., p. 99.（邦訳、八七―八八頁）

(21) Erikson, & Erikson, *op. cit*., p. 43.（邦訳、五二頁）

(22) Erikson, E. H., 1964, *Insight and Responsibility*. Norton, p. 131.（邦訳、一二九頁）

(23) Derrida, J., 1990, Signature Événement Contexte. In: Derrida, J., 1990, *Limited Inc*. Galilée, pp. 15-51.（「署名　出来事　コンテクスト」、高橋哲哉・増田一夫・宮﨑裕助訳、二〇〇二、『有限責任会社』法政大学出版局、七―五六頁）

(24) Legendre, *op. cit*., p. 73.（邦訳、七〇頁）

(25) Nancy, J.-L., 1986, *La Communauté Désœuvrée*. Christian Bourgois Éditeur.（西谷修・安原伸一朗訳、二〇〇一、『無為の共同体――哲学を問い直す分有の思考』以文社）

(26) Nancy, *ibid*., p. 221.（邦訳、一七三頁）

(27) l'être-avec/l'être-ensembleは、一般に「共―存在」と邦訳されるが、他者と触れ合いせめぎ合う動的な様態を表現する概念であり、また定冠詞（le）を外して動詞句としても用いられることから、本論では「《共に在る》（こと、存在）」と訳出した。

(28) Nancy, *op. cit*., pp. 39-42.（邦訳、二二六―二二八頁）

(29) Nancy, *ibid.*, pp. 68-73.(邦訳、四九—五三頁)
(30) Nancy, *ibid.*, p. 64.(邦訳、四六頁)
(31) Nancy, *ibid.*, p. 78.(邦訳、五七頁)
(32) Nancy, *ibid.*, p. 187.(邦訳、一四四頁)
(33) Nancy, *ibid.*, p. 152.(邦訳、一一七頁)
(34) 創作的言語の原語は、poesy(英)、poésie(仏)、Poesie(独)である。これらの語は一般に「詩、文芸、詩情」を意味することから、従来、「詩的言語」などのように邦訳されてきた(注(35)の文献を参照)。また、人間の生を物語る言葉の制作力に着目した教育学の先行研究では、そうした言葉による語りの技法を「詩学(ポイエティーク)」と呼んでいる(鈴木晶子編、二〇〇六、『これは教育学ではない——教育詩学探究』冬弓舎を参照)。だが、「詩」という語は、ある限定された領域における美的・芸術的な言語活動を想起させやすい。本論で取り上げる言語活動は、かつてない、また、いまだない私たちの特異な存在と私たちに臨在する世界を——ただ、美的に創り出すだけではなく——言葉によってある形へと整え、これによって私たちの人生の橋をそれぞれに独自のものとして作り継ぐという日常的な実践である。したがって本論では、poesy 等の原語の語源であるギリシア語のポイエーシス(poiēsis)が一般に「制作、創作、生産」と邦訳されていることにも鑑み、創作的言語という表現を用いることにした。
(35) 仲正昌樹、二〇〇一、『モデルネの葛藤——ドイツ・ロマン派の〈花粉〉からデリダの〈散種〉へ』御茶の水書房、一九四頁。
(36) Nancy, *op. cit.*, pp. 188-189.(邦訳、一四六頁)
(37) 岡真理、二〇〇〇、『記憶/物語』岩波書店、四頁。
(38) Nancy, *op. cit.*, p. 189.(邦訳、一四六頁)
(39) Nancy, *ibid.*, pp. 201-234.(邦訳、一五七—一八三頁)

(40) 本論における「生の技法」は、西洋の伝統やフーコーの思想に鑑みつつも、特定の階層や生業や思想・信条等に限定されることなく、人びとが生き、その生をできるかぎりよく整えようとする日常的な実践を意味する「あらゆる人びとにとっての生の技法」である(この用法については、オルトラント・E、「『生の技法』とはどのような技法か?」入谷秀一訳、二〇一〇、『メタフュシカ』第四一号(大阪大学大学院文学研究科哲学講座)、六三―八〇頁を参照)。本論で述べたように、人間の生は、共同体の規範の枠内でその〈法〉(ドグマ)に従いながら組成されつつ、また、その枠を超えてそのつど形象られる。すなわち、同化と異化のあわいで形をなす。それはまた、さまざまな他者とのかかわり合いのなかで、企図に即して組成されつつ、偶然に応じて形象られる。すなわち、能動と受動、作為と生成とのあわいで形をなす。同化と異化、能動と受動、作為と生成がせめぎ合う境域で、人や状況に合わせてそのつど変容する生の形を整えつつ、変容する生に合わせて自らもまた変容するような技法が、ここでいう生の技法である。これは、ときの流れとともに熟成し、あるときのなかでは充溢もし得るが、けっして完成に至ることはない、それ自身まさに生きて動く技法であるといえる。

(41) 田中前掲書、二六三頁。

(42) Butler, J., 1996, Universality in Culture. In: Nussbaum, M. C., 1996, *For Love of Country: Debating the Limits of Patriotism*. Beacon Press, pp. 45-52.(辰巳伸知・能川元一訳、二〇〇〇、「文化における普遍性」、『国を愛するということ――愛国主義(パトリオティズム)の限界をめぐる論争』人文書院、八八―一〇〇頁)。

(43) 矢野智司、二〇〇八、『贈与と交換の教育学――漱石、賢治と純粋贈与のレッスン』東京大学出版会。

(44) 「私たちは《共に在る》ことを――また、いかにして《共に在る》かを――、いかにして私たちの実存を実存させるかを決定しなくてはならない。これは、そのつど政治的な決定であるだけではない。政治的なものについての決定なのである。」Nancy, *op. cit.*, p. 278.(邦訳、二二〇頁)

(45) 蓮實重彦は、一九九七年の東京大学応援団の定期発表会で次のように述べている。「応援とは、他者の恩寵を組織しつつ、みずからにも恩寵を招き寄せざるをえないという、苛酷な生の体験にほかなりません」(蓮實重彦、一九九九、『齟齬の誘惑』

東京大学出版会、二〇三頁)。後続世代に対する先行世代の応答的なかかわりについても同様のことがいえるのではないだろうか。

第3章　人はなぜ学ぶのか

学びのエコロジーへ

松下良平

問題設定――学習の個人主義・心理主義をいかに超えるか

学校や労働現場では昨今「学びを促せ」という要求が強まり、「人はなぜ学ぶのか」という問いへの関心が高まっている。だれもが活用できる研究成果が求められるからだろうか、それとも単に説明の単純化が好まれるせいだろうか、その問いに対しては、つねにわかりやすく明快な答えが与えられてきた。ある人は「楽しいから学ぶ」と述べ、「わかる・できる経験（成功体験・達成感）や生き生きした体験やワクワクする実験が楽しさをもたらし、ひいては学びを促す」と説く。また別の人は「自己利益をもたらすから学ぶ」と述べ、「目的意識や夢をもたせ、競争原理を導入してインセンティブを高めることが学びを促す」と主張する。

けれども、そのような説明では、大いに疑う余地のある一つの考え方が自明の前提とされている。「人はなぜ学ぶのか」をもっぱら学習者当人の動機の問題とみなし、個人の心理状態に照らして説明しようとする考え方である。今日どれほど広く受け入れられていようと、このような見方にはどこか偏ったところがある。学習者の内側や外側から動機づけをすることで学習を促したいという期待がその背後にあるとすれば、他者や自己の学習をコントロールしようとする野望に支えられた近代学校の論理こそが、このような個人主義的で心理主義的な考え方を要求し、支持してきたといえるからである。

こうした考え方に対し、学ぶ者自身の心の外部へと抜けだして、学ぶ動機を支えている歴史的な共同体の存在を明るみに出すことを私自身は試みてきた[1]。だがそれだけでは、学習の個人主義や心理主義の乗り越えとしてはまだ道半ばといわざるをえない。「人はなぜ学ぶのか」という問いに答えるには、学ぶ動機以上のものを解明する必要があるからだ。学びには、学ぶ者自身のありようだけではなく、学ぶ者とその人を取り巻く世界とのかかわり、あるいは心だけでなく身体も関係している。ここで試みるのは、学習の個人主義的・心理主義的な見方に批判的な諸理論（デューイの道具主義・状況学習論・社会的構成主義の学習論・近代以前の「学び」論など）の総合をめざしつつ、学びのもつそのような次元を解明するための端緒を開くことである。

このような次元が学びに関係するとき、なぜ学ぶのかについては、学ぶ当人もよくわからない、あるいはうまく説明できないことが少なくない。そうであれば、生物学的存在としての人間の学びの多様なありようから、根源的な文化活動としての人間の学びの本性を解明していくほかない。その結果、「人はなぜ学ぶのか」は、先の通説のいずれとも異なり、答えがあるのに答えられない問いとして浮上することになろう。

第一節　自己と世界の間にある学び

1　世界とのかかわりを通じた自己の変容としての学び

ここでいう学びは、近代学校の「学習」とは区別される「学び」、つまり学校や「教育」がなくてもなされる、より一般的な「学び」のことである。[2] 近代以前の社会でも行われ、今日でも就学前の幼児や学校を出た後の社会人が行っている学びである。もちろん学校でも、教育的意図の及ばない正規のカリキュラムの背後や「学習」の隙間で、学びは絶えずなされている。このような「学び」はさしあたり、世界（人・事物・出来事）とかかわることを通じた自己の変容として位置づけることができる。だが、「世界とかかわる」とか「自己が変容する」とはいったいどういうことだろうか。さらに世界とかかわると、なぜ、どのように自己は変容するのだろうか。

人が世界とかかわることを開始する場面を思い浮かべてみよう。出産間際の胎児と誕生直後の新生児では、個体に備わっている生物学的能力としては同じであっても、決定的に違うことがある。子宮の内部に閉じ込められている胎児とは異なり、母体の外に出た新生児は世界に出会うということだ。新生児が手や足など身体で何かに触れるとき、「何ものかが・そこに・ある」ということを（言語化以前の）身体感覚のレベルで〝知る〟。やがて子どもは手で何かをつかみ、つかんだ何かを別の何かにぶつけたり投げたりすることによって、「このモノをあのモノにぶつけると、音がする・あのモノが割れる・いつも一緒にいる人［母親］がなにか叫ぶ」といったことも〝知る〟ようになる。同様の〝知る〟をくりかえし、母体の外にあるものについてさまざまな〝知識〟が身体に刻み込まれていくとき、その新生児は自己の形成に向けて一歩を踏みだしていく。

その後ことばを獲得するようになると一つの重要な転換点が生じる。「ママ！」と呼ぶとお母さんが振り返ることや、「イヤ！」と叫ぶとお父さんが怒る（なだめる）、といったことを知るようになるだけではない。ことばは、とどまることなく絶えず流れゆくものを個々の状況から引き離して固定する。たとえば、多様なモノが「ある」もの、人や動物が「いる」ものとして抽象化され、胃袋を満たしてくれる多様なものが「マンマ」や「ごはん」として一般化される。同様にことばによって、自らの経験を経験した時間・空間から引き離し、対象化できるようになると、はたらきかけるものとはたらきかけられるものがそれぞれ一つのまとまりとして区別されるようになる。それにつれて、自己の意識が芽生え、自分の周りに自分とは異なる世界があることを知るようになる。

この頃になると、親や兄姉など身近な人たちとことばをやりとりしたり、一緒に何事かをしたりすることを通じて、その人たちのしぐさ・口調やものの見方・考え方を身につけるようになる。さらに、成長して本を読めるようになると、自己は飛躍的に拡大する。テクスト化された文字を通じて、遠い過去の人や異国の人を含む多様な他者の考え方やものの見方を摂取できるようになるからだ。あわせて、自分の家から外に出て多様な人びとと交わり、未知のモノに触れ、新たな出来事を体験するようになるほどに、自己はきわめて多様な他者や事物や出来事と結びつくようになる。見る・聞く・味わうといった個人的な知覚であっても、多様な文化や伝統を組み入れるようになる。たとえば一定の文化的伝統や環境の中で育まれることによって、陰翳に美を見いだし、虫の音を愛で、秋刀魚や鮎の内臓を美味と感じるように。

こうしてみると、自己が形成されるとは、より多様な（現実の・想像上の）人や事物や出来事と出会い、それらを自らの内部に住まわせることであり、それらを互いに関連づけ、秩序づけていくことによって、そこに一定のまとまり——かつてであれば単数の強固なアイデンティティであり、今日であれば複数のアイデンティティの間でのゆるやかな調和とでもいうべきもの——をつくりだしていくことだといえる。自己形成とはいうなれば、出会った異物になじむように自己が変わっていくこと、その異物を自分なりに飼い慣らしていくことなのだ。

そうであれば、自己とは、身体によって区別される個体としての人に内属しているのではない。反対に自己は自分の身体の外部へと拡張していく。身体をもった個体としての人が道具を介して一定の環境と結びつき、全体として一つのまとまりをなしているもの、それが自己だといえる。自己とはいうなれば〈身体―道具―環境〉システムのことなのだ。〈身体―道具―環境〉システムとしての自己は、そのシステムの外にある世界と出会い、その世界とかかわることによって、そのシステム自身の内実をより多様で豊かなものにしていく。「学び」とはさしあたり、そのような〈身体―道具―環境〉システムとしての自己の変容を自己の側から記述したときの姿だといえる。

2　〈身体―道具―環境〉システムとしての自己

学ぶとはどういうことかについて考察を進める前に、〈身体―道具―環境〉システムとしての自己について補足説明をしておきたい。自己はなぜ個人の身体の内部に閉じ込められることなく、身体の外部へと拡張していくのか、という問題についてである。〈身体―道具―環境〉システムとしての自己においては、身体と道具、道具と環境は分離できない。それゆえ自己とその外部の境界は、個人の身体と道具の間にではなく、むしろ自己の内部環境と外部環境との間に引かれる。このことについて説明してみよう。

身体と道具の関係からみていこう。人の身体とモノとしての道具はたしかに物理的には別物である。しかしこの間に「身体技法」を差し挟むと、途端に両者の区別は曖昧になる。人は手を伸ばし、指でつまんでモノをつかむ。スイマーは腕・手・足を含む全身を使って水を操る。ボクサーは足を使いつつ自分の拳によって相手を倒そうとする。これらの場合、指・腕・足など身体の各部位の身体技法は道具として機能している。

これに対して、身体技法としての道具とモノとしての道具は別物だ、と反論することはできる。なるほどこの両者もまた物理的には別物である。けれども、箸使いの正確な動きは箸を実際にもたなければ再現できない。ヴァイオリン本体と弓がなければ、弓使い《ボウイング》の多様な右手の動きと、それに合わせて、弦を押さえヴィブラートをかけつつ弦の上を動き回る左手の動きは再現できない。このように身体技法とモノとしての道具は、一方を前提としない他方はありえないという意味で、切り離すことができない。今日では、身体技法を回復したり高めたりするためのアシスティブ・テクノロジー（支援技術）がさまざまに開発されているが、そこではモノとしての道具こそが身体技法を可能にしている。

では次に道具と環境（道具が扱うものや道具が用いられる場）の関係はどうだろうか。この両者も物理的には厳密に区別できる。しかし、箸と箸がつかむモノは別物でも、煮ころがしのぬるぬるした里芋をつかむときの箸の動きは、ごはんや麺を使っては正確には再現できない。単なる物体ではなく、道具と道具が扱うものとしては、箸と箸がつかむモノは相互規定的であり、切り離せないのである。

ヴァイオリンを弾く場合には事態はずっと複雑になる。演奏者がヴァイオリンを弾くとは、単に楽器と右手・左手の動きをうまく協調させることに尽きない。楽曲が求める演奏スタイルや、ホールの響き・大きさや、楽器の特徴・個性（素材・材質や制作の時期・場所など）に奏法を合わせることでもあり、共演者がいれば、その人の呼吸やタイミング、音量や音色に合わせることでもある。それらの条件をある程度満たして初めて「弾ける」というとき、ヴァイオリンという道具とそれを取り巻く環境もまた切り離すことはできない。

ちなみに、身体技法とその環境もまた、同様の意味で切り離すことはできない。たとえば、歩くという身体技法は水上や宇宙ステーションでは不可能である。歩くことは、踏みしめることのできる一定の固さ・強度・広さ・水平度のある面、重力、光といったものなしにはできない。ギブソンがいうように動物が「物理学の時間と空間」ではなく「環境内での行動者」(3)であるとき、人の身体技法は一定の環境と深く結びついているのだ。

ともあれ、このような意味で人の身体と道具と環境が緊密に結びつき、切り離すことができないとすれば、自己とは、自分の身体の内部にひそんでいる何かではなく、〈身体―道具―環境〉システム[4]を指す、といわなければならない。このとき、自己＝〈身体―道具―環境〉システムの変容としての学びとは、人が道具に習熟すると同時に、その道具の環境と結びついていくことでもある。学びが深まるとは、道具やその環境との結びつきが安定的になったり、より多様な道具―環境と結びついていったりすることである。たとえばヴァイオリン奏者であれば、ヴァイオリンを自在に操れるようになるだけでなく、楽曲に合わせて演奏スタイルや音色を変えたり、（人生経験を積む、あるいはその作曲家の他の作品や同時代の諸文化と関連づけるなどして）楽譜を深く読み込めるようになったり、共演者の響きにうまく合わせられるようになったりすること、これが学ぶということである。あるいはことばを学ぶとは、ことばを使いながらその意味や用法を理解していくと同時に、ことばを介して多様な人びとや事物や出来事になじみ、ことばに込められたものの考え方・見方・感じ方などをも身につけていくことである。

3 「私」と「自己」の相剋

もっとも、このような考え方に対しては一つの異議が突きつけられるかもしれない。自己と道具や環境が一体になっているという考えは、われわれの実感から大きく外れている。人は身体によって他者や物体と区別されるのみならず、それぞれの人は互いに考え方も感じ方も違う。しかも自分は、あなたや彼・彼女と単に違うのではなく、まさに絶対的に違っている。自分のことは自分が一番よくわかっているのであり、他者はけっして自分のことはわからない、という異議だ。たしかに、このような独我論的見解こそがむしろ現代人の通念であろう。

他者と異なる身体をもち、唯一無二の存在として世界と対峙する個体を、個体自身の観点から表すことばが「私」

である。西欧に端を発する近代社会は、人間と自然の関係を主体と客体の関係とみなして、環境を操作し利用する主体として人間を位置づけ、さらには一人ひとりの「私」にそのような主体としての自由や権利を与えてきた。その結果、その他者から自立した個としての「私」は、他の人称と重なることもある伝統的社会の〝多重化した私〟[5]とは異質なものになった。

この近代的「私」の世界では、自己は「私」の中に回収される。自己は、身体技法や道具から切り離されたところに存在し、自分自身の知性や感情や身体をコントロールする〈精神〉や〈意識〉のようなものである。脳の中に宿るその人の本質としての自己や、脳をコントロールする自己が自分のその他の器官を何らかの形で操作し支配する、といった見解にもつながる考え方である。だがそのような考え方は、緻密に計算されたプログラムの指令によって動く産業用ロボットには通用しても、環境や状況から学習する最新のロボットには通用しない。そもそも自己をめぐる免疫学の成果ともうまく噛み合わない[6]。にもかかわらず今日の社会では、操作の主体や客体に堕して各人から固有性が奪われるほどに、あるいは経済の活性化のためにことさらに各人の差異や個性が求められるほどに、人は自分自身の内部に「私らしさ・自分らしさ」を求め、ますます他者の影響や関与を斥けようとするようになる。

一方、〈身体―道具―環境〉システムとしての自己はそれとはまったく異なる。その「自己」には、他者やモノや出来事の痕跡が至るところに刻まれている点で、「私」とは明白に異なる。「自己」は、遠い場所やはるかな過去とつながることもできるが、結びつく他者やモノや出来事が多様性を増していくと、最終的には無限の宇宙と一体化する。「自己」の中には無数の他者が住まい、その「自己」はまた多くの他者の中に住まう。その他者には死者も含まれる。「私」はいつか必ず死を迎え、そのとき「私」が対峙していた「世界」も消滅するが、「自己」の痕跡は人びとの魂の底やモノの襞《ひだ》の奥に静かに降り積もり、生の連鎖の中でいつまでも（さながらＤＮＡのごとく）生き残っていく。

とはいえ、「自己」もまた「私」と同様に固有の存在である。ただし「自己」の固有性は、他者との違いにではなく、その人が出会ってきた環境の特殊性と、その環境へのかかわり方の独自性の総体としてある。そのため、「自己」の固有性がむしろ「私」の外部にあることも少なくない。ある集団が出会った環境（風土や気候や産業や事件など）やそれへのかかわり方（用いられる道具・身体技法やそこで培われた気質など）に一定の共通性があるとき、その集団（日本人、農民、遊牧民、東北人、役人、団塊の世代、等々）は独自の性格特性をもつ。各人の「自己」の固有性は、このような集合的性格特性が各人各様に幾重にも重なったものを土台としながら、各人の生育史（出会った環境やそれへのかかわり方）の固有性を反映している。したがって、「自己」は、自分自身が自覚していないもの――集合的な性格特性から「無意識」まで――を多様に抱えこんでいる。「自己」のことを「私」は意外に理解していないのであり、むしろ他者の方がよくわかっている場合も少なくないのだ。

こうしてみると人は、「世界」と絶対的に区別される「私」としての側面と、他者を含む環境と一体となっている「自己」としての側面を併せもっているといえる。近代人が「私」の中に「自己」を回収しようとし、伝統的社会の人が「自己」の中に「私」を埋め込む傾向をもっているとき、伝統的文化の土台の上で近代社会を生きる人は、「全体性と一体化しつつ特定の中心へと集中する存在の両義性」としてのライプニッツのいう「モナド」[7]のように、相容れない二つの側面を同時に生きているということだ。にもかかわらず、「自己」と「私」の相剋を見据えることなく、両者の対立をもっぱら「私」の視点に立って克服しようと企てるとき、さまざまな問題が生じることは避けられない。今日の教育論が、「私」の「学習」ばかりに目を向け、〈身体―道具―環境〉システム＝「自己」の変容としての「学び」を忘却していること、それゆえ「学習」を促す「教育」を徹底させるほどに逆に教育問題が深刻化していくこと[8]、これもその一つの具体的現れだといえよう。

ともあれ、学ぶ者が「私」と「自己」という二重性をもっているとき、環境や世界もまた二重性をもつ。「私」から見ると、「私」の外部に存在するのが環境や世界である。しかし「自己」から見ると、「私」の外部としての環境は、内部環境（「自己」の内部に取り込まれた環境）と外部環境（「自己」の外部にある環境）とに区別できる。この外部環境こそが、「自己」の出会う「世界」なのである。

第二節　道具使用への学び

1　媒介としての道具

以上の予備的考察を踏まえて、学ぶとはどういうことか、少しずつ核心部に踏み込んでいくことにしよう。これまで述べたことによれば、「学び」とは〈身体—道具—環境〉システムとしての自己が変容することであり、自己が変容するとは、一定の道具に習熟しながらその道具の環境と安定的な関係を築くこと、あるいは多様な道具—環境と結びついていくことであった。この学びの実相に迫るための重要な手がかりは「道具」にある。道具といえば多くの人は、一定の目的や意図を実現するために役立つ道具、つまり手段としての道具を思い浮かべるであろう。だがここでいう道具は、第一義的には自己と世界の媒介としての道具を意味する。まずは身近な例をあげてみよう。

たとえば釣具（釣竿・釣糸・釣針・餌など）は魚を捕獲するための手段であるが、それはあくまでも結果から逆向きに事態を説明しようとするときに浮き彫りになる姿。実際には釣具（およびそれを操る身体技法）は、魚を釣ろうともくろんでいる人と、川や潮の流れ、川や海の中の地形、魚の習性（餌の嗜好や棲息・運動の特性）、等々の多様な条件や要素を媒介する道具なのである。そのとき、人と魚の関係は主体と客体の関係ではない。釣具に習熟してうまく魚を釣れるようになるほどに、その人は魚とそれを取り巻く世界の中に入り込んでいく。人は〝魚の気持ち〟がわかるようになり、時には自分自身が魚になったかのように感じる。

ことばはもっと典型的な意味で媒介としての道具であり、しばしば手段としての道具から弁別可能である。たしかに、一定の目的を達成するための手段としてことばが用いられることはよくある。しかしその場合でも、語り手が自らの置かれた状況と、世界のありようを媒介しようとして用いられるのがことばである。そのため、ことばはつねに状況の中で受け手に読み解かれなければならないし、その過程で語り手の意図や目的が再構成あるいは創造されることもめずらしくない。たとえば、まじめに練習をしない子どもたちに腹を立てた教師が半ば本気で「もう教えてやらないぞ！」と叫び、そのことばに反省・発奮した子どもたちが練習を始めると、最初から指導の目的をもってそのことばを発したかのように教師自身もみなす場合のように。

このように〈身体―道具―環境〉システムとしての自己が世界（外部環境）との間で困難や分裂に巻き込まれているとき、そこに均衡や調和をもたらしてくれるもの、それが媒介としての道具である。そこでいう均衡や調和とは自己と世界の関係の中に見いだされるのであり、主観的な「私」の外部にある客観的な〈世界〉の中にあるのではない。だとすると、周りの世界との関係で自己の内に何らかの違和感や欠落感があり、不満や居心地のわるさが感じられるとき、そこに満ち足りた感覚を与え、収まりがついた状態をもたらしてくれるのが、媒介としての道具だということもできる。そうであれば、自己と世界が隔たって不安的な状態にあるとき、そこに均衡や調和をつくりだすために自己と世界の間に道具を介在させること、これが学ぶことだといえる。学ぶとはいうなれば、自己と世界を媒介し（mediate）、自己と世界の間に調和（mediation）をもたらしてくれる、媒介（media）としての道具（群）を使えるようになることなのだ。

もっとも、先ほどの例は媒介としての道具と手段としての道具の違いを説明する際には好都合かもしれないが、学ぶ対象としてはかなり特殊である。実際には自己と世界を媒介してくれる道具には、モノやことばだけでなく、多様な記号や人や身体技法など、実に多様なものが含まれる。媒介としての道具は文化と同義ともいえるが、その道具を使うことによって生みだされるものも文化であり、それもまた媒介＝道具として用いられていく。そこで以下では、この媒介＝道具が人間の生活にとってどれほど普遍的であるかについて説明しておきたい。

人類はこれまで、自己と世界の間に均衡や調和をつくりだす方法＝やり方（way）としての道具を多様に生みだしてきた。もち合わせのものを器用に組み合わせ、観察と実験を通じて事態を打開しようとする「ブリコラージュ」[9]（bricolage）が野生の方法だとすれば、近代社会は「科学」という方法を生みだした。すなわち、人間や自然や社会を機械に見立て、厳密な「方法」（method）に基づいて現象を説明し、そこからつくりだされた技術《テクノロジー》によって世界を自分（たち）の思惑通りにコントロールする試みである。他方、そのような「科学」に抗して、人間だけでなく社会や自然をも有機体に見立て、その生成や展開の過程を理解し、それを受容したり、その過程に意図的に介入したり、といった形で自己と世界の裂け目を架橋しようとするやり方も独自の発展を遂げてきた。もちろん、自己と世界に調和をもたらすより原初的な試みもある。自己と世界を丸ごと包み込んでくれる「大いなる全体」についての観念を創出し、自己と世界が融合する体験をもたらしてくれる宗教の試みである。世界の起源や成り立ち、自己と世界の分裂などについて不可侵の物語を提供してくれる神話もまた、そのような原初的な試みの一つといえよう。あるいは、自己と世界を一つに結びつけてくれることば（詩）、音楽、絵画、彫像・塑像、等々を紡ぎだす試み（芸術）もある。

これらの方法では、均衡や調和を実現するやり方も、均衡や調和の意味もそれぞれ（時に大きく）異なっている。まず、自己の心を変えることに重きを置いたものと、世界を変えることに重きを置いたものとに大きく二分できる。

ブリコラージュと科学は共に人間の目的や意図を実現する手段としての道具を用いて世界を変えようとするが、科学が合理的に設計された道具＝技術によって世界を人間の思いのままに操作し支配することに調和を見いだすのに対して、ブリコラージュは思いのままにならない世界の中であり合わせの道具や素材を工夫して何とかするだけで満足する。手段としての道具の機能を追求する職人の技《アート》の場合にも、世界の中に住み込みつつ、そこにある素材を工夫しながら利用するだけである。他方、宗教では、心のありようを変えることによって自己と世界の一体化がめざされる。そのため、手段としての道具という側面は後景に退く（宗教は、今日の「スピリチュアル」とは異なり、個人の心の安寧や精神の安定を得るための単なる手段ではない）。すでにブリコラージュにそのような側面があったのだが、媒介としての道具は生活上の有用性をめざすとは限らないのだ。

しかも、世界の意味をより限定すれば、均衡や調和の意味はさらに多様になる。たとえば世界を人びとの集合体（社会）とみなすときには、均衡や調和は、自分（たち）の欲望や願いが実現している状態（自由・幸福）、他者との関係においてバランスがとれている状態（正義・平等）、他者とつながり結びついている状態（連帯・愛）、といったさまざまな形を取る。もちろん、それらを実現するための方法もそれぞれ異ならざるをえない。

したがって、調和や均衡をつくりだすための多様な方法の間でもまた互いに軋みや対立が避けられない。現代社会では自己と世界の安易な融和や和解を告発する思想も勢いを増し、そのような軋み・対立にさらに拍車がかかる。にもかかわらず特定の方法のみを押し通すと、必ずやどこかで矛盾や分裂が生じてくる。たとえば世界を自分（たち）の思いのままにしようとして科学と技術ばかりを用いるようになれば、科学や技術だけでは対応できない問題が次々と生じ、逆に矛盾が深刻化する（戦争や環境問題）。

かくして、自己と世界の間に調和や均衡をつくりだすためには、多様な方法の間での調停・調和もまた不可欠となる。だが、多様な方法間の調停を可能にしてくれるメタ方法（方法間の調停のための方法）なるものは（少なくとも現時点では）まったく存在しない。「教養」という武器を手に再びブリコラージュという野生の方法を用いて、その都度なんらかの調停を試みるほかない。航海しながら船を修繕していく「ノイラートの船」の乗員として。

2　成長の主題と変奏

人は誕生後、多種多様な道具に同時並行的になじみつつ、成長していく。幼児であればことばを使う、ボールを投げる、服を着る、滑り台をよじ登る、クレヨンを使う、近所の子どもと一緒に遊ぶ、というように。そこでは、一つの道具―身体技法を身につけると、それに伴って――おそらく相互に影響を及ぼし合う結果として――別の道具にもなじめるようになる。その結果、多様な道具を使いこなせるようになり、身体技法が高まっていくほどに、多様な人・事物・出来事・場所になじめるようになる。つまり、違和感や居心地のわるさを感じたり、失敗やトラブルを引き起こしたりすることなく、そこに我が身を置くことができるようになる。

ここにおいて学ぶとは、道具―環境を自己の内部に組み込むことによって、自己が新たな世界（外部環境）と出会えるようになることであり、そのような出会いによって内部環境と外部環境の間の境界線をたえず引き直していく過程だということができる。学びがもたらす自己変容＝成長とは、自己の内なる世界と自己の外にある世界がともに広がっていくことである。すなわち、これまでなじみのなかった他者や事物が自分の生の一部となり、それらに「命」が吹き込まれたり「魂」が宿ったりするようになるとともに（蔑いではいけない・供養されるべき道具、愛着が湧いて捨てられない本や物、等々）、これまで見えていなかった世界が新たに目の前に開け、かかわる相手として立ち現れてくることなのである。学びによって自己が変容すれば、昨日は無関心であった同じ人や書物に今日は出会えるようになり、そのことが新たな学びへの扉を開いていく。

もっとも、これはあくまでも基本型である。学びの世界にさらに足を踏み入れれば、自己変容や成長にはいろいろな下位類型を見いだすことができる。ここでは典型的なものを三点ほど指摘しておこう。

第一に、職業生活やその準備活動に参加するほどに、多様な道具になじみ、多様な環境と親しむという一般論が当てはまらなくなり、特定の道具の習熟および特定の環境との結びつきを深める方向へ学びが向かうことが多くなる。このような学びが進むほどに、人は道具を自在に扱えるようになり、環境と安定的な関係を結べるようになって、道具や環境と自分の一体感が深まっていく。環境の微妙な変化にも即座かつ正確に対応できるようになり、時には自ら判断して行為するというよりも、環境からの呼びかけに反射的に身体が反応するまでになる。いうなれば熟練や熟達へ向けた学びである。しかしその反面で、このような学びしかない場合、慣れ親しんだものとは異なる環境とかかわることが困難な事態がしばしば生じてくる。多様な環境とかかわろうとする姿勢に乏しいがゆえの頑固さが自己を支配するようになるのだ。もっとも、この頑固さは、変化に乏しい閉じた社会では熟練や一途さの証として賞賛されることはあっても、とりたてて問題になることはない。けれども、外部との人や情報やモノの交流が盛んで変化に富んだ社会では、頑固さは柔軟性の欠如・硬直性・頑迷さといった否定的な価値を帯びるようになる。そのような弱点や欠点を補うために持ちだされるのが、いわゆる「教養」である。ただし、特定の道具——環境と結びついた職業生活であっても、よりよき実践をめざすうちに多様で幅広い道具＝文化《カルチャー》に関心を示すようになり、自然に「教養《カルチャー》」が身につく場合も少なくない。

第二に、道具に習熟し、環境に慣れ親しんでいくこととしての学びは、齢を重ねるとともに（あるいはケガや病気などによって）停滞し、やがてうまくいかなくなる。どのような道具——環境の学びかによって年齢には大幅な違いがあるが（二〇歳代くらいから高齢期まで）、身体技法が衰え、これまで自在に操っていた道具がうまく使えなくなるのである。だが、そのような衰えは単なる後退ではない。むしろしばしば学びの方向転換を促す。ある実践に従事するとき、習熟する必要のある道具はあくまでも複数の道具である。走る、跳ぶのようにもっぱら身体技法のみを用いる活動であっても、自在に使いこなす必要のある道具としての筋肉や知識は多種多様にある。だとすれば、（a）ある道具の衰えは別の道具でカバーすることも可能である。そのとき、野球のピッチャーが速球派から技巧派に転じる場合のように、以前とは別種の（より高い）パフォーマンスが新たに生みだされることもある。あるいは、（b）衰えのない（少ない）道具でも十分に対応できる環境の中でのみ実践を続けるという選択肢もある。その場合、声の衰えた歌手や役者がそうであるように、現状にふさわしいものにレパートリーを限定し、同じテクスト（ことばや楽譜）に日々出会いなおすことによって、作品や役の解釈を深め、新たな境地を切り開いていくことも可能である。かくして、ある時期までの学びが全面的に前進に彩られているとすれば、衰えや老いに直面した以降の学びはいわば後退しながら前進するという両義的な性格を帯びることになる。いうなれば苦みや渋みや軽みを湛え、枯れた味わいや末期の明澄さを漂わせた卓越性へ向けての学びである。

第三に、これまでの自らの考え方・あり方を根底から揺るがすようなもの・ことに出会うことをきっかけとして、これまでなじんできた道具—環境から離れ、新たな道具—環境とかかわりを始めるようになり、その結果として短期間のうちに自己が劇的に変容することがある。戦争や災害などの社会的大事件、身近な人の死や愛する人との別れ、自分の病気や精神的危機、異境での尋常ならぬ出来事や生活、等々を経験することによって、あるいは心をはげしく揺さぶる事件・人物・書物・作品などと出会うことによって、思考の枠組みが解体し、再構築されるのである。「覚醒」「回心」「転向」「死と再生」などといわれるものを可能にするのが、このような学びである。この自己変容では

「断絶」ともいうべき非連続的な飛躍があるが、それもまた成長の基本型＝連続的な自己変容の一つの変奏にほかならない。解体―再構築されるレベルは異なるとはいえ、本人も気づかないような小さな「死と再生」は、日常の学びにもひそんでいるということだ。いろんな道具をいずれもうまく使いこなせなかった子どもが、ある道具に習熟することをきっかけに一気にその他の道具も使いこなせるようになったり、発達が遅れているように見えた子どもが、多くの子どもたちの間で揉まれることによって一気にいろんなことができるようになったりすることがあるが、このような飛躍的な成長もまた、非連続的な自己変容の一つのバリエーションだといえよう。

いずれにせよ、このような学びにおいては、学ぶことと生きることは本質的に同じである。だとすれば、「生きることを教える」教育や「生きる力」を育む教育とは、学びの世界では形容矛盾でしかない。それらは結局のところ、近代の「学習」と「教育」の氾濫の中で「学び」が隠蔽され、衰弱している事態を取り繕おうとしているだけなのだ。

3　創造としての模倣

自己と世界を媒介する道具が使えるようになるとき、どのようなことが起こっているのだろうか。先に自己と世界の間に均衡や調和をつくりだす方法としての道具（野生の方法、科学、宗教など）に言及したが、人の学びはこれらのうちの特定の方法の内部で、個々の道具を使えるようになることとして開始される。その中で、自己と世界の間の均衡・調和とはどういうことかについての観念や、それを実現するための方法論をも身につけていく。

このとき、道具を使えるようになるためにはまず「模倣」が必要である。だが、模倣とはモデルを無批判に受容することではない。道具をどのように使用すればモデルのようになれるのか、（道具についての知識を踏まえつつ）道具と身体技法の関係についてさまざまな角度から考え、そこから浮かんだアイデアをそれぞれの状況で試みるとともに、その試みをモデルに照らしてふりかえり、そこで得られた情報をさらなる道具使用の試みに活かしていくこと、これが模倣である。そのうえで、同様の試みをさまざまな状況でくりかえし、道具の使用に習熟すると、大抵の状況で安定的にその道具を用いることができるようになる。

だとすれば、この模倣による学びには、パースのいう「アブダクション」[10]（abduction）に相当する飛躍の過程が伴っているということができる。すなわち、自己と世界を媒介しうると考えられる道具―身体技法を、仮説として構築するということである。そうであれば、現実の場面で実際に用い、修正しながら、その仮説をもっともらしいもの・確からしいものへと高めていくこと、これが模倣―習熟である。模倣とは断じて猿真似ではなく、習熟とはけっして機械的な反復練習のことではない。模倣―習熟はむしろパースのいう「探究」（inquiry）と共通点をもっているのだ。

そしてそうであれば、模倣と創造の間に原理的な違いはない。「アブダクション」が「いかなるものであれ新しいアイデアを導き入れる唯一の論理的操作[11]」であるとすれば、創造に必要な飛躍的な仮説構成の過程が、模倣にも含まれているからである。模倣と創造を区別するとすれば、模倣が既存の道具―身体技法をモデルにしているのに対して、真正の創造はモデルが不在のところで道具や身体技法を創造することにある。真正の創造では、既存の道具を「別の何ものか」としてみなすこと（読みかえること）や、これまで関連を認められていなかった既存の道具同士を組み合わせることや、既存の道具を変形させたり新たに何かをつけ加えたりすること、などが必要になる。それらを大胆に試みるほどに創造の度合いが増すが、模倣もまた既存の道具に自己のアクセントを刻み込み、自分なりに手を加えることであるから、そこにも創造の要素は多少なりとも含まれている。

模倣から創造を分かつのはこのように自己の大胆さであるとはいえ、創造を現実化するのはむしろ世界のほうであるともいえる。特定の方法の内部でつくられた道具が、それとは相容れない方法にさらされるようになり、共約不可能な複数の方法の間で新たな媒介＝道具が必要になったときに、革新的な創造がなされやすい——そしていわゆる「パラダイム・シフト」が起こる——ということだ。あるいは、従来の道具ではもはや対応できないほどの大きな変化が世界に生じたときにも、革新的な道具の創出が迫られる。たとえば、身分制の社会では身分間での処遇の違いに人びとは不満（自己と世界の間の不均衡の感覚）を抱かないが、近代化によって市民階層が台頭してくると、身分間での処遇の違いが不満をもたらし、それに応じて「あらゆる人間が等しく権利をもっていること」を承認する革新的な社会思想が誕生したように。さらにいえば、古代や中世に比較して近代の社会が創造を大きく刺激するのは、近代社会が資本主義や民主主義や科学という道具をもっているからにほかならない。そしていずれの場合でも、世界への新参者（なじんでいない者）であり、従来の道具に固執しない新しい世代が主として、「常識」や「通念」を支持する旧世代からの抵抗や反発を時に招きながらも、新しい道具の創出の担い手になっていく。

こうして革新的な道具が創造されるほどに、今度はその道具が世界を大きく変化させ、自己と世界の間の不均衡はそれだけ際だつようになる。学びはつねに新たな世界を開示し（わかるほどにわからないものも増え）、そこで生じる自己と世界の不均衡は新たな学びへと誘うが、革新的な道具の創造によって世界の変化がドラスティックに進むときには、自己と世界の間の不均衡はさらに鮮明になり、いっそう学びは促され、それに伴って自己もまた大きく変容する。「自己と世界を媒介するために科学は世界を変え、宗教は自己の心を変える」と先に述べたが、いずれのジャンルであれ大胆な革新がなされると、それとはまったく反対のことも起こる。科学は人びとの心をも大きく変え、宗教は世界のあり方をも一新するのである。

第三節　学びを促すもの

1　出会いと応答責任

これまでの考察に基づけば、「人はなぜ学ぶのか」という問いに対して、さしあたり次のように答えることができる。学び＝自己の変容によって開かれた世界（がもたらす自己との不均衡）が新たな学びを誘発し、学び＝道具の創造によって引き起こされた世界の変貌（がもたらす不均衡）が学びをさらに促進させる、と。そしてそうであれば、学びとは〈身体―道具―環境〉システムのいわばオートポイエーシス的な変容であり、学びには原理的に終わりはない。けれども、学びが自己と世界の間で生じ、それゆえ自己システムのオートポイエーシス的な変容とはオートマティックな変容でないことを考えると、「人はなぜ学ぶのか」という問いに答えるためには、さらに踏み込んだ分析が必要になる。

最初に指摘しなければならないのは、自己と世界の間に不均衡を感じ取り、そこに均衡をもたらそうと思わなければ、学びは起こらないということである。もう少し分節化していえば、次のような条件が満たされなければ学びは起こらない。（a）自己が世界に対して身体と心を開き、世界に気を配り、他者や出来事や事物が語りかけてくるものに耳を傾け、それが訴えようとするものを聴き取ろうとすること。つまり、他者や出来事や事物が自己に与える違和感・居心地のわるさ・不満・驚き・不思議といったものを感じ取り、何がうまくいっていない・おかしい・尋常ではない・足りない・足りないのかを見きわめること。（b）そのような状態を「問題」として受けとめ、なんとかしてその状態をよりよい状態、つまり落ち着いた・収まった・満ち足りた状態にしていこうとすること。ちなみに、学びの開始と終結を告げるそれらの感覚や状態はけっして「主観的な」ものではない。個々の実践がもつ「よさ」の理解や「物語性《ナラティヴ》」の感覚に支えられた――それゆえ歴史や社会の中の個人と共同体の双方の価値に根ざした――均衡や調和についての知的―美的―倫理的感覚こそが、学びの方向性や深さを規定する。

いずれにせよ、自己が、（a）世界と出会い、世界が語りかけてくる声を聴き取るとともに、（b）世界からの呼びかけに応答《レスポンス》し、世界への責任《レスポンスビリティ》を引き受けなければ、学びは起こらない。そのため、世界の驚異に取り憑かれたり世界の動向に巻きこまれたりした人は、止めろといわれても貪欲に学ぶが、他者や出来事や事物が呼びかけてくるものから耳（心と身体）を塞いだり、呼びかけが聞こえたとしても（面倒なものとして）適当に受け流したり、（不安を与えるものとして）無視したりしている人は、学ぶ意義をどれほど熱く説いたところで学ぼうとはしない。

かくして、人が学ぶためには少なくとも次のようなものが欠かせないことになる。すなわち、自己を世界に開こうとする身体と心の構え。他者や出来事や事物からの呼びかけを聴き取ろうとする傾聴の姿勢。自己と世界の間の不均衡を感受する知的な感性。そこに均衡や調和をもたらそうとする欲求や願望。自己と世界の隔絶を媒介し架橋してくれる道具に習熟したり、道具の多様なアイデアを繰りだしたりしようとする構えおよび知性。

人の成長に関連づけていえば、特定の道具に習熟して状況の変化に柔軟に対応できたり、多様な道具に通暁することで多様な環境に応答可能になったりするほどに、世界からの呼びかけを聴き取る姿勢は丁寧になり、聴き取る能力も繊細あるいは包括的なものになる。多くの人が気づかないような微細な（自己と世界との間の）不均衡であっても、「何かちょっとおかしい」「何かが違う」という感覚をもつことができるようになるのだ。だからこそ、他に並ぶ者がないくらい卓越した人でも、さらに学ぶことができる。

逆にいえば、たとえば以下のような場合に人は学ぼうとしなくなったり、学ぶのが困難になったりする。①学びがその外部にある目的に従属している場合。一般には、生きる糧を得ることが学びの目的になっている場合である。学びが仕事の中で行われることはよくある（職人の学びなど）。このとき、生きる糧を得ることよりも、よりよき仕事をすることが目的であれば、学びは終わることなく続けられる。だが、生活が成り立てば十分だとみなされると、一人前になって飯を食べていけるようになればあえてそれ以上学ぶ必要はない。実際にもそのような事例はかつてはもちろん、今でも少なくない。そして変化の少ない安定した社会ではそのことが特に問題になることはない。②他者や出来事や事物が語りかけるものに耳を澄まし、それに自分のことばや行為で応えていくという意味の対話の機会が奪われている場合。たとえば、知の表象を習得・操作するためのモノローグ的な「学習」にばかり励んでいる場合。③他者からの評価や期待をもっぱら自己の判断や行動の基準とするがゆえに、世界へ気を配ろうとする姿勢が衰え、自己と世界の間に不均衡を感じ取る感性が鈍くなっている場合。

こうしてみると、日本の近代学校が西洋から採り入れた「学習」、つまり「立身出世」などの自己利益を目的とし、モノローグ的で、他者からの評価によって駆動する「学習」は、ここでいう「学び」を土台から損なっていく可能性がある。「学習」は記号の操作や意味の系統的な習得に効果を発揮し、その点で「学び」を補強しうる。しかし、「学習」が学校だけでなく社会全体に広がり、「学び」を駆逐していくほどに、人びとは学ぶ意欲を喪失し、学べなくなる。その結果、変化のはげしい社会への適応を迫られるほどに、「どうすれば人は学ぶようになるのか」という問いが切実な問題として浮上してくるのである。

2　答えがあるのに答えられない問い

ここにおいて「人はなぜ学ぶのか」という問いの答えが得られる。人は自己と世界の間に困難や違和感や落ち着かないものを感じたとき、その状態を打開してくれる道具を習得したり創出しようとしたりして学ぶ。そのため、世界に関心が向かず、人や事物に配慮《ケア》ができない人、世界からの呼びかけに応答しようとしない人は学ばない（学べない）が、学ぶ姿勢さえあれば、たとえば以下のようなときに人は学ぶ。

（1）　未知の世界、つまり他者の異他的な考え方・行動や、なじみのない事物や、予期せぬ出来事に出会ったとき。そこで感じられる（自己と世界の間の）不均衡のうち最も知覚が容易なのは「失敗」である。しかし、失敗はあくまでも不均衡のわかりやすい現象であって、先にも述べたように、均衡や調和の研ぎ澄まされた感覚をもっていれば、必ずしも失敗を経験する必要はない。たとえ失敗をしなくても「ちょっとおかしい」「何かが違う」といった形で不均衡を感じ取ることができ、そこによりよきものをもたらそうとする姿勢があれば、その人は学びを開始する（逆にいえば、どれほど大きな失敗をしても、それをなんとかしようと思わなければ学びは始まらない）。〈失敗は学びを促すが、仕事の現場では失敗は許されない〉という現代組織のジレンマ[12]は、必ずしも乗り越えられないものではないのだ。

（2）　自己と世界の間の不均衡をどうすれば打開できるかをいつも考えている人が、それを可能にする道具になりそうなもの（観念や事物）に出会ったとき。すでに道具としての実績があるものや、道具としてのモデルになりうるものだけではない。読みかえや組みかえなどを通じて道具としてのヒントを与えてくれるものに出会ったときも、アイデアが刺激され、学びが誘発されることは多い。

もちろん、学びに伴う自己実現や成長の悦び、あるいは世界変容や創造の悦びが学びを促す側面も軽視できない。これまで縁遠かったものと親しくなって、それを自己の命の一部とする悦びであり、さらには謎や問いを突きつけてくる未知の世界――今は意味がわからず時に不気味でもあるが、それと格闘すれば自分の可能性が広がっていくであろう世界――が眼前に開けてくる悦びである。あるいは、自己と世界の間に均衡や調和をもたらしてくれる道具を自ら創造し、その道具を用いて自らの力で実際に均衡や調和を成し遂げる――その結果として自己が成長し、世界がよりよきものへと変わっていく――悦びである。さらにいえば、学ぶ者（特に専門的な領域での探究者）としてのアイデンティティや、学びの成功体験がもたらす自尊心もまた、学びを促す要因として小さくないであろう。

こうしてみると、「人はなぜ学ぶか」という問いは、学ぶ者の動機というより、むしろ世界とのかかわり方の問題だということができる。だからこそ、その問いに、このように一般論として答えることができても、個々のケースについて具体的に答えることはできない。学びはきわめて多様な要因が複雑に絡み合って起こる。学びを引き起こした理由や原因を特定化することなど実際には到底不可能だからだ。未知の世界と出会うきっかけ一つにしても、自己の変容によるのか、世界の変容によるのか（あるいは両者か）、その都度事情は異なるし、そのことを確かめる術もない。にもかかわらず、「なぜあなたは学ぶのか」と問われたら、「わかる・できると楽しいから」「向上心があるから」「好奇心が旺盛だから」「夢を実現するために」等々、自分がことばにできる範囲内で答えるしかない。だが今度は、そのことばを根拠にして、学びを促す決定因を探している人たちが学ぶ動機についての素朴な物語をつくりあげ、粗雑な教育論をこしらえていく。

このような愚を避けたいなら、語りえぬものについては沈黙するしかない。「どうすれば人は学ぶようになるのか」という問いには答えないということだ。反論はあろう。たとえば、「ソクラテス的対話」によって相手をダブル・バインド状況に追い込むことが、覚醒＝解釈図式の転換を可能にするという矢野の説[13]を利用（悪用？）して、ソクラテス的対話という方法によって（覚醒をもたらす）学びを引き起こそうとする人もいるかもしれない。だがその場合でも、相手がダブル・バインド状況がもたらす混乱や当惑を自ら引き受け、それに誠実に応答しようとしない限り、学びは起こらず、対話をうるさく思うだけであろう。

人が学ぶようになるために必要なのは、まず何よりも人が学ぶための条件や環境を整えることである。たしかに仕事上の学びでは一定の「結果」が求められるし、学びを促すためにはふつうは指導も必要である。問題解決を可能にしてくれる道具を創出するためには、しばしば高度で多様な知識も欠かせない。けれども、（「学習」のように）ねらい通りの成果を出そうとして学びをコントロールしようとすれば、学びに必要な構えや感性が損なわれてしまう。「安心」を求めて困惑や不安を学びの場から取り除こうとし、「安全」を求めて困難や葛藤のない状態を最初から与えてしまえば、学びは起こりようもない。「どうすれば人は学ぶようになるのか」と問う前に、学びに必要な条件を根こそぎにしようとしている現代の教育や社会のあり方こそを、まずは問いなおすべきであろう。

（1）　松下良平「自生する学び——動機づけを必要としないカリキュラム」（グループ・ディダクティカ編、二〇〇〇、『学びのためのカリキュラム論』勁草書房）、松下良平「教育的鑑識眼研究序説——自律的な学びのために」（天野正輝編、二〇〇二、『教育評価論の歴史と現代的課題』晃洋書房）。

（2）　ここでいう「学び」と「学習」の区別については、松下良平「学ぶことの二つの系譜」（佐伯胖監修・渡部信一編、二〇一〇、『「学び」の認知科学事典』大修館書店）を参照のこと。なおこの「学び」は、近年「真正（本物）の学習」（authentic learning）という名で一つの潮流になりつつあるもの、すなわち現実世界の問題について、学習者自身の問題への関与を重視しながら、教室の壁を超え、所定の目標・方法を超えて共同的に探究することをめざす学習（Renzulli, J. S., Gentry, M., & Reis, S. M., 2004, A Time and a Place for Authentic Learning, *Educational Leadership*, 62 (1), 73-77; Rule, A. C., 2006, Editorial: The Components of Authentic Learning, *Journal of Authentic Learning*, 3 (1), 1-10, etc.）と、一定の親近性をもっている。本章の「学び」論は、未だ雑多ともいえる多様な「真正の学習」論の中で、近代西欧に起源をもつ「学習」をより徹底的に相対化する試みだということもできよう。

（3）　J・J・ギブソン著・古崎敬ほか訳、一九八五、『生態学的視覚論——ヒトの知覚世界を探る』サイエンス社、八頁。

（4）　〈身体—道具—環境〉システムはより正確には〈身体—身体技法—道具—環境〉システムであるが、ここでは身体技法も道具の一種とみなすために簡略した表記を用いる。

（5）　川田順造、一九八八、『聲』筑摩書房、特に一六頁。

（6）　多田富雄、二〇〇一、『免疫・「自己」と「非自己」の科学』日本放送出版協会。

（7）　池田義昭、一九九四、『「モナドロジー」を読む——ライプニッツの個と宇宙』世界思想社、二二頁。

（8）　松下良平「新教育の彼方へ——学ぶこと・教えることの新たなヴィジョンに向けて」近代教育思想史学会編、二〇一〇、『教育思想コメンタール』。なお、同論文の七節でふれたテーマを全面的に展開したのが本章である。

（9）　C・レヴィ＝ストロース著・大橋保夫訳、一九七六、『野生の思考』みすず書房、第一章。

（10）　伊藤邦武、一九八五、『パースのプラグマティズム』勁草書房、米盛裕二、二〇〇七、『アブダクション——仮説と発見の論理』勁草書房、を参照。

（11）　Hartshorne, C., & Weiss, P., eds., 1934, *Collected Papers of Charles Sanders Peirce*, Vol. 5, Belknap Press of Harvard University Press, § 171 (p. 106).

（12）　福島はこのジレンマを「ベッカーの難問」と呼び、それが時間・経済・法の問題と複雑に絡んでいることを指摘している（福島真人、二〇一〇、『学習の生態学——リスク・実験・高信頼性』東京大学出版会、第四章）。

（13）　矢野智司、一九九六、『ソクラテスのダブル・バインド——意味生成の教育人間学』世織書房、第二章。

第4章　「生きることのかなしみ」という力

かなしみの教育人間学に向けて

鳶野克己

第一節　生まれるいのち、逝くいのち

今この瞬間にも、母とならんとする人の壮絶な息みに応えるかのように絞り出された産声とともに、人生の歩みを開始する赤ちゃんがいる。享けたいのちは、なぜ産んだなぜ生まれたと問い募られても畢竟その根拠を指し示すことのできないという意味で、覚束なく謂われなきものであるというほかはないにもかかわらず、ともかくも生き抜かんとする強烈な意志の力に突き動かされるかのように、赤ちゃんはその満身をもって泣き始める。そしてこの子の誕生とまさしく同じ瞬間に、間断なく襲い来る身体的苦痛を辛うじて緩和するための医療処置を精一杯施されるなかで、臨終を迎える人がいる。なぜその人が、なぜ今そのような形で逝かねばならないのかとの問いはついに答えられず、謂われなく享けたいのちがその謂われなさのままこと切れる事態に面していかんとも抗う術なく、その人は息を引き取る。

目の前に生まれ来る待ち望まれたいのちがあり，そのいのちと入れ違えるかのように，嘆かれ取り縋られながら最期の看取りのときを迎えるいのちがある。さらに眼差しを伸ばせば，今日か明日かと待ち望まれて今し方生まれたばかりの赤ちゃんも，やがて必ず看取られて逝く日が来るのであり，せめて春までなんとか秋まで永らえてとの願い空しく先ほど最期を看取った大切な人も，かつて例外なく抱かれあやされ乳を与えられる日があったのである。誕生したいのちはやがて逝くいのちであり，逝くいのちはかつて誕生したいのちであった。後続するいのちは先行するいのちの後を遠からず追い，先行するいのちは後続するいのちの一足先を歩むだけのことである[1]。

一つひとつのいのちとしての私たちは，いつどこでそれがもたらされるかを望み選ぶことができないが，いつであれどこであれ二度と繰り返すことができないということだけは確かな，それぞれ一度きりの誕生と死によってこの世界に立ち現れこの世界から消滅する。そして一つひとつのいのちの誕生から死への歩みは，ほかのどのいのちの歩みとも代替することができない。私たちは，どれほど近しい人ともどれほど愛しい人とも場所を違えて別々に生まれ，時を違えて別々に逝く。心中でさえ息絶える瞬間は一人ひとりであり，双子でさえあげる産声は一人ずつであろう。生まれてくることも死んでいくことも煎じ詰めれば，一つひとつの限りあるいのちが，まさにその限りあることを証する孤独な一人きりの出来事である[2]。しかし，この一人きりの孤独な出来事に挟まれたしばしのいのちを歩むなかで，私たちは，先を行くいのちを慕い，傍らに共にあるいのちと睦み合い，後に来るいのちを慈しむのである。このようにして私たちは生まれ，養い育てられ，教わり，巣立ち，出会い，交わり，別れ，結ばれ，産み，養い育て，教え，巣立たせ，介護し，看取り，病み，老い，介護され，看取られ，逝く。

小論は，私たちにおけるこうしたいのちの歩みの総体を「かなしみ」として捉える視点に立つ。小論において，「かなしみ」とは，生きていくなかで私たちが出会う，あれこれの不運や不幸な出来事に際して抱かれる痛みや苦しみを伴った個々の感懐それ自体を指すのではない。そして、「生きていれば、よろこびもあればかなしみもある」といった物言いを通して、これもまた生きていくなかでの善きことや美しいものとの出会いに伴う感懐と同じ水準に対置されつつ、馴れ親しい定型的な感傷の領域へと回収されうるような、悪しきことや醜いものとの出会いに伴う感懐を意味するのでもない。そうではなくて、「かなしみ」とは、私たちが人間として生きていることの本質に根ざす意識の在り方であり、誕生に始まり死へと至る私たちの生涯を、抜き差しがたいかたちで貫く最も基本的な生き方の問題として位置づけられる。こうした水準において捉えられるかなしみの持つ意味を丁寧に掬い上げ、そこから「かなしみの意識に立脚した教育」の可能性を素描することが小論の目指すところである。

考察の手順は概ね以下の通りである。まず次の第二節では、「かなしい」という言葉の語義と語源をめぐる考察を通して、私たちにおける「かなしい」という意識の成り立ちと構造を論じる。第三節では、前節で示された「かなしい」という意識の在り方を踏まえて、私たちが生の歩みの総体を「かなしみ」として捉えていくことを可能にする理路を探る。さらに第四節では、幼い愛娘を失うというこの上ないかなしみのなかから迸り出る情感と深まる反省を清冽な筆致で記した哲学者西田幾多郎の文章を手がかりとして、「生きることのかなしみ」の意識に貫かれて生の歩みを捉える視点が、いかにして人間としての「生きる力」の源泉を見いだすかを提示する。そして最後に、こうした「生きることのかなしみ」の視点から、近年の「生きる力」をめぐる議論の在り方を批判しつつ、「かなしむという生き方」に根ざす教育の端緒を試論して結びとする。

第二節　「かなしい」とはどういうことか

「かなしい知らせ」、「わかってもらえなくてかなしい」、「かなしいことだけじゃなく、たのしいことも考えよう」といった言い回しが容易に思い浮かぶごとく、「かなしい」という語は、日常的な言葉遣いとして、私たちの生活のなかに定着している。本節では、倭語としてのこうした「かなしい（かなし）」という形容詞についての、いくつかの主だった辞典や学説における語源と語義をめぐる知見を手がかりとして、「かなしい」という語に込められた、生きるなかで出会う出来事に対して私たちが向ける意識の在り方の特質に迫りたい。

まず、日本における最も浩瀚で詳密な国語辞典である小学館の『日本国語大辞典』での項目「かなしい」の記述を取り挙げる。そこでは、語義解説の冒頭に「感情が痛切にせまってはげしく心が揺さぶられるさまを広く表現する。悲哀にも愛憐にもいう」と記されている。その後、語義として①死、別離など、人の願いにそむくような事態に直面して心が強くいたむ。なげかわしい。いたましい。②男女、親子間などの切ない愛情を表す。身にしみていとおしい。かわいくてたまらない。いとしい。③関心や興味が深くそそられて感興を催す。心にしみておもしろい。しみじみと心打たれる。④みごとだ。あっぱれだ。⑤他人の仕打ちが心にひどくこたえるさま。残念だ。くやしい。しゃくだ。⑥貧苦が身にこたえるさま。貧しくてつらい、といった意味内容が具体的な用例とともに挙げられている。

『広辞苑（第六版）』でも、まず、「自分の力ではとてもおよばないと感じる切なさをいう語。悲哀にも愛憐にも感情の切ないことをいう」との概括的解説がなされる。そしてそれに続いて、泣きたくなるほどつらい、をはじめとして、心がいたんでたえられない、身にしみていとしい、強く心ひかれる、どうしようもなくおそろしい、など『日本国語大事典』と概ね重なる語義が連ねられている。

こうした、自分の力がおよばないという感情がひたすらに胸にせまり、その切なさが抑えがたいとする点に焦点づけて、国語学者大野晋も、古来「かなしい」という語は悲哀を表す代表的な言葉であるが、もともとは、「胸が一杯になる気持ちだ、切ない気持ちだというのが原義」（大野、一九六六、九〇頁）であると述べる。さらに大野は、「かなしい」は、その語源をたどっていくと、「かね」（補助動詞「かぬ」の連用形表記）という語と密接なかかわりがあるとする見解を提示する。大野によれば、「かね」と「かなし」とのかかわりは、「夜更け」の「ふけ」と「ふかし（深し）」、「大荒れ」の「あれ」と「あらし（嵐）」などのそれと同一であると見なすことができる。こうした推定のもとに、大野は、「かね」とは「力及ばず、事を果たし得ない感じだ」ということであり、そこから「かなし」とは「前に向かって張りつめた切ない気持ちが、自分の力の限界に至って立ち止まらなければならないとき、力の不足を痛く感じながら何もすることができないでいる状態」（大野、一九六六、九一頁）であると説明するのである。

同じく大野が編集委員の一人を務める『岩波古語辞典』でも、「かなし」の項目の冒頭に「自分の力ではとても及ばないと感じる切なさをいう語」であり、「かね」と同根であろうといった導入的解説がなされている。そして以下、語義として、①どうしようもないほど切なく、いとしい。かわいくてならぬ。②痛切である。何とも切ない。③ひどくつらい。④貧苦である。貧しい。⑤どうにも恐ろしい。こわくてたまらない、と列記される。言及された「かね」の項目を見ると、「それをしとげようとしても不可能・困難の意をあらわす」と解説された後、①…しようとしても力及ばない。…しおおせない。②…していることにたえられない、と示されている。『小学館古語大辞典』においても、「かなし」の項目における一連の語義解説の後、語幹「かな」は「…しかねる」を意味する補助動詞「かぬ」に由来するとして、上の大野と同様の説が紹介されている。

一方、国語学者阪倉篤義は、万葉集以来のさまざまなテクストにおける用例を踏まえて、「かなし」が含む意味を、大きく二つに分類する。すなわち、自分の思いが志向する対象の今ここにおける不在から生じる淋しさや空虚の思いとしての「悲し」と、志向対象を自分の分身であるかのごとく感じる結果、その対象が自分とは別の存在であることが、自分の一部が欠けているように覚える感情としての「愛し」である（阪倉、二〇一一、一五六―一五七頁）。その上で、「かなし」の語源として、時間的、空間的に「ある一点を基準にして、それから他の点にわたって、これを併せる」（阪倉、二〇一一、一五八頁）という意味の動詞「兼ぬ（かぬ）」を挙げ、「かなし」とは、現在、自分とは別の存在としてある志向対象に対して、それと「兼ね」てしまいたい、自分に併せてしまいたいほどの気持ちを抱き（「愛し」としての「かなし」）ながらも、現実には「兼ね」えていない、「兼ね」られないことの不充足で空虚な思い（「悲し」としての「かなし」）であるとしている（阪倉、二〇一一、一六〇頁）。

さらに、その阪倉も編者として参画した、やはり浩瀚で細緻な古語辞典である『角川古語大辞典』における「かなし」の項目には、「外的な事象の存在やあり方に触発された、心の底を揺さぶられるような痛切な感情を表す」との解説がなされた後、「不運・失敗・失望などのために満たされない気持ちを持つ心のさま。打ち沈んでしょげかえる心のさま」という語義がまず挙げられている。以下、「肉親や恋人をせつないまでにかわいく思う気持ち。いとしい」、「他人の不運や逆境に同情する心のさま。いたましい」と続き、しみじみと胸を打つ、深く感じ入る、みごとだ、くやしい、などの語義が紹介されているが、基本的に上記の諸辞典のいずれかと概ね重なる内容を詳しく語釈したものと見える。

「かなしい」という語をめぐるこれら一連の語源的な語義解説や語釈を整理して、その根底にある「かなしい」という意識の成り立ちと構造について検討してみよう。「かなしいくらいにいとしい」といった類の表現に稀に出会うことを除けば、今日、「かなしい」は、日常的な私たちの語感からすると、生活上のさまざまな失敗や挫折や喪失の体験に伴う嘆きや苦しみ、辛さや痛さとして特徴づけられる感情を表現する語と受け止められていよう。つまり、「かなしい」という語の今日における日常的用法は、その大半が『日本国語大辞典』における①の「人の願いにそむくような事態に直面して」の心のいたみや嘆き、あるいは『広辞苑（第六版）』にいう、泣きたくなるほどのつらさや「心がいたんでたえられない」さまに代表されるような意味内容を言い表すものと思われる。しかし本来「かなしい」には、ここにみてきたように、さまざまな対象や出来事に面してのそれぞれのいとしさやかわいさ、嘆きや苦しみ、辛さや痛さの感情の奥底を共通に貫く、自分の力がおよばず無力だと感じる切なさの思いが込められている。「かなしい」という語は、そうした至らなさや無力さの思いが衝迫として抑えがたく我が身を襲い、はげしく心が揺さぶられてどうにもならないさまを表すという性格をその根幹に持っているのである。[3] このことを踏まえて上掲諸辞典の語義解説における言葉遣いを改めてたどってみると、「いたましい」「身にしみて」「たまらない」「心打たれる」「身にこたえる」「泣きたくなる」「たえられない」「どうしようもない」「かわいくてならぬ」などといった語釈のなかに、「かなしい」の根幹をなす痛切な感情の「揺さぶられ」における抑えがたいありさまが、的確に映し出されていることが理解できる。

「かなしい」とは、まずもって、人生において出会いかかわるさまざまな対象や出来事に面して、どうにもたまらなく抑えがたい形で私たちに湧き起こり、心身奥深くにしみいりこたえる感情である。私たちは、生きているなかで、善きことや美しいものやいとしい人とめぐり会うとき、あるいは、不幸なことや無残なものや悲運の人を目の当たりにしたとき、心身がいかんともしがたくはげしく揺さぶられ、しばしばたまらない気持ちになる。さらには実際に目の前にそれらが現れなくとも、思い浮かべるだけで、耳にするだけで、たまらなさが抑えがたいこともある。そして、そのたまらなさとは、そうした事柄や物事や人へと向けられる自分の思いがもつ力の及ばなさや思いの無力さの意識なのである。これはすなわち、大野がいうところの、出来事へと向けられるはりつめた切ない思いが、限界に至って立ち止まり、力の不足を感じながら何もすることができないでいる状態としての「かなしさ」である。また、阪倉の見解に倣えば、対象が自分とは別の存在であるほかはないにもかかわらず、その対象と自分とを「兼ねてしまいたい」「併せてしまいたい」とはげしく心を傾けながら、現実には「兼ねられない」「併せられない」という不充足で空虚な思いとしての「かなし」であろう。いとしさであれ、いたわしさであれ、いたましさであれ、当該の対象や出来事へとかかわる私たちの強くはげしい衝迫がその思いを成就完遂できるなら、それは「かなしい」といわない。どんなに思いを充足させたくても決して満たされず、いくら願いを実現したくてもどうしても叶わないという無力さの感情が、「かなしい」という意識の成り立ちにとって重要なのである。

対象や出来事に対して私たちが向ける切ないまでのいとしさ、いたわしさ、いたましさの思いが、自分の力の決定的な限界や不足に直面するとき、私たちはえもいわれぬいたたまれなさに襲われる。このいたたまれなさが、もし単に苦痛であり、その苦痛から逃れたいという意識だけが私たちに生じるのなら、私たちは自分の力が及ぶ範囲内に、当該の対象や出来事へ向けられる衝迫を緩める工夫を講じるか、自分の力に見合った対象や出来事へと、その衝迫を向け直せばよいのだろう。しかし、私たちは通常そうはしない。それは、対象や出来事にかかわって喚起される強くはげしい衝迫のただ中にある私たちにとって、その思いが決して満たされない、その願いがどうにも叶わないということこそが、その対象や出来事に対するかかわりの誠ともいうべきものを証すると感じられるからである。決して満たされない、どうにも叶わないというのは、対象や出来事に向けられる私たちのいとしさ、いたわしさ、いたましさの衝迫がそもそも尋常ならざる水準にあることを示している。そして、その尋常ならなさは、とりもなおさず、当該の対象や出来事がもたらす私たちにとっての意味の尋常ならなさである。とすれば、私たちがかなしみのなかにあるとき、対象や出来事への私たちの思いや願いは、満たされ叶うことをむしろ求めないとさえいえよう。「感情が痛切にせまってはげしく心が揺さぶられること」としてのかなしみは、自分の力の及ばなさに面して揺さぶられ続けることによってのみ、対象や出来事に対して、自らを証し続ける。満たされない、叶わないと知りつつ、思い続け、願い続けることこそが、いとしい、いたわしい、いたましい対象や出来事に向けられるかなしみの意識が選び取るべき唯一の途なのである。

第三節　「かなしい存在」としての人間

前節では、「かなしい」という語の語義と語源をめぐるいくつかの見解を手がかりとして「かなしい」という意識の在り方の特質を明らかにした。ここでは、それを踏まえて、生の歩みの総体を「かなしみ」として捉えていくための理路を探る。この探究の作業は、私たちの誕生の原理的な理不尽と私たちの死の原理的な不本意、そしてその理不尽と不本意に刻印された生きることとの不可解について論究することを通して進められる。生きることのかなしみの意識とは、生きることのわからなさの意識がそのまま反転的展開を遂げたものと考えられるからである。

この星の至るところで、今この瞬間にも次から次へといのちが生まれ、後から後からいのちが潰えている。小論の冒頭にみたとおりである。生まれたものは死ぬ。享けたいのちには限りがある。この私も同じく、まさにその限られたいのちの一つである。生まれた私は必ず潰える。当たり前といえば、これほど当たり前なことはない。とはいえ、その当たり前が当たり前として、決して容易には受け入れられないのがまた、人間として生きている私たちの意識の在り方であろう。私たちは、自ら意図し理を立てたのでは毛頭なく、またどちらからのいかなるはからいか定かでないにせよ、気づけばもはや既に享けていたこのいのちを、こうして生き始めた。そしてひとたび生き始めた途端、今度は私たちは、自らの意に反していのちを奪われることに対して、老若を問わず一般にはげしく抵抗し拒絶する。できることならどこまでもいつまでもいのちを永らえさせんと切に願うのである。だがいうまでもなく、それは決して叶わない。あらゆる抵抗と拒絶は無効である。いつとは特定できないが必ずや到来する最期のときをもまた、自身のあらゆる思いや願いのいかんにかかわらず、私たちはやはりただ享けるしかないのである。

このような、自ら意図し理を立てたわけでは微塵もないという自身の誕生をめぐる理不尽と、望みも求めもしないのに必ず到来する自身の死をめぐる不本意は、私たちがどのような人生を歩むにせよ、生きている限り原理的に解消も解決もされない。なぜ生まれてきたのか、どうして死ななければならないのかという生死をめぐる根本の問いに答えはない。答えがないままに生きていくなかで、それでも私たちは、善きことや美しいものや大切な人と出会い、しばしのかかわりをはぐくむ。かかわりのなかで理不尽と不本意は、あたかもしばし雲散したかのごとく感じられる。その善きことや美しいものや大切な人とのかかわりを永続させたいと願う。しかし、この願いもやはり決して叶わない。自身の死によって、一つの例外もなく、出会いかかわった全てと永久に別離させられる。それは人間としての私たちの力が決して及ばない、有無をいわせぬ、容赦も是非もない別離である。

生きていくなかでの私たちのかかわりは、出会いのその瞬間から既に別れを胚胎している。人生における出会いは、すべて別れへ向けての出会いである。そして、この容赦も是非もない別離は、大切な人が先に逝き、自身が後に遺される場合も同様である。なぜこの人が先立ち、私が看取り、見送るのか、その謂われもまた決して明らかにならない。生を享けたものが死んでいくことがいかに当たり前であるからといっても、私たちはそれを当たり前のこととして、何事でもないかのように安らかに逝けるわけではないし、穏やかに看取り、見送れるわけでもないのである。

誰もが、その一回限りの生を、忽然たる理不尽な誕生とともに開始し、出会いはぐくんだあらゆる大切なかかわりを剥ぎ取る不本意な死とともに終える。いったい全体、こうした誕生から死に至る歩みは、そもそも何なのか。それはわからない。生死のなぜへと向けられる抑えがたい問いの衝迫は、決してその思いを満たされることなく、「わからない」という無力さに射貫かれ続けるのである。私たちは、この無力さのまま、今日も新たに生を享けたいのちを祝福し、別れていくいのちを悼んでいる。

人間として生まれ死にゆくことの何たるかが、理が通る形においても情に叶う形においても畢竟「わからない」ということ。その「わからなさ」のまま私たちは、今も生まれ潰え続けているいのちへと、どうしようもなく抑えがたいいとしさ、いたわしさ、いたましさの思いを向けているということ。そしてこのいとしさ、いたわしさ、いたましさの衝迫は、それが向かういのちへの誠を証しようとすればするほど、満たされず収まらないということ。これらのすべてがすなわち「生きていることがかなしい」ということであると思われる。上にみてきたように、かなしみの意識とは、私たちが、対象や出来事に喚起されてはげしく胸に迫りくる感情のただ中にありながら、詰まるところ対象や出来事に対するその力の及ばなさ、自らの無力さを痛感するところに生まれる意識だからである(4)。

この「生きていることがかなしい」という意識が生まれる無力さの感覚はまた、私たちが人間としてその生を享けた瞬間から、すでに根刮《こそ》ぎされてしまっている最も大切な何かとかかわっている。その何かとは、理不尽に始まり不本意に過ぎゆき終わる私たちの生の有限性にとって究極的な支えとなるような、いわば過ぎゆく生における過ぎゆかざる「永遠の根源(5)」とも呼ぶべき何かなのだろうが、その根刮ぎされた何かを求め取り戻そうとする切なる思いも、やはり力及ばない。「生きていることのかなしさ」とは、私たちが誕生の時点ですでに失っていたものへの、満たされることのない思慕の意識でもあるだろう。

ここに論究してきたような水準における「生きるかなしみ」について、作家山田太一も「断念するということ」という文章の中で次のように述べている。

「「生きるかなしみ」とは特別のことをいうのではない。人が生きていること、それだけでどんな生にもかなしみがつきまとう。「悲しみ」「哀しみ」時によって色合いの差はあるけれど、生きているということは、かなしい。いじらしく哀しい時もいたましく悲しい時も、主調底音は「無力」である。」（山田、一九九五、八頁）

私たちは生きていくなかで、仕事の失敗や経済的な損失、人間関係の難事や親しい人との別離、病気や怪我など、あれこれの不運で不幸な出来事としばしば出会う。それらの出来事には、あらかじめの準備や慎重な用心によって、出会うことを回避したり、遠ざけたりすることが可能なものもあるだろう。かなしいことになる前に手を打つことができるような事態を、私たちは思い浮かべることができる。あるいはまた、そうした不運で不幸な出来事にもし出会ったとしても、適切な工夫や弛まぬ努力などによって、出来事がもたらした苦難を克服したり、窮状を改善したりすることもありうるだろう。かなしい出来事に面しても、それに打ち勝ち、それを乗り超えていくことに価値を置く生き方を、私たちは想像することができる。

しかし、同時に私たちは、人生においては、どのようにも回避しようがない出来事、いかんとも克服しがたい苦難というものがあることを知らされもする。それは、たとえば、突如として不慮の災厄が降りかかることであり、唯一無二のかけがえのない人を思いもかけず取り返しのつかない形で永久に失うことである。「生きるかなしみ」を、私たちが人間として生きていくことについての仮言的な視点から意味づけようとする立場からすれば、そのような出来事や苦難に遭遇するかしないかということも、運不運の問題とされるのかもしれない。すなわち、幸運な人は、回避可能な出来事や克服可能な苦難にのみ出会うのであり、不運な人はそうではない出来事や苦難に見舞われるとされるのである。だが、山田のいう「生きるかなしみ」とはそうした遭遇の運・不運、回避や克服の可能・不能いかんによって、幸いや喜びと区別され語りわけられる類の悲しみではない。一度の運・不運や偶々の可能・不能によって、生きていくことが甚だしい困窮や悲痛に陥ったり見舞われたり、それらから免れたり救われたりするという位相における「人間のはかなさ、無力を知ること」（山田、一九九五、一〇頁）である。すなわち、幸いと不幸とが併存し、偶然のめぐり合わせで禍福が入れ替わり、その偶然に面して、私たちはなす術をもたないという人生の在り方そのものが「かなしい」のである。

今一度整理しておこう。私たちが一人ひとり、謂われなく生まれ、謂われなきまま死んでいくということ。また、この謂われなさという点からいえば、私たちは皆同じ生を生きているにもかかわらず、現実の生活においては一人ひとりに幸いと不幸の違いが生まれるということ。さらに、その幸いも不幸も、しばしば自身の思惑や計画、意図や努力を超えてもたらされるということ。そして詰まるところ、どのような幸いも不幸も、当人の死とともに是非なく消滅するということ。享けたいのちの歩みをめぐるこれらの事柄へと意識を向けるとき、私たちは今ここにこうして生きているということに対するいとしさ、いたわしさ、いたましさの衝迫を抑えることができない。生きているということが総体としていたたまれないほど「かなしい」のである。そして、今この瞬間に生まれるいのちも、逝くいのちも、同じこの「かなしみ」のうちにある。

こうしたかなしみの意識に貫かれた視点から、私たちはいかなる論理をもって「生きる力」を語りだすことができるだろうか。次節では、幼くして逝った愛娘を悼む哲学者西田幾多郎の文章を手がかりとして、この問題を論究し、結びへの道に繋げたい。

第四節　生きる力と「生きることのかなしみ」

明治四〇年、かわいい盛りの幼い次女を失った哲学者西田幾多郎が、同じく愛娘を亡くした旧友の国文学者藤岡作太郎の著書に「序」として寄せた一文がある。そのなかで西田は、愛娘の喪失という同じ境涯にある同窓の親友藤岡の心根を汲みつつ、親しい肉親、とりわけ最愛の我が子を失うことのはげしく深いかなしみを切々と述べ表していく。「哲學の動機は「驚き」ではなくして深い人生の悲哀でなければならない」（西田、一九七九、一一六頁）と後に書き記した西田は、師範学校に入学した明治一六年の秋に仲の良かった大切な姉を失い、「生來始めて死別のいかに悲しきかを知」（西田、一九七八、四一六頁）って以来、その七五年の生涯で五人もの我が子に先立たれたのであるが、明治三五年に授かったこの次女は、わずか五歳で最初に旅立っていった子であった。

愛する子の思いもよらない早世に面して、なす術もなく立ち尽くし、嘆き沈みゆく親の真情を何憚ることなく吐露して、亡き我が子に対する親の情愛のいかんともしがたさと人生の根本を貫流する不可避的な儚さと無力さの思いを、読む者の心底深く刻みつけるかのように、この著名な文章の中で西田は次のように述べる。

「若きも老いたるも死ぬるは人生の常である。死んだのは我子ばかりでないと思へば、理に於ては少しも悲しむべき所はない。併し人生の常事であつても、悲しいことは悲しい、飢渇は人間の自然であつても、飢渇は飢渇である。人は死んだ者はいかにいつても還らぬから、諦めよ、忘れよといふ、併しこれが親に取つては堪へ難き苦痛である。時は凡ての傷を癒やすといふのは自然の恵であつて、一方より見れば大切なことかも知らぬが、一方より見れば人間の不人情である。何とかして忘れたくない、何か記念を殘してやりたい、せめて我一生だけは思ひ出してやりたいといふのが親の誠である。」（西田、一九七八、四一七頁）

いくら嘆いても乞い求めても、逝った子は二度と還ってはこないのだから「諦めよ、忘れよ」と促す周囲の人々の声に対して、親としての西田は容易に頷くことができない。「諦めること」「忘れること」は、かけがえのない我が子を失うことが文字通り取り返しのつかない出来事であるからこそ、「親にとつては堪へ難き苦痛」なのである。時とともに喪失の傷が癒えることは、一面自然の恵みであるといわれようが、親からすればそれはとりもなおさず、亡き子への不人情であるほかはない。であるがゆえに親は、「何とかして忘れたくない」、「せめて我一生だけは思ひ出してやりたい」ともはや永久に還らぬ子を、還らぬが故に忘れず思い出し、「死にし子の面影を書き殘し」（西田、一九七八、四一五頁）、その死をかなしみ続けるのである。

もとよりこのかなしみもまた親にとってこの上ない苦痛であるには違いない。しかし、西田は「親は此苦痛の去ることを欲せぬのである」（西田、一九七八、四一七頁）という。思っても思っても永久に自分の許には還ってこない子を、それでも思い続けるという苦しみと痛みとしてのかなしみを通してのみ、親は亡き子とともにあることができる。すでにかなしみの意識について論じた箇所でみたように、西田においても、かなしみ続けることこそが、亡き子の親としての誠を証することだからである。子を失うという出来事は、親という人間にとって、人生にはいくら思いを寄せ、願いを向けても、もはやどうにも取り返しも収まりもつかないこと、もとには戻らないことが、決して望みも求めもしないのに生じるということを意味する。本来なら子どもを守り育てる力をもつと自任しうる親が、圧倒的徹底的に無力であることを痛感させられるという意味において、子を失うということは、親にとって無比の絶対的なかなしみのように思われる。

しかし、西田は、「今まで愛らしく話したり、歌つたり、遊んだりして居た者が、忽ち消えて壺中の白骨となる」（西田、一九七八、四一八頁）といった悲痛極まる愛児の死を通して、「人生の一大事」（西田、一九七八、四一九頁）としての、死という問題の解決に向かっていのちへの問いをさらに深めていく。そして、「飜つて考へて見ると、子の死を悲む余も遠からず同じ運命に服従せねばならぬ、悲むものも悲まれるものも同じ青山の土塊と化して、唯松風蟲鳴のあるあり、いづれを先、いづれを後とも、分け難いのが人生の常である」（西田、一九七八、四一九頁）と述べるに至るのである。すなわち、子を失った親は、今この度は子の死をかなしむ側にあるが、改めて思いを致せば、親である自分自身も例外なく、やがて必ずその子と同じかなしまれる側に立つべき運命にあるという。もちろん親にとっては、自分もまた「青山の土塊」と化す時期が、子どもより後となるのか先となるのかは、その意味するところの差が甚大であることは疑えない。子が自分より先に逝くことを穏やかに受け入れられる親はまずいないだろう。我が子の死は、その子自身にとっても親にとってもまさに悲運そのものであり、健やかな他の子を目にするにつけ、「なぜ我が子が」との問いは、空しいとわかっていても容易には消えない。しかしながら、先だった我が子のことを、せめて自分だけでも一生思い出しかなしみ続けようとする親は、そのかなしみのただ中で同時にまた、そうして亡き子を思いかなしむ自分も、やはり限りあるいのち、やがて逝くべきいのちにほかならないことを痛感させられていくのである。

我が子の死は、いつどこでどんな形であっても親にとってまさに断腸の思いであり、かけがえのない大切な対象の喪失というかなしみの極みではあるが、夢にも思わぬよもやの早世は、いのちというものが、たとえ自分より後に生まれ来る幼子にあっても、誕生したその瞬間から例外なく逝くべき道を歩んでいることを、就中改めて親に気づかせる出来事でもある。親は、逝くべきときは老若長幼を問わず逝かねばならないということのかなしみを、我が子の死によって一層消し去りがたくその胸に刻みつけられることになる。子を失うことがもたらすかなしみは、自身のはげしさと深さとを内側から突破させられて、限りある生を生きるものすべての「いのちのありさま」そのものであるような、さらなるかなしみの次元へと歩み入るのである。

こうして「いのちのありさま」そのものをかなしみ抜くなかで、西田は次のようにいう。

「併し何事も運命と諦めるより外はない。運命は外から働くばかりでなく内からも働く。我々の過失の背後には、不可思議の力が支配して居る様である、後悔の念の起るのは自己の力を信じ過ぎるからである。我々はかゝる場合に於て、深く己の無力なるを知り、己を棄てゝ絶大の力に帰依する時、後悔の念は轉じて懺悔の念となり、心は重荷を卸した如く、自ら救ひ、又死者に詫びることができる。」（西田、一九七八、四二〇頁）

西田によれば、別れることにむけて出会いかかわる私たちのあらゆる生きる営みには、その背後に「不可思議の力」、「絶大の力」が、運命として、私たちにはいかんとも抗いがたく働いている。我が子の死を通して、その運命の力が私たちの内に働き続けていることに気づくとき、私たちの「いのちのありさま」そのものであるような「生きることのかなしみ」は、その思いが満たされない、叶わないという無力さのままで、運命の力としての「不可思議の、絶大の力」によって受け止められ、支えられていく。そして、自己への過信としての後悔は、この運命の力への帰依を通じて懺悔へと転じられ、救われていくのである。「死者に詫びる」というのは、もはやここでは、「助けてやれなかった」という親の無力を詫びるのに留まらず、はかなく逝った我が子のいのちのありさまを、子と自分のいのちの根底を共に貫く「不可思議の、絶大の力」が働いていることの表れとして見ず、あれこれの後悔ばかりに明け暮れてきたことを詫びるのであろう。我が子の死をただかなしみ、ひたすらかなしみ抜くなかで、私たちはあらゆるいのちを貫流する「不可思議の、絶大の力」の存在を感受することへと開かれていく。西田は、かかる感受を通して私たちは自己の過信を棄て、その力に委ねられた自己の運命を生きる「無限の新生命に接することができる」（西田、一九七九、四二〇頁）、とこの文章を結んでいる。

愛娘を失った西田がそのかなしみの思索を通して至り得たところを、小論の問題意識に即して、私たちは次のようにいうことができるだろう。すなわち、謂われなく生まれること産むこと、偏《ひとえ》に別れに向けて出会いかかわること、容赦是非なく逝かれること逝くことは、そのなぜを問い募ることが依然として無効な、いとしく、いたわしく、いたましいかなしみのままであるが、私たちは、いまや一人ひとりのいのちの背後に絶えず働き続ける「不可思議の、絶大の力」を自覚することができる。そしてこの自覚のもとに、決して成就も完遂もしない人間の生き死にをめぐる根源的なかなしみを、享けたいのちを貫いて働く運命の力に付き従いつつ、その最期の瞬間まで生き抜くことができる。要するに、私たちは、「生きること」は「かなしむこと」であるということを、「不可思議の、絶大の力」において感受し、その感受された「生きることのかなしみ」において、この謂われなき生を改めて生きる力を恵まれるのである。(6)それは、私たちのいのちの根底を貫流するこの「不可思議の、絶大の力」自身が、まさに比類なきかなしみそのものだからである。

第五節　「かなしみ」の教育へ——むすびにかえて

文部科学省の主導の下、学校をはじめとするさまざまな教育の場で、周知の通り、「生きる力をはぐくむ教育」をめぐる議論が近年活発である。「生きる力」は、一九九六年の中央教育審議会答申におけるその提言以来、学習指導要領にも大きく謳われている重要用語であり、『学習指導要領解説』をはじめ、さまざまな刊行物で「知・徳・体のバランスのとれた力」あるいは「確かな学力、豊かな心、健やかな体の調和を重視する」などと説明されている。そして、こうした「生きる力」を、家庭や地域を含め、学校の内外で子どもたちにはぐくむことの意義が唱導され賞揚されている。私たちの社会における公教育について正当化された責任と権限を有する国家機関としての文部科学省が、到来しつつあるとされる「知識基盤社会」に生まれ育つ子どもたちに向けて展開する文教行政の善き意図と真摯な姿勢を、小論は疑うものではない。しかし、今日の「生きる力」をめぐる議論が前提とする「生きること」への捉え方については、小論においてこれまで論じてきたいのちの歩みへの視点にたつとき、その根本のところで疑問を持たざるをえない。

教育の課題としてそれをはぐくむことが目指される「生きる力」は、習得した知識・技能を自らの考えや判断で積極的に活用する力、自らを律しつつ他者と協働し他者を思いやる心や感動する心、たくましく生きるための健康や体力などによって特徴づけて語られることが常套となっているように思われる。そこには、誕生と死に挟まれて、別れに向けて出会いかかわりつつ、享けたいのちの謂われなさを抱え込み続けて生きることのかなしみに向けられる眼差しは見られない。そこでは、思っても願っても届かず叶わないような、いとしい、いたわしい、いたましい出来事が生きていくなかでは否応なく生じ来ることは語られない。たとえ言及されても、それらは私たちの生活を単に苦境に陥れ惑わせるような困難や陥穽、あるいは私たち自身の心の弱さとして位置づけられ、それらを乗り越え克服していく「生きる強さ」の重要性を指摘することに主眼が置かれるのである。つまり、「生きる力」をめぐる大方の議論には、小論で論じ来た水準での「生きることのかなしみ」の問題を主題化し、「かなしみ」の視点から、「生きる力」を見つめ直すという発想は希薄であるとせざるを得ない。教育がはぐくまねばならないとされる「生きる力」には、思いや願いを対象や出来事に向けて一心に傾けながら、自身の力の及ばなさや無力さをどうしようもなくかなしむといった生きるありさまは組み入れられようがない、と考えられているように見えるのである。

しかし、教育とは、現に今ここに具体的な日常を生きているあるがままの人間を対象とし、そうした生身の人間一人ひとりにおける、誕生から死に至るそれぞれに一回限りの、やり直しも取り替えもきかない有限な生の歩みに深く細やかな眼差しを注ぐ営みであるはずであろう。そして、教育がそのように、目の前で産声をあげたこの子のいのちの謂われなさや臨終間近な床にあるこの人のいのちの切なさ、あるいは私たちが人生を歩むなかで痛感させられる人間として生きることのどうしようもない限界にも思いを向ける営みであろうとするなら、教育の議論はやはり、小論で焦点づけた水準における「生きることのかなしみ」について語ることができなければならないと思われる。

ライフストーリーの質的研究を発展させてきた生涯発達心理学者のやまだようこがいうように、「失うことは、「時間」というものがもつ本質的な働きの一つ」（やまだ、二〇〇七、三〇〇頁）であるとすれば、私たちは、誕生から死へと向かう有限な時間を生きる私たちがその生の歩みのなかで何を獲得するか、いかに成就するかという視点からだけではなく、抗いがたく何を失うか、いかにどうしようもなく満たされないままかという視点からも、子どもと大人の生活や教育を語ることが可能だろうし、また必要でもある。小論でみてきた「生きることのかなしみ」とは、私たちの生の歩みにおける、こうしたいかんともしがたい喪失や別離、不充足や無力の体験と深くかかわっているのである。そして、ここに至ってもはやいうまでもなく、「かなしみ」に思いを致すことは、生きることの単なる否定や拒絶ではない。むしろ、私たちが人生におけるあらゆる理不尽や不本意、無力や限界にもかかわらず生き続ける力の源泉を見いだし直す営みなのである。山田太一に再び倣えば、「生きることのかなしみ」は何も特別のことではない。人間として日々の日常を生きていることが、そのままで「かなしみ」だからである。したがって、かなしみを深めることは、生きることの意味を深めることであり、かなしみの教育とは、こうした「生きることのかなしみ」という視点から、私たちが日々の日常を生きていることの意味の深みを噛みしめ直すことを通じて、この謂われなき生を生き続ける力をその根底からはぐくむことである。

生成する理論へと向かう鋭利で緻密な思考と臨床の場にかかわる戦闘的なまでの感受性によって、教育学における臨床的人間形成論研究の沃野を果敢に切り開いてきた田中毎実は、ごく普通の人々が日々の生活のなかで、人生における複雑で困難な人間形成的課題をやすやすと達成しているありさまを、瞠目と敬愛をもって「日常性の奇跡」と呼んでいる（田中、二〇〇三：二七五―二七六頁）。ここに稿を結ぶにあたり、小論は、「生きることのかなしみ」という視点から、この「日常性の奇跡」に密やかに与する教育人間学を展開するための小さな準備的試みでもあったことを記しておきたく思う。

（1）もとより、人の生き死にをめぐるこうした視点は、私たちの文化的伝統からすれば、新しくもなければ珍しくもない。たとえばよく知られた『方丈記』の冒頭「ゆく河の流れは絶えずして、しかももとの水にあらず」の少し後に続く文章の一節にも、「朝に死に、夕に生るゝならひ、ただ水の泡にぞ似たりける。不知、生れ死ぬる人、いづかたより来りて、いづかたへか去る」とあること、そして、人の生き死にの順序を朝顔とその露の関係に擬え、花が枯れるか露が消えるか、その先後に大きな差はないと語られていることなどが、容易に例示されるだろう。しかしいうまでもなく、その視点が新しくも珍しくもないことが、そこで抱え込まれている問題が古びた凡庸なものであることや、単純で容易なものであることを意味するわけではない。

（2）「死」を「一人きりの孤独な出来事」と捉える視点もまた珍しいものではないが、小論の問題意識にかかわる限りで、ここでは敢えて対照的な次の二著を挙げる。すなわち、執拗なまでの詳細さと緻密さで、代替不可能な個人の「死」の比類なき虚無性を論じ抜いた果てに、「存在した、生きた、愛した」という端的な事実の永遠性に賭ける哲学者V・ジャンケレヴィッチの『死』と「逝くときはみなひとり」という孤独なる死のモチーフの近代性が、死を社会的な抑圧や排除の対象としてきたことを批判的に捉え返し、自身の周囲の親密な人との関係性において死を意味づけることの課題と可能性を論じた社会学者N・エリアスの『死にゆく者の孤独』である。小論は、この二著で論じられる死の位相にも目をむけつつ、死を含む私たちの生の歩み全体を、一貫して「かなしみ」という問題意識に焦点づけて捉える試みであろうとするものである。「かなしみ」の視点から人間の生を捉える研究もまた、私たちの文化的伝統においては豊かであるが、近年の研究に絞っていえば、とくに、倫理学者竹内整一と宗教学者山折哲雄の諸論考から小論は深く多く学んだ。両者による数ある関連研究書からさしあたり次の二著を指示しておく。竹内整一『「かなしみ」の哲学――日本精神史の源をさぐる』、山折哲雄『悲しみの精神史』。

（3）漢字学の泰斗白川静による古語辞典『字訓』においても、「かなし」という語について、その独自の漢字学的視点から解説がなされている。白川は、まず「どうしようもない切ない感情をいう。いとおしむ気持ちが極度に達した状態から、悲しむ気持ちとなる」との一般的語義と二、三の有力な語源説を紹介した後、「かなし」という感情は繊細なものであるから、これに当たる適当な漢字がないとする。そして「かなし」にあてられる「愛」、「哀」、「悲」について、字義に即してその要点が説き明かされる。すなわち「愛」は、「後ろに心ひかれて顧みる人の形」を表し、「思いが心に中にみちて、どうしようもない感情」をいう。また「哀」は、「死者を哀しむ」意であり、死者の招魂のために、その衣の襟もとに祝詞を収める器がそえられた形を示す。さらに「悲」は、国語の「かね」にあたる、否定を表す「非」を声符として、「心のうちにもどかしく、思うにまかせぬことを嘆く」意とされる。

さらに、民俗学者柳田國男も、人生における「泣くこと」の意味を、言語による感情表現と比較しつつ位置づけ直した興味深い論考「涕泣史談」のなかで、「カナシ」の語の古代における用法や現存の方言の用例などから、「カナシ、カナシムはもと単に感動の最も切なる場合を表わす言葉」（柳田、一九九〇、四五八頁）で、「カナシイ」とは、「一般に身に沁み透るような強い感覚」（柳田、一九九〇、四五九頁）であると述べる。そして、かなしみは必ずしも悲や哀のような不幸な刺激によるとは限らないのだが、ただ、人生のかなしみには悲や哀によるものがやや多かっただけだとして、悲哀の表現として特化させられる以前のかなしみへの注目を促している。

（4）柳田國男には「生きることのかなしみ」についての私たちの思考を刺激する論考が豊富である。今回は論究できないが、「かなしみ」の問題とは全く異なる文脈で記されたにもかかわらず、小論の問題意識にとって衝迫抑えがたいテクストとして、彼が『山の人生』の冒頭に掲げた二つの逸話の存在を指摘しておく。一つは、焼く炭が売れず極貧のなかで空腹の極限にあった晩秋の夕刻、育てていた二人の子どもを、材木を枕に「阿爺、殺してくれ」と横たわる子どもら自身の懇願に促されるかのように鉞で殺めてしまう老いた炭焼きの話である。もう一つは、やはり貧窮と流転のうちに、幼子と病弱の夫もろとも滝から身を投げたが、幼子は滝壺の上の梢に引っかかって息絶え、水の中では死にきれなかった夫は、岸辺の老樹の枝に自ら縊れて逝き、一人生き残ってしまう女性の話である。いずれも、単に歴史的社会的条件での経済的貧困がもたらした「悲話」といった定型的な図式には決して収められない強烈ないたたまれなさを私たちに喚起し、「生きることのかなしみ」の根源へ向けて、私たちの思考を導きうる「かなしい話」である。

（5）哲学者和辻哲郎はその『日本精神史研究』に収められた、本居宣長の説く「もののあはれ」の根底に「永遠の根源への思慕」を見抜いた秀逸な論文「「もののあわれ」について」で、次のように述べる。「かくて我々は、過ぎ行く人生の内に過ぎ行かざるものの理念の存する限り、――永遠を慕う無限の感情が内に蔵せられてある限り、悲哀をば畢竟は永遠への思慕の現われとして認め得るのである。（中略）現実の生において完全に充たされることのない感情が、悲しみ、あえぎ、恋しつつ、絶えず迫り行こうとする前途は、きわまることなき永遠の道である」（和辻、一九九二、二二九―二三〇頁）。

（6）敗戦後のシベリアでの長期にわたる自身の抑留体験から、人間存在の尊厳と悲惨、救いと絶望のありさまを見据え続けた詩人石原吉郎にも次のような断片がある。「ほんとうの悲しみは、それが悲しみであるにもかかわらず、僕らにひとつの力を与える。僕らがひとつの意志をもって、ひとつの悲しみをはげしく悲しむとき、悲しみは僕に不思議なよろこびを与える。人生とはそうでなくてはならないものだ」（石原、一九八〇、一二六―一二七頁）。この「かなしみ」と「よろこび」が、「生きていれば、よろこびもあればかなしみもある」といった感懐の水準で語られるそれらではないことは、もはや改めて指摘するまでもない。

参考文献

Elias, N. 1982, *Über die Einsamkeit der Sterbenden*. Frankfurt am Main: Suhrkamp Verlag.（中居実訳、一九九〇、『死にゆく者の孤独』法政大学出版局）

石原吉郎、「日常への強制」（一九八〇、『石原吉郎全集』第二巻、花神社）

Jankélévitch, V., 1966, *La Mort*. Paris: Flammarion, Éditeur.（仲沢紀雄訳、一九七八、『死』みすず書房）

鴨長明（市古貞次校注）、一九八九、『新訂　方丈記』岩波書店

北原保雄・中田祝夫・和田利政編、一九八三、『小学館古語大辞典』小学館

西田幾多郎、「『國文學史講話』の序」（一九七八、『西田幾多郎全集』第一巻、岩波書店）

西田幾多郎、「場所の自己限定としての意識作用」（一九七九、『西田幾多郎全集』第六巻、岩波書店）

日本大辞典刊行会編、一九七三、『日本国語大辞典』第五巻、小学館

岡見正雄・阪倉篤義・中村幸彦編、一九八二、『角川古語大辞典』第一巻、角川書店

大野晋、一九六六、『日本語の年輪』新潮社

大野晋・佐竹昭弘・前田金五郎編、一九七四、『岩波古語辞典』岩波書店

阪倉篤義、二〇一一、『増補　日本語の語源』平凡社

白川静、一九九九、『字訓　新装普及版』平凡社

新村出編、二〇〇八、『広辞苑（第六版）』岩波書店
竹内整一、二〇〇七、『「かなしみ」の哲学――日本精神史の源をさぐる』日本放送出版協会
田中毎実、二〇〇三、『臨床的人間形成論へ――ライフサイクルと相互形成』勁草書房
和辻哲郎、一九九二、『日本精神史研究』岩波書店
山折哲雄、二〇〇二、『悲しみの精神史』ＰＨＰ研究所
山田太一、「断念するということ」（山田太一編、一九九五、『生きるかなしみ』筑摩書房）
やまだようこ、二〇〇七、『喪失の語り――生成のライフストーリー』（『やまだようこ著作集』第八巻、新曜社）
柳田國男、「山の人生」（一九八九、『柳田國男全集』第四巻、筑摩書房）
柳田國男、「涕泣史談」『不幸なる芸術』（一九九〇、『柳田國男全集』第九巻、筑摩書房）

第Ⅱ部　超越とメディア

第5章　教育人間学の作法

「教育人間学にはディシプリンがない」をめぐって

西平　直

第一節　「ディシプリンがない」ということ

現代ドイツの「教育人間学」を代表するCh・ブルフ氏と一度だけ同席した時のことである。ブルフ氏は「教育人間学にはディシプリンがない」と繰り返し強調しておられた[1]。

その「ディシプリンがない」は、今思えば、「ディシプリンとして構築されてきた教育人間学 Pädagogische Anthropologie」に対して、それとは違うという立場表明であったのだろうが、私にはそのコンテクストが分からなかった。というより、私は「教育人間学」がディシプリンを持たないことに負い目を感じており、また私の周囲も同様に「教育人間学」をディシプリンのない「あやしげな研究領域」に冠した便宜的な名前にすぎないと見ていたから、今更「ディシプリンではない」と強調されても、何ら驚くことはない、「そうです、僕らはそれで困っているのです」と答えた憶えがある。当然ブルフ氏は、「困ることはない、それこそ大切な点である」と繰り返されるのだが、どちらも真剣であればこそ、傍から見たら随分滑稽なやりとりをしたことになる。

では、あらためて、ブルフ氏の云う「教育人間学にはディシプリンがない」とはどういうことなのか。氏の入門的なテクストはこの学問の原則を十項目、命題の形で列挙している。要点だけ見るならば、（以下すべて「教育人間学は」を主語として）、①歴史的制約を受ける、②教育の全能を前提にしない、③人間学批判を内在させる、④教育の諸概念を脱構築する、⑤リフレクティヴになる、⑥対立する諸言説から成り立つ、⑦多元的である（複雑性・国際性）、⑧人間を「完全なものにする」と「改善不可能」とのはざまに立つ、⑨美的人間形成、異文化間教育を重要な課題とする、⑩人間の「本質」から出発しない。[2]

こうした箇条書きでは、味気ないのだが、例えば、時代的特殊性を考慮しない人間の「普遍的本質」を前提にしないという点など、何の異論もない。あるいは、教育の全能を前提にせず、対立する諸言説から成り立つという点も、強く共感する。

しかし、それらの命題が、きれいに落ち着いてしまっている点が気にかかる。[3] 当事者の実感に即してみれば、これらの命題はすべて深刻な葛藤として体験されるものではないか。例えば、「対立する諸言説から成り立つ」という命題は、当事者にとっては、内に葛藤を抱えたまま苦しみ続けることではないか。正解のない問いの周りをめぐり続けるばかりで、成果が積み重なってゆかない。ということは「アカデミック・チェーン」が成り立たない。

そうであれば、冒頭の「教育人間学にはディシプリンがない」という命題は、なおのこと、大きな困難を語っていたことになる。[4] しかし問題にしたいのは学問方法論ではない。というより、この学問領域の議論は、とりわけドイツ語圏で議論が開始された頃、そうした学問方法論と同時並行的に進んでいたから、教育人間学の「ディシプリン」に関する理論的検討は、既に論じ尽くされた観がある。[5]

それに対して、本章は、同じこの問題を「当事者の内側」から、内部観測的に辿り直す。「教育人間学にはディシプリンがない」という命題は、その当事者にとって、いかなる困難として、またいかなる恵みとして体験されているのか。具体的には、私一個の歩みを事例としたケーススタディである。何をやりたいのか決められない学生の眼にはこの学問がどう見えたのか。関心が雑多に広がってゆく者にとってこの学問領域がいかに有り難く感じられたか。しかしその領域を次の世代に伝えるとなるといかに困難な問題が生じるか。立場によってまるで異なって体験されるこの学問領域の問題性を、いわば、自らの感覚を「リトマス試験紙」として使うことによって、観察する試みである。

以下見てゆくように、私はいくつかの研究室を渡り歩いた。教育学とは無縁の哲学専攻の研究室におり、縁あって教育研究に移り、教職課程の教員として仕事を開始し、その後、研究者養成を主要任務とする研究室に移った。さらに、教育人間学の伝統のなかった大学から、その伝統を有する大学に移ることによって、この学問領域に対する理解が大きく変容した。

「教育人間学」担当の教員として東京大学に着任した時、私の周囲はこの学問を、確かな（エスタブリッシュされた）学問領域とは見做していなかった。伝統もなくディシプリンもない。各自が勝手に「教育人間学」を自称しているだけと思われていた、というより実は私自身がそう考えていたと明確に自覚したのは、この学問領域が確かな講座として確立していた京都大学に移ってきてからのことである(6)。

その意味では、今の時点から回想された（新たに意味づけられた）「当事者の実感」には違いないのだが、それでもやはり、エリクソンが(7)「訓練された（ディシプリンのある）主観性 disciplined subjectivity」と定式化した参与観察者の理念に導かれながら、出来る限り、当事者の切迫した視点に即して、教育人間学という不思議な学問領域について

観察してみようと思う。(8)

第二節　哲学研究と教育研究

「教育人間学」という言葉を最初に目にしたのは哲学の大学院の時、『存在と時間』と格闘していた頃である。おそらくオットー・ボルノーの名前と共に、ハイデガー哲学の周辺に位置する研究領域として出会ったのだろう。お世話になっていた研究室（東京都立大学哲学研究室）の徹底した研究者養成の雰囲気に馴染むことができず、哲学科の研究から離れる道を探していた私にとって、この領域がひとつの可能性に感じられたことは間違いない。(9) 哲学科の研究より言葉が柔らかく、問題の設定が「大粒」であるように感じられた。

哲学研究室の演習から受けた影響の深さについて私はいまだに判断することができない。その息詰まるような厳格さに馴染むことができずそこから逃げ出してきたには違いないのだが、しかし研究の「作法」については、結局、私はこの研究室で学んだ（仕込んでいただいた・インプリンティングされた）のかもしれない。例えば、そのひとつ、吉澤伝三郎先生の演習では、Kant, *Kritik der Urteilskraft* を読んだ。(10) カント研究者が参加して行われた極めて専門性の高いものであり、初学者にはとうてい理解できるものではなかったにもかかわらず、私はそこから多くを学んだ。おそらく「テクストを厳密に読む」ということを身体動作の内に叩きこまれたことになる。

あるいはそれは、厳格なアカデミズムの雰囲気に初めて触れて圧倒され、後年それが（自らはその道を歩かなかった故に）一層純粋な形で理想化されているだけであるのかもしれないのだが、そこで体験された張り詰めた緊迫感のようなものが、研究の「作法」に影響を残したことは間違いない。後述の通り、後年、院生指導に際してこの点で悩むことになる。

その時期、何かの偶然で、教育学関連の雑誌に、ハイデガー研究を目にしたことがあった。その時、（そう言っては申し訳ないのだが）「物足りなさ」を感じた。テクストへの喰い込みが弱く論点の絞り込みが緩い。これでは哲学科の先生を納得させることはできないと、そう感じたその体験が、実は、その後の私の研究に大きな影を残すことになった。その若き日の生意気な目が、今度は、我が身を射るからである。「教育畑でなされる哲学研究」に対するあの若き日の生意気な目。教育研究に移って以降、私は「哲学研究（哲学科にいてもできたであろう研究）」はしないことに決めてしまった。教育研究に移って以来、私が（問題意識からすれば当然研究対象となってよいはずの）ハイデガーやメルロ＝ポンティなどを意識的に避けてきた背景にはそうした事情があった。言葉の本来の意味における「複雑に絡み合った情動（コンプレックス）」である(11)。

ともあれ私は、教育人間学という学問に、伝統的な哲学研究の側から（それに対するオールタナティヴな研究スタイルとして）出会ったことになる。ということは、当然、哲学研究に対するアンビバレントと逆対応する仕方で、教育人間学に対しても極めてアンビバレントな思いを抱いていたことになる。

ところで、哲学専攻の修士論文を書きながら、「その先」を決めあぐねていた私は、異なる学問領域を広範に渉猟した。単に入門書を読み漁ったのではない。どの大学院に移るか、それぞれ入試問題を見て歩いたのである。そして驚いた。倫理学、宗教学、神学、心理学、教育学、社会学……、近接する領域に見えた学問領域の「入試問題」の色合いがそれぞれまったく違うのである。単に領域が違うのではない、求められているセンスが違う。ピンポイントで専門的な知識を重視する学科もあれば、ゆるやかな自由作文のような学科もある。今思えば、同じ講座でも、大学の違いどころか、スタッフが変わっただけでも問題の質が変わって当然なのだが、哲学研究室しか知らなかった若僧にとって、その世界の広がりは新鮮だった。

そして考えた。どうやら自分の関心はどこかひとつの講座にピタリと合致するわけではない、という意味では、どこに進んでも一長一短、大きな違いはないらしい。しかしどの講座に進むにしても、必ず、〈自分が学びたいと思うわけではない領域〉も学ばなければならない。哲学科においてはカントのドイツ語を読み続けることが必修であったように、どの講座においても、〈必修としての基礎訓練〉がある。しかしその必修の比重には濃淡がある。必修に大半の時間を費やす講座もあれば、各自の関心に比重を置く（入試問題で言えば自由作文を重視する）講座もある。私は後者を探した。必修の縛りが弱い、問題関心の広がりを容認してくれそうな講座。ということは、既にその時（それとは知らずして）「ディシプリン」の問題について考え、ディシプリンが弱い居場所を探していたことになる。

その結果、東京大学の教育学講座にたどり着いた。教育学を選択した経緯については、例えば、ヴァルドルフ教育との出会いや[12]、青年心理学という父親の専門領域のことなど、別箇の考察を必要とするのだが、ともあれ「教育哲学・教育史」研究室（以下、通称に倣い「史哲」）の堀尾輝久先生のもとで居場所を与えていただくことになった。

今思えば、岩波講座『子どもの発達と教育』が刊行され、その教育学が様々な角度から批判を受け始めた時期に、私は（そうした状況をほとんど理解しないまま）、独り善がりに「発達」を考えていた。人間存在論をより具体的な位相において考え直す視点としての「発達」。子どもが大人になってゆくと同時に明日死ぬかも知れない生の在り方、あるいは、シュタイナーの人智学に倣って言えば「死後の発達」まで視野に入れたメタモルフォーゼ、要するに、人間存在論に対峙する「人間形成論（人間生成論）」の位相を考えていたことになる。

当時 Roth, H. *Pädagogische Anthropologie*, Bd. 1 und 2, 1965 は、最も気になる存在であった。その方向に進まなかったのは、その研究地平に存在論的位相が見えなかったためである。また、森昭『教育人間学』（黎明書房、一九六一年）も重要な存在であったが、生物学・発達心理学・社会思想史など学際的な視点をすべて万遍なく引き受ける勇気が私にはなかった。むしろ、同氏の遺稿『人間形成原論』(黎明書房、一九七七年)の断片的な命題から刺激を受けることが多かった。

当然、そうした「発達」の理解が、発達心理学に納まるはずはなく、また「発達を軸とした総合的人間の学」を構想しておられた堀尾先生の発達理解とも位相が異なっていた。[13] 他方、「反発達論」の発達批判や「発達＝有用性」の発達批判も、私の「発達」理解を覆すには至らなかったから、私はそうした議論に関わることなく、いわば雑多な発達理解を混在させながら、人間研究の(哲学科では味わうことのなかった)広がりを楽しんでいた。「子どもの発達と教育」という枠組みをまるで勝手な文脈に置き換え、あるいは、当時「子どもの発達」を旗印に研究を進めておられた先生方と同席しながら、実は問題意識がまるで共有できていなかったことになる。もしくは、その頃の感覚に即して言えば、多少の違和感があったとしても、それはどこの学科に進んだとしても同じこと、〈自分が学びたいと思うわけではない問題〉も学ばなければならない必修と感じていたから、とりたてて対決することもなく、いわば居候として、身を置かせていただいていたことになる。[14]

ところで、当時の教育学講座(「史哲」)には「ジェネラリスト」の伝統があった。広い意味ではアカデミズムの「タコつぼ」批判ということになるのだろうが、具体的には、専門分化した知識で身を固めたテクノクラートに対して子どもの声を代弁できるジェネラリスト、あるいは、現実の教育現場のことを(子どもの成長も、その地域特有の経済状況も、新自由主義的なイデオロギーも)トータルに語る視点を備えたジェネラリストであった。私はそれを「ディシプリンを持たない」ことと重ねて理解した。実際には、このジェネラリストの理念は、教育の外から押し寄せる圧力に対して「子どもの権利」を守る(「教科書裁判」をめぐる運動に代表されるような)運動の論理から要請されたものであったのだが、この場合も私は、そうした運動の論理とは別のところで、「ディシプリンを持たないこと」の強みと弱みとして理解していた。

こうした教育学研究室と哲学研究室との雰囲気の違いが、「ディシプリン」に関する私のこだわりの原点であることは間違いない。隣接する（と考えていた）領域であったために、よけい、正反対に向かう学風は私の中に大きな葛藤をもたらした。

そうした中で博士論文を構想することは困難であり、同時に有り難い経験であった。何をしても許される、しかし何の保証もない、その中で何を選びとるか。結果として、私はエリクソンの思想研究に至りついた(15)。エリクソンを「土俵」として設定することによって自らの収拾のつかない問題意識に一定の枠を設け、同時に教育研究の一環であると自らに言い聞かせ、また周囲からも理解を得ようとしたことになる。「エリクソン」の名は私にとって格好の「隠れ蓑」であった(16)。

ということは、エリクソンの思想に出会って問題意識が生じたわけではなく、例えば『存在と時間』研究では果たされずにいた「思い」をエリクソンの言葉に託して（エリクソンのテクスト読解の形で）語ったということ、あるいは、学部時代の、もしくは受験勉強に馴染むことができなかった頃の、さらにはそれ以前のまだ世界が不思議に満ちていた頃の、からだの内側に刻み込まれていた「思い」が、様々な刺激の中で潰され・熟し・発酵し、時を得て、というより正確には、制度に合わせる仕方で（職を得るための義務として）思想研究の装いをまとった論文として姿をとるに至ったということになる(17)。

その時は、教育人間学を意識していたわけではなかった。しかしこうした暗中模索の研究を「受け入れてくれる（承認 anerkennen してくれる）」場として、「教育人間学」という名前にほのかな期待を抱いていたことは確かである。

第三節　論文とフィールド

博士論文を終えた後、私は「教職課程」の教師になった。「教師になる」という表現は正確にあの時期の実感を言い当てている。研究職に就くというより、実践現場に出て鍛え直される感覚であり、私はそれを求めそして恐れていた（一度も非常勤の機会がなかった私は、突然、学生から教師の側に、立場が逆転したことになる）。

講義は切迫した課題であった。多くの学生たちの前で（その眼差しに射すくめられながら）何をいかに伝えるか。毎週訪れるこの切実な緊張感が、次第に私の中心課題の一つとなり、後年、世阿弥の伝書を読み直すモチーフとなった。講義がなぜある時は「うまくゆき」、ある時は「うまくゆかない」のか（世阿弥で言えば能の舞台がなぜある時は成就し、ある時は成就しないのか）。準備に時間を掛けても必ずしも「よい結果」がでるとは限らないのだが、では準備しない方がよいかと云えば、やはりそうでもない。ではいかに準備しておくのがよいのか。と同時に、講義が「うまくゆく」とはどういうことか。「成果」は誰が判断するのか（能が「成就する」とはいかなることか[18]）。

私は、教壇に立つに際して、「聴く側にいた時に嫌だったスタイルの講義はしない」ことを自らに課した。そして私自身は講義を聴くことが好きではなかったから、結局、ここでも私はモデルを拒否してしまったことになる。知識の切り売りはしたくない。借りものではない自分にとって切実な問題を生きた言葉で伝える教師になりたい、と、それこそ、「新人教師に送る言葉」を地でゆくような理念に取り付かれていた。その思いが何に由来するのか、あるいはそこに、私の中の根深い「教育の物語」があり、「教師であること」への親和性が表われていることも含めて、今後の課題として自覚しながら、しかしここで、重要なのは、そうしたすべての体験が一種の「参与観察」になっていたという点である。[19]

むろんその時の実感に即せば、圧倒的に「参与」に比重があって、現場の中でもがき続けていただけなのだが、後から思えば、その体験（参与観察）が、例えば思想研究を突き動かす原動力となっている。ということは、講義は、私にとって、「フィールド」（あるいは、パフォーマンス）の意味を持っていたことになる。現場に身を晒し、人と人とのつながりの中にからだごと入ってしまう体験。あるいは、間身体性の位相を生きてしまうという意味まで含めて「フィールドに立つ」感覚。そのフィールドの内側から立ち現れてくる言葉を待っていた。[20]

そうした期待の延長上に、様々な合宿があり、「フィリピン・キャンプ」があった。しかも、学生たちにとってそうした体験が単なる一時的な「思い出」で終わってしまわぬように、「体験」を学生たちのからだの内側に根付かせたいと考えていた（森有正の用語でいえば「体験」に終わらせることなく「経験」として根付かせたいと考えていた[21]）。いわば「ファシリテーター」の任務を追究していたことになる。

当時の勤務校（立教大学）は「エンカウンターグループ」など体験的なセラピーを先進的に輸入し、実験的なアイデアを許容する空気があった。また栗原彬先生の「仮面合宿」に参加して影響を受け、「竹内レッスン（竹内敏晴門下の「からだとことばのレッスン」）に近づき、ディープエコロジーの流れに共感して多様なワークショップに加わった。アジアの旅もその頃であり、モンゴルやネパールを訪ね、金田卓也氏の「キッズゲルニカ」に共感し、バリ島、クレタ島、南インドの「クリシュナムルティ学校」などを旅した。[22]

そうしたフィールドを歩き回っていた頃、私は自分が学問から離れてゆくと考えていた。[23] 学会にも行かず論文も書かなかった。[24] しかし大学に勤務している限り「専門」が問われる。そこでまた「教育人間学」という切り札にたよることになった。〈学問から離れてゆくベクトルすら許容しつつ、学問の世界で市民権を得ている研究領域〉として、この看板を利用させていただいたのである。そしてまさにそのような仕方でこの名を利用してしまったという点が、その後の私を苦しめることになるのだが、この時点では「教育人間学」を名乗りながら、実は「学問から遠ざかる」ことを願っていた点が重要である。

なぜなら、一度そこまで柔軟に（ゆるく・いい加減に）この名称を乱用してしまった者にとって、「教育人間学にはディシプリンがない」という命題はいささか滑稽に聞こえてしまうからである。我が身の恥をさらすような、あるいは逆に、精一杯開き直ってみせたような響きがする。さらに、冒頭のブルフ氏の命題は、「②教育の全能を前提にしない」というのだが、学生たちと実験的な模索を続ける中で、「教育の全能」など考えるはずがない。むしろ「教育は本当に無力なのか」というのが私の問いであった。あるいは、「④教育の諸概念を脱構築する」という命題も、フィールドにおいては常に不可避的に迫られること、フィールドはそのつど私に脱構築を迫ってきた。と同時に、逆になかなか脱することのできない自らの根深いバイアスを痛感する機会でもあり、あるいは、脱構築する以前の「構築」それ自体が自らのうちに確立していないことを実感する場でもあった。「教育」について、私は、大混乱の渦中にいたのである。

ところで、この時期、「教職課程の教師」を任じつつ、しかし教職関連の勉強をするわけではなく、仕事以外の時間は「自分にとって大切な本」を読んでいた。ましてフィールドに出て様々な人に会い、社会学も文学も神秘思想も東洋医学も、それこそ雑多な刺激を受け続ける中で、逆に、自らの内なる「最も強いこだわり」を集中的に掘り下げてみたいと思うようになった（正確にはそうした身勝手を自らに許してもよいと感じるようになった）。そして、数年かけて、『魂のライフサイクル』という本が生まれた[25]。

ということは、この本は、学会や大学における研究の延長上に生じたものではなく、むしろそこから遠ざかることによって初めて成り立った本であったことになる。にもかかわらず、それを散文的なエッセイとして語ることは、私の好みに合わなかった。学問に背を向けつつ、しかし語りのスタイルは厳密な思想研究にする。思想研究としての批判に耐えうる硬質な文体でなければならなかった[26]。

ここで再び「教育人間学」が登場する。こうした身勝手な研究を「教育人間学」ならば許容してくれるのではないか。そう期待したわけではないのだが、しかしどこかにそうした甘えた気持ちがあったことは否めない。ディシプリンの強い研究領域であったならば「逸脱」のレッテルを張られてしまうのだろうが、「教育人間学」ならば許してもらえるのではないか。

教育人間学は、「③人間学批判を内在させる」、「⑥対立する諸言説から成り立つ」、「⑦多元的である」。そうした命題を私はこの文脈で理解したことになる。その守備範囲は伸縮自在、異質なものを包み込み、あるいは、初めから異質なものの共存として成り立っている。そしてもしその点が教育人間学のディシプリンというなら、教育人間学は「ディシプリンによる拘束を可能な限り小さくすることにより、異質が共存し変容し続けてゆくこと」をディシプリンとする、ということは、そのディシプリン自体による拘束も少ない、ということになる。

学会や大学とのつながりを問われずにすんでいたうちは、それでよかった。正確には、若い研究者の養成という仕事を引き受けなければ、それでよかったのである。

第四章　論文を指導するということ

研究者養成を主要任務とする大学に連れ戻された時、事態は大きく変化した。次の世代に「伝える」という仕方であらためて自らの仕事が問い直され、それまで都合よく（無責任に）使用してきた「教育人間学」に責任を負うはめになったのである。

次の世代を「育てる」。その場合でも、「指導は一切しない、各自勝手に暗中模索を続けよ」と、突き放す度量があればそれはそれで見事なのだが、私にはできなかった。私は若い人たちに、自分と同じ暗中模索をさせてはいけない、と考えたのである。

例えば、そのひとつ、院生指導に関わるまで、私は「先行研究」という言葉を知らなかった（耳にしても、それは歴史学や心理学のような堅実なディシプリンを持った領域の話であって、自分には関係ないと考えていた）。もちろん先行する研究を読まなかったわけではない。それどころか気になったものはすべて読んだ。例えばユング研究の際には、ユング関連の論文や研究書を手当たり次第に読む。検索の手順も手筈もない、出会ってしまった文献から初めて、芋づる式に読みまくり、混乱すると枠組みを作って整理し、また読みまくり、しばらくするとまた枠組みを作り直す……という仕方で、ともかく気になったものはすべて読んできた。それどころか（補論に見る通り）、一仕事終えるとまたゼロ地点に連れ戻され、そのつど「本当は何をしたいのか分からない」という状態に陥り、その中で書物や会話の刺激に晒されてゆく……といった、何とも要領の悪い暗中模索を、私は続けてきた。しかしそれを院生たちに求めるわけにはゆかなかった。

そうした頃、ある院生が、他の研究室の話を聞いてきた。その研究室では、先生の指示に従って資料を調べ、指導通りに書いてゆくと論文が出来上がり、学会でも認めてもらえる、実に羨ましい、というのである。むろんそうした「順調な道」を自ら拒否してきた人たちなのだが、それでもやはり羨ましい。少しはそうした「指導」があってもよいのではないかというのである。(27)

教育人間学には「ディシプリン」がない、ということは、訓練法がなく、後継者養成のための規範がはっきりしない。ましてその守備範囲が伸縮自在であるなら、「何でもあり」とどう違うのか。というより、自らそれを「何でもあり」と利用してきたツケが、我が身に降りかかってきたということである。

例えば、若い人たちが「何をしても許される」と主張する時、どう答えるか。あるいは、その論文の出来が不十分と判断される場合、何を根拠にそれを「不十分」と説明するか。私一個の個人的な好みではない、論文としての判断基準を、何に基づいて提示するか。より正直に言ってしまえば、文章に好き嫌いの激しい私は、論文の場合でも文章や文体に目を止めてしまう傾向があるから、よけいに、自己抑制が働く。文章の好みで論文を判断してはいけない。論文評価は「客観的に」、ということは、この場合、その学問のディシプリンを基準として、判断されるべきである。とすれば「ディシプリンがない」ではすまされない。「教育人間学」が講座として存在している以上、その「ディシプリン」について、（単なる書類上の「建前」とは別に）問い続ける必要がある。

困難は、時代の流れの中で、より一層切実に体験されることになった。例えば、経営の論理の中で、明確なディシプリンを主張できない学問は吸収・合併・廃止されてしまう。常に自らの存在証明をアピールし続けなければならない。なぜ必要なのか、成果は何か、社会的にいかなる貢献をするのか。むろん「アカウンタビリティ（社会的説明責任）」の必要は理解した上で、しかしそれが過剰になる時、成果の見えやすい研究だけが特権的に有利になる。声高にアピールする者が得をし、競争原理に強い者が勝ち残る。そうした流れの中で、教育人間学はいかに自らの存在理由を示すことができるか。というより、むしろ、自らの存在理由を示すという仕方で、そうした流れそれ自体に対して「異議申し立て」を行うことができるか。

例えば、教育人間学が、実は暗黙のうちに、何らかのディシプリンを前提にしている可能性はないか。とりわけ他の学問分野から借用している可能性。むろん「ディシプリン」それ自体を丸ごと借用するのではなくて、例えば、その表現方法、あるいは、論文評価の判断基準を借用している可能性はないか。

ここに「作法」という言葉が登場する。教育人間学には、明確な「ディシプリン」はないが、何らかの「作法」はある。それは一律に要求されるわけではなく、極端に言えば、個々人の作法であってよいのだが、しかし「不作法」は困る。何らの作法も持たないまま自らの問題意識を表出させることは認められない。理想的には、その研究対象に最もふさわしい「作法」を通して表現することが望まれている。

つまり、教育人間学の「作法」は、他の学問分野と共有され、例えば、哲学研究の方法、歴史研究の手続き、フィールド研究の手筈と重なり合っているのだが[28]、しかし教育人間学の場合、この作法は複数あってよい。一つの作法に限定される必要はない。むしろ研究の展開の中で、異なる作法に移らざるを得なくなる場合がある。その研究課題に最もふさわしい「作法」を選び取ることが必要になる[29]。

例えば、私の場合は「思想研究」を中心的な作法とするが、研究課題によってはフィールド研究に近い手続きをとることもある。特定の作法に縛られる必要はないが、何らかの作法に則る必要はある。あるいは、研究課題に最も適した作法を選び、むしろ、その作法に即した研究課題を設定することが求められる。そして、だからこそ、「作法」に関しては、同じ作法を共有する学問分野からの批判に耐えるものでなければならないことになる。

第五節　教育人間学という居場所――その作法

教育人間学には明確なディシプリンがない。しかし何らか「居場所」を提供することはできる。〈ディシプリンの縛りの強い学問には馴染まない研究〉を受け入れる居場所である。そう理解した上で、最後に二点、あらためて、問題を確認しておく。ひとつは、教育研究との関係、もうひとつは、作法についてである。

まず、教育研究との関係。教育人間学が「居場所」を提供すると語る時、具体的には、教育研究の一角に、居場所を提供することになる。しかし、あらためて、教育人間学は「教育研究」なのか。むしろ教育人間学は〈教育を目指す物語〉に回収されることを拒否したのではないか。すべてを〈教育のための手段として見る〉教育研究への抵抗。〈すべての話題を教育という目標のための手段として回収する大きな物語〉から個々の話題を解き放つところに成り立っている(30)。

教育人間学は、「教育研究」のもとに寄り集まっていた様々な出来事を、〈教育の物語〉から切り離すことによって吟味し直そうとする。教育という目標に向かう中で意味づけられてきた有効性・有用性ではない。「ある目的のために役立つ」のではなくて、出来事それ自身のうちに含まれていた豊かな輝きを取り戻そうとする。例えば、教育のために有効であると理解されてきた「子どもとのおしゃべり」を、その「有効性」の文脈から解放し、ひとつの独立した出来事として受け取り直す。そこに内包されていた豊かな問題性を丁寧に味わい直そうとする(31)。

しかし重要なのは、だからといって教育の出来事と関係を切るわけではない、という点である。教育人間学はやはり実際的な〈教育の物語〉と「緊張関係」を持ち続ける。あるいはむしろその特有の緊張関係が保たれている場合にのみ教育人間学は生きて働くのであって、その緊張関係を失ってしまえばバラバラになる。〈教育の物語〉から離れる瞬間が大切なのであって、完全に無関係であることが大切なのではない。

それは「道草の楽しみ」に似ている。道草が楽しいのは、逆説的だが、目標が定まっている時である。帰る家がない場合、帰り道の道草は成り立たない。もちろん目標に縛られていては道草が成り立たないのだが、しかし目標がなくても道草は成り立たない。明確な目標があるからこそ、そこから少し離れた道草が、道草としての輝きを発揮するのと同様に、教育人間学も、実際的な教育の出来事から少し離れつつ、しかし教育の出来事との緊張関係を保つ場合にのみ輝きを発揮する。

そしてここに少し愉快な交錯が生じる。教育研究の内側から教育人間学に進んだ研究者は〈教育からの離脱〉を強調し、外から教育人間学にたどり着いた研究者は〈教育との関係（緊張関係）〉を意識する。

外から教育の議論に参加した者は、しばしば自らの実際的な問題と重ね、例えば、子育ての困難と重ねる仕方で、よりよい教育のための工夫を期待する[32]。ということは、〈教育の物語〉の中に自ら進んで入り込んでゆくのだが、その事には気がつかない。というより、〈教育の物語〉の中でよりよい教育を求めることこそ、まさに教育の研究と感じられる。それに対して、教育人間学は個々の話を〈教育の物語〉から解き放そうとする。ということは、外から議論に加わった者には物足りない。「よりよい教育のための工夫」という実際的な問いに答えていないように感じられるからである。

しかし、実際的な問いに捲き込まれてしまうと見えなくなる側面がある。「よりよい教育のために」という目標に縛られてしまうと、個々の出来事の内に含まれていた豊かな可能性が見えなくなる。そこで教育人間学は少し距離を取る。ところが、見てきたように、完全に切り離れてしまうわけではない。例えば、哲学科のカント研究が、教育の現場などとは無関係に、徹底してカントのドイツ語テクストに専念するのに対して、教育人間学の場合は、カントのテクストと教育の課題を両睨みにする。両者の間を往復し、その間の葛藤を引き受けようとする。ということは、カント研究の側から見ても不徹底、教育の現場から見ても不徹底、どちらの側からも中途半端と批判される危険と抱き合わせということになる。

そうした点まで含めて、外から教育人間学に参入する場合、話が見えにくいのは、いわば話が三段階になっているためである。一、教育の問題に関心を持ち（〈教育の物語〉に捲き込まれ）、二、自らの関心が〈教育の物語〉に回収されていることを自覚し（そこに回収されることを拒否し）、三、その上で、あらためて、〈教育の物語〉と向き合い、緊張関係を保ち続ける。教育人間学はこうした特殊な二重性の上に成り立っているのである。

さて、そこに「作法」の問題。伝統に縛られるわけではなく、一律に規定された手続きに従う必要もないからこそ、よけい、各自自分なりの作法を身に付ける必要がある。あるいは、「作法を持つ」ということにこだわりを持つ必要がある。

では一体、こうした「作法」をいかにして若い人たちに伝えることができるか。あるいは、「伝える」必要があるのか。自ら探し出すことが大切なのであり、手探りの中で自らに適した「作法」を見つけ出してゆくべきなのか。

個人的な問題として言えば、私自身はその「作法」を哲学科のテクスト読解の中で刷りこまれたのであれば、それと同じ訓練を繰り返すことがよいのか。しかし私自身はまさにそれだけでは満足できずに逃げ出してきたのであれば、哲学研究のテクスト読解は、いずれそこから逃げ出す可能性を示しながら為されることになるのか。あるいは、そのテクストは、哲学研究と同じ（カントやハイデガーの）テクストがよいのか、それとも、教育人間学にふさわしい古典

的なテクストを見つけ出す必要があるのか。(33)

まさに現在その渦中にあるそうした問いに答えを出すことはできないのだが、しかしそうした問い自体も、教育人間学は自らの守備範囲とする。あるいは、そうした実践的な問いに立ち返る「リフレクティヴ」な視点がこの学問には不可避的に含まれているのかもしれない。

教育人間学にはディシプリンがない。それ故、〈ディシプリンの縛りの強い学問に馴染まない研究〉を受け入ることができる。居場所を提供することができる。しかし「不作法」では困る。各自自らに適した作法を身に付ける必要がある。とすれば、教育人間学は〈教育の物語〉から距離を取りつつ、緊張関係を保ち続け、その中で自ら引き受けることになった研究対象に適した作法を探り当ててゆく、ゆるやかな「工房」ということになる。そして、制約の少ない工房であればこそ、各自の問題意識（モチベイション・内的促し）が明確でなければならず、あるいは、それらが必然的に宙吊りにされてしまう状況の中で、そのつど自らの歩みをリフレクティヴに問い続けてゆく柔軟さが必要となる。

あるいは、ことさら逆説的に、教育人間学は「ディシプリンによる拘束をできる限り小さくしようとすることをディシプリンとする」と云ってみるならば、その逆説の内には、「ディシプリンがない」ことの困難を自覚的に引き受け、学問の継承にとって「ディシプリンとは何か」を問い、つまりは、人が最も創造的になるためにはいかなる準備が必要なのか（いかなる訓練・稽古・学習が人を最も創造的にするのか）という問いを身を以て問い続けてゆくことが含まれていることになる。

補論　研究の一貫性ということ

「ディシプリンのなさ」の困難は、私個人の研究における「一貫性のなさ」という形でも身に降りかかってきた。例えば、時々の仕事をまとめた本にしても、ある本は心理学の棚に、ある本は精神世界の棚に、そしてある本は古典芸能の棚に振り分けられ、まるで一貫性がない。もしその背後に「一貫した問題意識」があるなら、それについて語るべきではないか。

確かにその歩みはチグハグであるのだが、しかし自分では、どこか根底において「一貫した問題意識」が流れているように感じる。あるいは、そうした自らの内なる「一貫した問題意識」を自覚するために歩み続けているようにも感じられるこの厄介な問いに対して、今のところ私は、〈文字になる前の位相〉ということを考えている。〈流体的な位相〉ということ。

ひと仕事終えるごとに、私は〈流体的な位相〉に連れ戻されてしまうのである。かろうじて仕上げた文章を前にして（その時はそれで満足するしかないのだが）、決まって違和感が生じる。これは一側面にすぎない、背後に隠れてしまった側面がある。もっとしなやかで、もっと連動し合った、流体的な全体を期待していた。というより、それが「無い（欠如している）」という形で、逆に、強烈に切望されてしまうのである。

むろん、形にするとは固定することであるから、〈流体〉がそのまま形になることはない。しかし、自らの文章がある一側面だけを固定してしまったために、よけい、固定されてしまう前の〈流体の位相〉が、事後的に成り立つ理念のように、憧れを喚起する。たとえその〈流体〉それ自体を描くことはできないとしても、別の視点から光を当てたらどうか。問題の設定の仕方を替えたらどうか。そう考え始めると一歩下がり、二歩下がり、様々な可能性が見えてくる。というより、その大半は、既に一度可能性として手元にあったもの。一つの仕事を形にするために、やむを得ず、背後に回してきたもの。あるいは、すべてを一挙に形にすることはできないために、不可避的に、封印せざるを得なかった幾多の側面。それらすべてが、檻から解き放たれた鳥のように一斉に騒ぎ出す。あるいは、むしろ絵具が勝手に流れ出し溶け合ってゆき、そしてその先に〈より繊細な全体の流れ〉が予感される。文字になる前の、もっとしなやかで、もっと連動し合った、流体的な全体。

つまり、この〈流体的な全体〉は、常により一歩先に予感され、私の内に憧れを呼び醒ます。あるいは、あたかもそれが私の根底に潜んでいて、私を通して、形となって表に現れ出ようとしているかのように感じられるということである。

むろん正確には、表現以前にあらかじめ完成された「思い」が存在しているわけではなく、表現する中でその「思い」自体が育ってゆく。あるいは、自分の内側から生じたと思われる「思い」も実際には「外」からの刺激に誘発されて初めて成り立つにすぎない（純粋な内側など存在しない）。そうした議論を理解しつつ、しかし当事者の実感としては、何らかの萌芽として、自分の内側に「流体的な思い」を想定しないことには、表現するという営みを説明することができないのである。

図で考えてみる（図1）。ひと仕事（A）終わると違和感が湧き起る。これは一面に過ぎない、もっと流体的な動的プロセスを見ていたはずである。そう考えると、Aの凝集性がゆるみ始める（①）。素材を変え、視点を変え、あるいは、いっそ論文から離れる仕方で、多様な可能性が見えてくる。そしてその先に〈流体〉が予感される時期には、〈研究のために読む本〉と〈楽しみのために読む本〉の区別がなくなる（研究と関係なく自分のために読む本と、研究の本

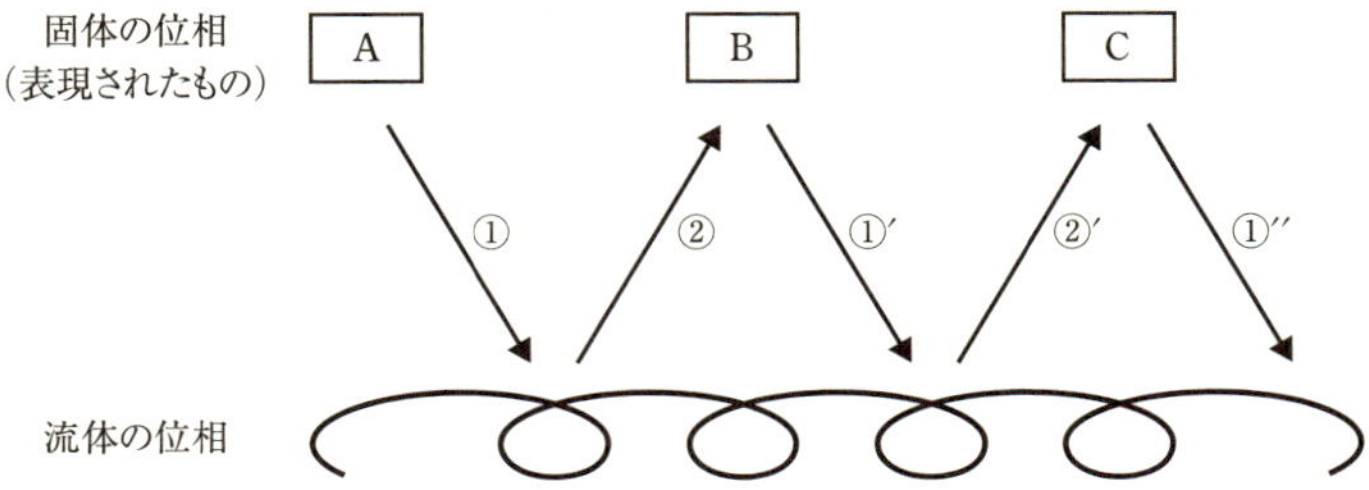

図1

との距離の近さが、教育人間学の一つの特徴であるかもしれない）。

しかしそこに留まることができない。形にしたくなる。むしろ、流体的な思いが、おのずから、結晶し始める（②）。たいていは何らか執筆の義務が生じ、まだ熟さぬうちに「形にする」ことを余儀なくされるのだが、逆に、時が来るまで待つためには、およそ十年前後の紆余曲折が必要になる（私の場合、一息に駆け登ることができない。何度も中断し、放り出しておいたものが、何かの拍子に蘇り、「焼け棒杭に火がつく」にも似て、再燃してくる）[34]。

とはいえ、この図にみる通り、根底には一貫した〈流体の位相〉がある。形となって現れたA、B、Cは、それぞれ別個に見えるとしても、その根底には同じひとつの地下水が流れている。その地下水それ自体を提示することはできないが、何らかの同じ流れが、その時々に、形を変えて、表面に現れ出ることになる。

それに対して、図2は、そのつど同じ所に戻ってゆく。同じ流体に戻ってゆき、再び、異なる形をとって現れる。それは子どもたちの粘土遊びにも似て、一つのオブジェを作り終わると、また叩いて練って、くにゃくにゃにして、そこからまた新しい形を作り上げて、また壊して練って、……という往復である。発展ではない。同じことを、形を変えて、反復している。形になったオブジェ（A・B・C）相互の関連は弱く、そのつど同じ所に戻り再出発するという、その繰り返しになる。

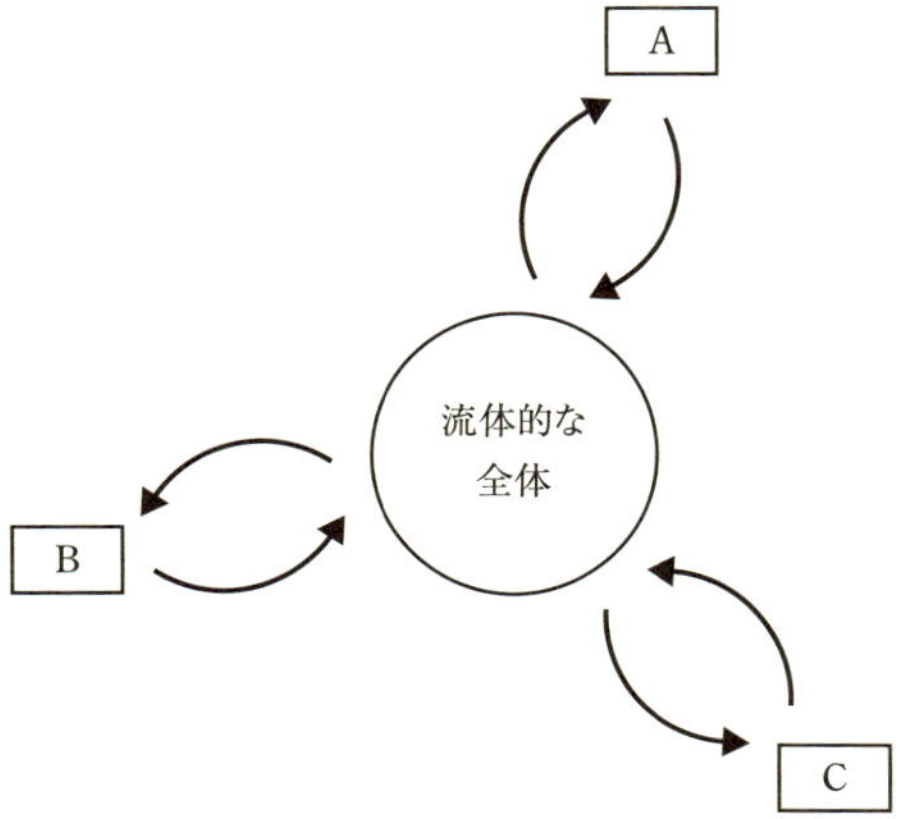

図2

この場合、重要なのは、そのつど「流体的な全体」が全体として表われるという点である。くにゃくにゃになった粘土の、一部分がAになり、他の部分がBになるのではない。そのたびごとに「全体」が姿を変えて作品になる。それと同様、そのつど「流体的な全体」が一つの形に固まってAになり、そしてまた「流体」に戻り、再びその「全体」が形を変えて今度はBになり、また「流体的な全体」に戻るという、繰り返しになる。したがって、この「流体的な全体」は、それ自体としては姿を見せないと同時に、実はA・B・C……すべてがその「全体」そのものの現われということになり、正確には、そうした動的なプロセスが「全体」そのものの生きた姿であることになる。(35)

およそ以上のように思い描いただけでも、この問題は（例えば「人格の一貫性」をめぐる議論と重なる仕方で）かなり込み入った検討を必要とすることになる。教育人間学にはディシプリンがない、したがって「各自それぞれ問題意識を明確に持つように」と若い人たちには語るとしても、その「問題意識」の問題は、実は、かなり丁寧な考察を必要とするようである。(36)

(1)　Pädagogische Anthropologie ist keine Disziplin. 正確には、「教育人間学はディシプリンではない」と解するべきである。ブルフ氏も「ひとつの講座」として固定的・排他的になることを警戒していた。それに対して本章は、既に「ひとつの独立した学科」として存在する、にもかかわらず、固有のディシプリンがない、という困難を課題にするために、このテーゼを「教育人間学にはディシプリンがない」と理解して引き受ける。

(2)　Ch・ヴルフ編著『教育人間学入門』(高橋勝監訳、玉川大学出版部、二〇〇一年)、序章「歴史的教育人間学の基礎」、一三頁―一六頁。

(3)　複雑に躍動する問題を整理して横並びにしてみせるこうしたブルフ氏の仕事の延長上に、百科事典のような「歴史的人間学 Historische Anthropologie」が登場する。ドイツの哲学的人間学、英米圏の文化人類学、フランス歴史学の心性史研究を背景に構想されたこの試みは、まさに多様な問題群をきれいに落ち着かせる。Ch・ヴルフ編『歴史的人間学事典』全三巻(藤川信夫監訳、勉誠出版、二〇〇五―二〇〇八年)。

(4)　本章における「ディシプリン」は、広義には「自らの行為をコントロールするための訓練方法、その能力、その規範」を意味し、狭義には、「大学における各学問分野の理念(カリキュラム・ポリシィ、ディプロマ・ポリシィなど)」を意味する。なお、M・フーコーの概念「ディシプリン(規律訓練)」との関連は今後の課題とする。

(5)　例えば、B・ゲルナー『教育人間学入門』(岡本英明訳、理想社、一九七五年)。また、A・フリットナー、W・ロッホなどの議論を含め、こうした問題を総括的に整理したものとして、氏家重信『教育学的人間学の諸相』(風間書房、一九九九年)。

(6)　京都大学に「教育人間学」の講座が設立されたのは一九六四年。以後、歴代の先生方(下程勇吉、上田閑照、蜂屋慶、和田修二、藤本浩之輔、矢野智司)によって担当されてきた(『京都大学教育学部・四十年記念誌』一九八九年、『同・六十年史』二〇〇九年)。なお、日本の教育人間学の展開については、皇紀夫・矢野智司編『日本の教育人間学』(玉川大学出版部、一九九九年)参照。当時東京に居た私は、東京の「教育人間学」を紹介するよう命じられ、京都大学の伝統を知らないまま、勝田守一(寺﨑弘昭氏担当)、大田堯(西平担当)、堀尾輝久(汐見稔幸氏担当)の名を加えていただいた。京都大学の教育哲学・教育人間学と東京大学の教育学講座は、それ以前、まったく交流がなかったのである。

（7）拙著『エリクソンの人間学』（東京大学出版会、一九九三年）第一章参照。

（8）本章は個人的な回想を目的としない。しかしその根底に「教育人間学への感謝」が流れていることは認めざるをえない。本来ならばどの講座にも属することができず路頭に迷ったはずの流れ者を受け入れてくれた教育人間学という学問共同体への感謝。少しばかりの釈明も含まれている。なお、拙著『教育人間学のために』（東京大学出版会、二〇〇五年）との関連でいえば、当時前提にしていた地平を、時間的にも空間的にも離れた所から問い直す試みということになる。

（9）もしその時点で、京都大学の教育学研究科に来ていたら、あるいは、ドイツの教育人間学を追いかけ、あるいは、ハイデガー研究の延長上にボルノー哲学を研究していた。しかしその時点では、こうした学問状況も、まして京都の事情など知る由もなかった。

（10）他に、Heidegger, *Zein und Zeit*, Hegel, *Theologishe Jugendschriften*。修士論文はハイデガー研究であったにもかかわらず、若きヘーゲルの『初期神学論集』からも大きな影響を受けた。例えば、原始キリスト教における教団の「自己疎外」の問題は、当時個人的に抱えていた問題と正確に重なり、異常な興奮を覚えた。キリスト教に関する諸問題についてはまだ何も表現することができない。

（11）教育研究を二流と見下す哲学研究者に限って本人はたいした仕事をしていない、という趣旨の森昭先生の文章を、どこかで読んだ記憶がある。

（12）この点については、拙稿「巡礼としてのシュタイナー教育1―4」（雑誌『真夜中』、リトルモア、創刊号―第四号）。

（13）堀尾ゼミでピアジェを読んだことがある。その時、堀尾先生は、Études sociologiques に即して「ピアジェの社会学」を語り、Psyche の logic と Socio の logic との同時成立を強調しておられた。実は後年、坂部恵先生の論考「人称（ペルソナ）的世界の論理学のための素描」が、まさにこの「ピアジェの社会学」を丁寧に論じたものであることを知って驚いた（田島節夫ほか編『人称的世界』、講座・現代の哲学・第二巻、弘文堂、一九七八年、あるいは、『坂部恵集・3』岩波書店、二〇〇七年)。しかし当時の私には、堀尾ゼミと坂部ゼミを往復する視野の広がりがなかった。哲学研究ではない教育研究に固有の論理(ディシプリン)を知りたいとばかり考えていたのである。

(14)　私の人生にたびたび登場するこの「居候・居留者」感覚については別の考察を必要とする。

(15)　こうした研究の場合、いわゆる「お墨付き」がない。いかなる系統の、何を専門とする者なのか、素性がはっきりしない。「ディシプリンがない」ことになる。

(16)　とはいえ、エリクソンを使い捨てにしたわけではない。その後、『青年ルター』、『アイデンティティとライフサイクル』の翻訳に従事し、また、あらためてその思想を、生涯発達の視点から問い直す試みを続けている(鈴木忠氏との共著『生涯発達とライフサイクル』(仮)、東京大学出版会、出版予定)。

(17)　思想研究の場合、「自分で思いめぐらしたこと」が出発点になるとしても、それ自体が表面に現れることはない。本文はあくまで「エリクソンのテクストを読み解く」仕方で語られ、あるいは、エリクソンとは関係のない所で得たアイデアも、エリクソンのテクストと重ね合わせ、エリクソンの言葉を読み直すという仕方で論じられる。それが私の「作法」である。

(18)　拙著『世阿弥の稽古哲学』(東京大学出版会、二〇〇九年)参照。

(19)　この時期の関心は、今から思うと、FD研究と重なっていた。田中毎実氏の一連の「大学教育」研究、とりわけ、「教える人たちの自省や自己認識と協働しようとする」臨床的研究に近いことを、しかし自分だけの切実な課題として、模索していたことになる。田中毎実『大学教育の臨床的研究・臨床的人間形成論・第一部』(東信堂、二〇一一年)など。

(20)　体験から生れ出る言葉(体験を言葉にする問題)は、例えば、世阿弥の『伝書』を、「舞う世阿弥」から区別された「書く世阿弥」に焦点を当てて読み解き視点へと続いてゆく。また、「臨床の知」という論点については、拙論「「臨床の知」と「書物の知」――世阿弥『伝書』からの問い」、矢野智司・桑原知子編、『臨床の知――臨床心理学と教育人間学からの問い』(創元社、二〇一〇年)参照。

(21)　この点については、前掲拙著『教育人間学のために』参照。

(22) この時期を経て「プロテスタント教会」と「マルクス主義」から距離を取ることができた点、またその時期に集中して体験した「ヨーガ」についても別の考察を必要とする。

(23) この時期に出会った問題領域については、拙論「知の枠組みとしての〈精神世界〉——共感的理解と批判的検討」、『教育学研究』六六—四、一九九九年。

(24) この頃、栗原先生から世織書房の編集者伊藤晶宣氏を紹介され、伊藤氏の勧めによって森田尚人先生を中央大学に訪ねたのが「教育哲学研究者」との初めての出会いである。東京大学教育学講座（史哲）は教育哲学会と縁が薄かったこともあって、私には教育哲学との接点がなかった。森田先生は「学問から離れる」と言う初対面の私を叱りつけ、「教育思想史研究会（当時）」に出ることを強く命じた。そこで初めて田中毎実氏、矢野智司氏、今井康雄氏など（この本の執筆者たち）と出会ったことになる。後年この方々と同僚になるなどということは当時夢にも思わなかった。

(25) 拙著『魂のライフサイクル』（東京大学出版会、一九九七年）。なお、同書の増補新版（二〇一〇年）において、「魂について学ぶ自分が、魂の中にいるということ」と題して論じた問題意識は、本章の問題意識と重なっている。

(26) 個人的な「思い」や「問題意識」を直接的に表出させた文章は、私の用語では「思想研究」にならない。思想研究は、ある思想家の言葉を読み直す仕方で行われる。その意味において本章は明らかに「思想研究」の論文ではない。

(27) こうした「指導」をいかに考えたらよいか。その切実な問いが、後年、私を世阿弥の『伝書』に向かわせた。後継者に「伝える」という仕事の困難。しかしこの場合も、世阿弥研究として表現する際には、初発のこうした問題状況が表に出ることはなく、我が身の問題はすべて世阿弥のテクストの中に投げ込まれ、世阿弥の実存状況において体験される困難として論じられることになる。

(28) その意味において「流儀」と言うこともできる。

(29) この場合、最も警戒すべきことは、研究上の不徹底が、「教育人間学」を名乗ることによってカモフラージュされてしまう危険である。例えば、教育史研究ならば史料不足と判断される研究も、教育人間学と名乗ることによって、一見それらしく見えてしまう危険。「教育人間学の視点から」という言葉が、研究上の詰めの甘さの言い訳として利用されてしまう可能性についいては、いくら警戒しても警戒しすぎることはない。

(30)　教育人間学のすべてがこの傾向を持つとは限らない。〈教育の物語〉の中で「教育人間学」が語られることもある点については、例えば、平野正久編『教育人間学の展開』（北樹出版、二〇〇九年）など。

(31)　こうした視点については、矢野智司氏の一連の仕事から多くを教えられた。

(32)　哲学や心理学では満たされずより直接的に「人生の問題を考える哲学」を求めて教育人間学にたどり着く者もいる。そうした関心は、ある時期は西田哲学が、ある時期は実存思想が、そしてある時期には「精神世界」と名のつけられた傾向性が受け皿となってきた。ということは、教育人間学は、そうした思想と重なり合う点が大きいことになる。

(33)　例えば、芸道における「型」は、伝統的な技芸を通して習得される。どんな技芸でもよいわけではない。「型」の習得にふさわしい「古典」がある。先人達の多様な工夫の中から、長い年月を経て選び抜かれた「古典」。古典とは「そのつど新しい」ということ。読むたびごとに新たな発見があり、より深層の繊細なweb（網の目・縁起）が見えてくる。

(34)　例えば、一連の関連文献を読み漁るうちに、「ミッシングリング」のように、欠けた部分が見えてくる。この地平において当然あるべき研究が見当たらない。大抵は別領域で見つかることが多いのだが、中には最後まで見つからないことがある。そうすると、私自身の中で、その「ミッシングリング」の存在が大きくなり、あたかもそれを埋めることが自分の使命であるかのように感じられてくる。そうなった時にはもはや逃げることができない。

(35)　こうした理解は、井筒俊彦『意識と本質』（岩波文庫、一九九一）に依拠する。

(36)　そうした「問題意識」を、教育人間学の「根底に潜む根本問題 Grundfrage」として整理する仕事は今後の課題である。例えば、さしあたり思いつくだけでも、一、働きかけは強制になる。では放任がよいのか。必要な働きかけを誰がどう見極めるのか。二、型は創造性を妨げるのか、型が創造性を促すのか。何らかのシェーマに基づいて初めて理解が可能になるが、そのシェーマが理解を固定し狭めてしまうという問題。三、他者は理解できない。理解できないから「他者」である。では自分の枠組みを変容させてしまう他者との関係において「理解する」とはどういうことか。四、「自我・個人・主体」は虚構である。その確立を目指す試みは無意味である。そうした哲学的理解は、関係性の優位（例えば、全体主義）といかなる関係にあるのか。五、言葉で捉えることができる位相と、言葉では捉えることができない位相を区別した上で、しかし「言葉では捉えることができない位相」は、「言葉にできる位相」と同じ仕方で存在しているのか（あるいは、「存在とは異なる仕方で……」）。

第6章　マルクス主義者のシラー論

水平軸と垂直軸の交点としての美的教育

西村拓生

第一節　はじめに――日本の教育人間学における「美的なもの」という問題

近年、教育哲学会では、この学会の戦後における出発点の歴史的検討を通じて、教育哲学という営みを根本的に問い直し、立て直そうという試みが行われている[1]。その中心の一人である田中毎実は、自らが構想・実践している「臨床的人間形成論」の出自を京都学派教育学に認めている。曰く、「京都学派教育学の発端には、木村素衞（一八九五―一九四六）の「一打の鑿」（一九三三）があり、末尾には、森昭（一九一五―七六）の「生命鼓橋」（一九七七）がある。臨床的人間形成論は、この京都学派教育学の展開と解体を受けて成立した」と[2]。矢野智司もまた、戦後教育学と京都学派との思想的連続性を問題にして、日本の教育人間学は、京都学派の人間学を基盤に戦後のドイツ・オランダの教育人間学の成果に刺激を受けて発展した「ハイブリッドな教育人間学[3]」であった、と総括している。

さて、このように戦後、そして現代の教育哲学とのつながりがあらためて注目されている京都学派の哲学においては「美や芸術が哲学理論の形成にとって重要な役割を果たしていた」という指摘がなされている[4]。じっさい、禅仏教とその影響下で理念化された「芸道」が、この学派の哲学者たちの思索にとって重要な契機となっている例は多く[5]、その通念的なイメージにもなっている。前述の矢野が、美的体験や宗教的体験、遊びの体験における脱自的な「溶解体験」に基づく教育の次元を「生成としての教育」と呼び、その意義をきわめて重視しているのも、このような京都学派の哲学の基本的性格と呼応したもののように筆者には思われる。田中もまた、木村素衛の、そして森昭の教育学の根底には、いずれも西田流の「生成的」で「生命論的」な存在論があったことを指摘している[6]（ただし、このような基本的性格づけはあらためて慎重に検討される必要もある。たとえば、近頃上梓された木村素衛研究の労作において大西正倫は、「美と愛の教育哲学者」という通念的な木村のイメージを解体して、「近代学校教育の形而上学」にラディカルに対峙する「空」の存在論に基づく教育哲学を見いだしている[7]。大西の木村論では、「生命」の概念から実体性が徹底的に捨象される（「空ぜられる」）ことによって、生命「主義」のトーンがきわめて薄くなっているが、それに伴い「美的なもの」の位置づけは相対的に軽くなる印象が強い）。

他方でしかし、このような京都学派における「美的なもの」の位置は、この学派のアキレス腱につながっている、という指摘もされている。たとえば柄谷行人は、西田幾多郎の哲学が「既成事実の肯定＝戦争肯定の論理」に陥ってしまった理由を、それが「美学的」であった点に見いだしている[8]。田中毎実は森昭について次のように述べている。すなわち、田邊元（一八八五―一九六二）の「教育学上の後継者」でありつつも、森においては（おそらく京都学派の「戦争責任」と切り離しがたいが故に）「田邊流の種の論理や弁証法的理論構成は、はっきりと忌避されている[9]」。森は一見、京都学派の思想のうち、宗教や芸術、国家や民族への関心という神秘主義、非合理主義、超国家主義に結びつきかねない内容は継承していない。にもかかわらず、その議論は京都学派の「総動員論」（上からの管理・統制に呼応する、下からの自発性の調達）と重なり合っていた、と。矢野智司もまた、京都学派の生命論が国家主義と親和性をもったことを指摘しつつ、自らの「生成」論とそれとの間に慎重に一線を画そうとしている[10]。この学派を何らかのかたちで継承する議論は、それが政治との関係で陥ったアポリアを常に意識せざるを得ない。さらに岡部美香は、田中と矢野の議論を森の教育人間学の継承・展開と位置づけて丁寧に検討した上で、両者に対して「外部の侵犯はそれをも自らのエネルギーとして自動的な前進運動を駆動させる近代社会内部のシステムに回収されてしまいかねない」という疑義を提起している[11]。これもまた、共同体の統制をめぐる、すぐれて「政治的」な問いである。

京都学派にとっては政治哲学がアキレス腱であった、というのは、単なる偶有的な時代的制約だったのだろうか、それともその思想の核心にかかわる原理的な問題なのだろうか。簡単には答えの出せない問いであるが、それを考える際の一つの重要な手がかりになるのが、「美的なもの」をめぐる議論である。矢野が論じているように、美的体験は、宗教や遊びの体験と共に、「外部」や「超越」といった「垂直方向」へと人間を開く体験である。と同時にそれは（小論で見ていくように）美的教育論の文脈では、共同体や社会や国家のあり方をめぐる、その意味できわめて「政治的」な体験としても捉えられてきた。後者をさしあたり「水平方向」の体験とするならば、「美的教育」をめぐる議論においては、「垂直方向」への問いと「水平方向」への問いが交差している。美的教育は、いわば水平軸と垂直軸との交点なのである。

以上の問いを念頭において、しかし小論では、京都学派の哲学や教育人間学を直接検討するのではなく[12]、シラーの『美育書簡』解釈史の中で、とりわけマルクス主義者のシラー論の系譜を検討することを通じて、日本の教育人間学における「美的なもの」という問題を考えるための間接的な手がかりを提起しておきたい。

第二節 シラー『美育書簡』というアポリア

シラー（Johann Christoph Friedrich von Schiller, 1759-1805）の『人間の美的教育に関する一連の書簡』[13]（1795, *Über die ästhetische Erziehung des Menschen, in einer Reihe von Briefen.* 小論では『美育書簡』と略称する）は、「美と教育」が論じられる際に必ず引き合いに出される古典中の古典である。上述の木村素衛も、京都帝国大学の教育学教授法講座の教授に着任した最初の年に、この書を講読演習の文献として取り上げている。しかしこのテクストは、同時に難解なことでも有名である。いったい何が問題になるのか。詳細は別の拙論[14]に譲って、ここでは端的に図式的に示しておこう。

すなわち、『美育書簡』の中でシラーは、個人に関しても人類全体に関しても、「自然状態・美的状態・道徳的状態」という三つの発展段階を区別している。それを前提とする限り、「美的状態」は「道徳的状態」への前段階として、初めて意義を認められるはずである[15]。ところが一連の書簡の終り近く（第二五書簡以降）になると、「美的状態」が過程や手段としてではなく、それ自体、目的として志向されるかのように論調が変化する[16]。この議論の「屈折」が、『美育書簡』を難解なものとしているのである[17]。

一義的な解釈を容易に許さない、この『美育書簡』というテクストは、「美的なもの」と教育ないし人間形成との錯綜した関係を解きほぐして考える際には絶好の試金石となる。二〇〇〇年の間に様々な思想家がこのテクストに加えている多様な、しばしば一八〇度異なりさえする解釈は、それぞれの思想の中に「美的なもの」がどのように位置づけられているのか、「美的なもの」と教育との関係をどのように捉えているのか、を端的に浮かび上がらせる。その解釈の多様性の広がり自体を丹念に跡づけることを通じて、「美的なもの」と教育・人間形成との関係の複雑性を、その豊かさを切り詰めることなしに、明晰さへともたらしたい、というのが筆者の目論見である[18]。

このシラー解釈史の中で、マルクス主義の系譜につながる一連の思想家たちが好んで『美育書簡』を論じているのが目を引く。エピソードとしては、マルクス（Karl Heinrich Marx, 1813-83）自身が青年時代にシラーを愛好していたことが知られており、彼のあだ名はシラーの『群盗』の主人公カール・モールの「モール」だったそうである。マルクスの思想とシラーとのつながりを指摘する研究もあるが[19]、ここではルカーチ（Lukács György, 1885-1971）、マルクーゼ（Herbert Marcuse, 1898-1979）、ハーバーマス（Jürgen Habermas, 1929- ）、そしてイーグルトン（Terry Eagleton, 1943- ）という四人の『美育書簡』論を取り上げる。この四人のうち、ルカーチおよびマルクーゼは田邊元および木村素衛とまさに同世代であり、またハーバーマスと森との間にも、世代的には若干ずれるものの、いわば「戦後」の思想という点で、ある種の共通性を見ることが可能かもしれない（さらに、これらの思想の背景として、往時のドイツ哲学とマルクス主義と京都学派との直接的・間接的な関係という、大きな興味深い問題が横たわっているが、小論ではそこまで立ち入ることはできない）。イーグルトンのみが少し時代を降るが、これもまた、京都学派がしばしばその先駆けとみなされる「ポストモダニズム」を強く意識した議論という点で、敢えてここで取り上げる。言うまでもなく、この思想的系譜のシラー論は、いずれも「美的なもの」の社会的・政治的な意義――その限りでは、水平方向――に力点を置いた議論となっている。しかし、その力点の置き方は、やはり四者四様なのである。

第三節　ルカーチ――「正統派」マルクス主義者のシラー論

F・ジェイムスンは『マルクス主義と形式』の中で、ルカーチに関する章を次のように語り起こしている。「いわばプラトン的な形相と方法論的原型の世界に、空席が一つ、マルクス主義文芸批評家に留保されていて、ルカーチだけがそれを真剣に埋めようとした」[20]と。ドイツ的教養の世界で思想形成し、新カント派、そしてヘーゲル主義を経て、マルクス主義に転じたルカーチ。機械的唯物論を退け、主体による実践の契機を重視する疎外論的な西欧マルクス主義の先駆け――『経済学・哲学草稿』の初期マルクスを「先取り」した――とも評価されながら、後に「正統派」マルクス主義に「転向」したルカーチ。このルカーチは、シラーの『美育書簡』をどのように論じているだろうか。

1　ヘーゲル－マルクスの先取りとしてのシラー

残念ながら（と言うべきか）、まとまったシラー論は、彼がソ連に亡命していた一九三八年に書かれたものが残っているのみである。「シラーの美学に寄せて」[21]と題されたこの論文でルカーチは、ドイツ啓蒙主義が、英仏におけるように市民革命に現実化する展望を持てない状況にあったが故に、現実の革命を否定する観念論的な次元に道を求めざるを得なかった、という（よく知られた）テーゼを検討することから議論を始めている。すなわち、イギリス啓蒙主義から大きな影響を受けたシラーの課題は、市民革命の経済的文化的な成果を獲得する方途を示す観念論的な歴史哲学を構成しつつ、「それを獲得するためには、革命それ自体は余計であり、有害ですらあることを論証することだった」[19]。それ故、「市民革命の社会的成果という理性の要求を、革命抜きで実現する方途は、シラーによれば、人類の美的教育であり、換言すれば、道徳の非現実的な当為の要請を現実へと、人間の日常的な実践と日常的心理学へと、変換することであった」[22]と。

ルカーチは、このようなシラーの「社会哲学および歴史哲学の中心問題としての美学への転向は、極度に矛盾に満ちたものであった」と断定する。ただし、この「矛盾」は必ずしも否定的にのみ見られているわけではない。ルカーチは次のように述べている。「我々はシラーが、美的教育の助けを借りて現実の人間をじっさいに変える計画を、革命回避のプログラムとして掲げたことを知っている。しかし、そのことによって美的な人間、美的な文化は、現実の領域にならざるを得なくなった。その領域は、感性的な世界という（現象的な）現実と、実践理性の理性的な要請だけを認めるカント哲学の枠組みには入る余地がなかったものである。……美的教育というシラーの構想を現実化する領域は、感性的な日常的な生の現実の中になければならなかった。……それはカント倫理学とはまったく統一しがたい構想である。理性と感性とのアンチノミーはシラーの美学にとっては止揚されねばならないものであった。彼はカントの「当為」なしにカント倫理学の内容――それはまさにブルジョワジーに共通する階級的なものであったが――を現実化できる人間の型を、現実の人間として示さねばならなくなったのである」［25］。このようにしてシラーが、認識論においては、物自体を決して批判の対象にはしないカント学派の立場に固執したにもかかわらず、他方で「即物的・美的に、カントを超えて、重要な一歩を踏み出した」［24］ことをルカーチは重視する。要するに、そこにヘーゲルを経てマルクスにつながる第一歩が見られているのである。

2　シラーの疎外論と、その「転倒」

この、マルクスの先取りとしてのシラー、という観点からルカーチが注目しているのが、第六書簡においてシラーが古代ギリシア人と近代人とを対比している議論である。すなわち、古代ギリシアでは理性と感性とが個々の人間において調和していたのに対して、近代人は、部分的能力においては古代人を凌駕し、その総和としては古代ギリシアに劣らないかもしれないが、個々人の人間性という点では、とうてい比較にならない、と。曰く、「一個のアテネ人と、人間性をかけて一騎討ちしようと名乗り出る一個の近代人など、どこにいるでしょうか」［583］。このような近代人の「断片化」をシラーは、人類全体が進歩するための歴史的な必然であったと捉えつつ、今や人間性の全体性が回復されねばならない、と主張している。シラーによる、この同時代批判をルカーチは、資本主義的分業による人間の疎外の描写と見なし、美的教育の構想は、その克服の——「分業による人間の断片化を止揚し、人間の全体性と全一性を回復させる」[36]——試みであった、と解釈しているのである。

しかしながら、「シラーが自らに与えた課題は、彼の諸前提からは解決できないものであった」[96] とルカーチは断定する。「シラーは分業の問題を、啓蒙主義者たちよりも遥かに抽象的、観念論的に、経済的・社会的な現実の理解から遠く離れて、提起している。彼の帰結に目を向ければ、この問題は、理性の感性に対する関係という純粋に認識論的な問題へと解消されてしまっている。……このためにあらゆる連関が転倒していること、すなわちシラーが（ドイツにおける他の重要な同時代人と同様に）存在を意識から、土台を上部構造から、原因を結果から、演繹しようと試みていることは、たやすく見て取れる」[36-37]。未だ「現実の正しい弁証法的諸連関」を見ることができず、社会主義による資本主義の超克の可能性を知らなかったが故に、「自らの課題の解決不可能性を、神秘的な逆説のかたちで公式化する以外には、シラーには方法が残されていなかった」[96] と。

先に指摘したような『美育書簡』解釈のアポリア——媒介としての「美的状態」から目的としての「美的状態」へ、という議論の屈折をどのように理解するのか、という問題——は、ルカーチにとっては、シラーのこの根本的な「転倒」の結果に他ならない、ということになる。「このように基礎づけも展開も動揺している美的なユートピアは、我々が見てきたように、同時代に対する深いペシミズムに立脚している」[29]。

3　美的仮象の「客観性」——反映論の先取りとして

さらにルカーチは「美的仮象」の概念に関して、彼独自のリアリズム理論（いわゆる「反映論」）の視点から、やはり半ばシラーを評価しつつも、その決定的な限界を指摘している。「カントが芸術の客観性を、自然と芸術に対する主観的な美的判断の——認識論的な——客観性に求めたのに対して、シラーは美的な客観性の原理を、美学の対象そのものの中に見いだし、解明しようとした」[83]。この「美的仮象の感性的な客観性」の追求をルカーチは、「非写実的リアリズムへの天才的な突進」[77] と評価する。しかし、「反映論（Theorie der Widerspiegelung）の弁証法的な把握ができなかったが故に、シラーはその企図を貫くことができなかった」[84] と。これは、どういうことか。「非写実的リアリズム」について、バルザックとシラーを対比しつつ、ルカーチは次のように述べている。「バルザックさえも、自らの『人間喜劇』の世界は「固有な世界（eine eigene Welt）」を形成している、と述べている。しかしゲーテとヘーゲルとバルザックは、芸術作品のこのような「固有の」、「理念的な（ideell）」世界は、直接的な現実の偶然性と混乱を超えて高められてはいるものの、現実から生い立ち、現実の血で養われた、現実の本質であることを知っていた」[77]。「芸術がこのような「非現実的な」現実性を持つということは、芸術によって把握され作り上げられた生の現象形式——その仮象が芸術の形式的な構成要素を形成している——は、特殊な種類の客観性を持たねばならない、ということを必然的に帰結する。ドイツ古典主義時代の美学の大きな課題は、まさにこの種の客観性を求めた思想的闘争であった」[82]。シラーの「突進」は、その偉大な第一歩であった、とルカーチは評価する。しかし、「非写実的リアリズム」に進むことのできたバルザックとは反対に、やはりシラーは「現象と本質との間の、このつながりを思想的に引き裂いてしまう」[77]。そして「理性と感性とを、依然としてカント的な意味で厳しく分離した上で、思想的に後から統一しようと試みるが、それは必然的に失敗せざるを得ない。シラーにおいては、美的仮象は非感性的、超感性的、プラトン的な性格を保持せざるを得ない。ようやく闘い取られた芸術の自律性は、一部は生からの隔離へ、一部は倫理への新たな従属へ、堕落することになる」[84]。

4　美から労働へ——「人間化」の根源

もう一つ、ルカーチがシラーを評価する論点は、遊戯衝動に関する議論の中で、シラーが「美に、人間が自らの行為を通じて人間化する根源を見ている」点である。「もちろんそこには芸術に対する観念論的な過大評価があるものの、このことによってシラーは、人間が労働によって弁証法的に自らを創造するという構想の重要な先駆けとなったのである。この思想は、マルクスがヘーゲルの『精神現象学』の重要性を認めた、それと同じものである」[85]。ただし、やはりここでも留保が付く。「シラーの場合には、労働との結合は完全に欠けている。逆に、彼の美の世界は、労苦と心配、利己的な利害をめぐる闘争、抑制された野蛮と粗野とを伴うブルジョワ的日常の世界と、完全に対立している。シラーが深く正しい思想を表現しているのは、彼が遊戯衝動を力の余剰や閑暇と関連させている時である」[85]。シラーの遊戯論が、観念論的・カント的な理性から感性や自然性へ、プラトン的・ブルジョワ的な美から「労働」へ、という方向性を指し示す限りにおいて、それは評価されているのである。

さて、以上、瞥見したようなルカーチのシラー論を、私たちは今、どのように受けとめることができるだろうか。二〇世紀の社会主義の実験の帰結を見た私たちの目から見ると、それはいささか硬直したマルクス主義批評の公式見解のようにも映る。シラーの美学に関する研究史の包括的なレビューを試みているL・シャープは、第二次大戦後の「東側」でのシラー研究は、結局のところルカーチのこの論文の枠組みを出ることはなかった、と総括している(22)。「美的なもの」に期待をかけざるを得なかった——と見なされる——シラーの観念性を、時代的制約を、「労働」の視点から、弁証法的唯物論の立場から批判するルカーチの二元論的な枠組みは、当の批判対象と同じ非弁証法的な議論ではないか、という皮肉な見方も可能かもしれない。後述するイーグルトンは、「ラディカル左翼」を自認する立場から、ルカーチの美学は結局、シラー的であり、自らが批判するブルジョワ美学の左翼的な鏡像である、と評している[23]。上述のジェイムスンはルカーチの『小説の理論』に、近年の物語り論につながる可能性を見ており[24]、美的仮象をめぐる議論も同様の可能性をはらんでいたと考えられるが、残念ながらルカーチ自身は、シラーに即してその議論を発展させることはなかった。この論文の四半世紀後に書かれた晩年の大著『美学』（一九六三）においても、『美育書簡』は、上述の疎外論とまったく同じ論旨で取り上げられているのみである[25]。

ルカーチの疎外論、物象化論がはらんでいた可能性は、彼自身によってではなく、むしろルカーチが訣別した西欧マルクス主義のシラー論において展開された、と見ることができるかもしれない。その代表的論者が、次に取り上げるマルクーゼである。

第四節　マルクーゼ――「解放」の契機としての美

ルカーチは、スターリン主義との緊張関係の中で、疎外論的なマルクス解釈を放棄せざるを得なかった、とも目されている。資本主義の社会における疎外や抑圧から人間を解放しようとしたマルクス主義は、しかし、上述のような「土台‐上部構造」論が機械的な唯物論として理解されると、むしろ人間の精神の「自由」の可能性を原理的に否定する理論にもなりかねなかった。じっさいスターリン支配下のソ連・東欧ではその危惧が現実化した。それに対抗しようとした西欧マルクス主義の代表的思想家の一人がマルクーゼである。このマルクーゼの著作の中でおそらく最もよく読まれている『エロスと文明』（一九五六）の中核部分は、まさにシラーの『美育書簡』の注釈のかたちで書かれているのである。[26]

1　芸術の「革命的」な潜勢力

マルクーゼは、遺著となった『美的次元』（一九七八）の中で、ルカーチに代表されるマルクス主義美学の「正統派理論」を六つのテーゼに要約している［1-2］。[27] その要点をさらに短く総括するならば、それは「現行の生産関係の総体によって芸術作品の質と真理性とを解釈する理論」であり、「芸術作品が或る特定の社会階級の利害および世界観を表現」しており、またすべきである、と考える理論である［ix］、ということになる。これらのテーゼは「土台と上部構造という概念から帰結するものであるが、マルクス・エンゲルスの弁証法的な定式化に反して、今や硬直した図式になってしまっている。……そこに含まれるのは、真の現実とは物質的な土台である、という規範的な観念である」［2-3］。

それに対してマルクーゼ自身は、社会的諸関係の文脈で芸術を捉え、そこに「一つの政治的機能、政治的潜勢力」を認める点ではマルクス主義美学に基盤を置くものの、「正統派」とは異なり、その政治的潜勢力を「芸術そのものの中に、その美的形式の中に」見ようとする。また、「この美的形式の故に、芸術は所与の社会的諸関係に対して大きく自律性を保っている」と主張する［ix］。マルクーゼ自身のテーゼは次のようなものである。「芸術のラディカルな性質、すなわち、芸術による既成の現実の告発と、解放の美しいイメージ、美しい仮象（beautiful image（schöner Schein）of liberation）の喚起は、芸術がその社会的被規定性を超越し、所与の言説と行為の世界から——その世界の圧倒的な現存性を維持しつつ——自らを解放する次元に、まさに基づいている」［6］。この意味で、「あらゆる真正

（authentic）な芸術作品は革命的であると言ってよい。すなわちそれは、人々の知覚と理解を揺り動かし、既成の現実を告発し、解放のイメージを描き出す」[xi]。「芸術は全ての革命の究極の目標――個人の自由と幸福――を表現している」[69]と。

そして、このような芸術のラディカルな潜勢力を明らかにするためにマルクーゼは、マルクス主義美学においてはブルジョワ美学の中心カテゴリーとして否定されてきた「美」という観念を、敢えて再び語る。「（芸術の潜勢力の源泉は）何よりも美のエロス的な性質にある。……エロスの領域と不可分の関係において、美は快感原則を表わし、支配的な現実原則に反逆する」[63]。ここで言われている「美のエロス的な性質」とは何か。それを理論的に明らかにしている著作が『エロスと文明』である。

2　「新しい現実原則」の可能性としての美

『エロスと文明』は第一部の「現実原則の支配下で」と第二部「現実原則の彼方へ」という二部構成で書かれている。このタイトルの用語からも明らかなように、ここでマルクーゼは「美のエロス的な性質」という概念を、フロイト理論の社会的・歴史的な再解釈から導き出している。フロイトは、人間の生のエネルギーが「快感原則」（性と破壊の本能）から「現実原則」（労働、生産）へと振り向けられたことで文明が発展した、と考える。この文明化の過程をフロイトは不可避かつ永続的であると考えたが、マルクーゼは、現実原則が快感原則を圧倒することによって生のポジティブな力であるエロスが弱まり、逆に現実原則を全面的に否定する破壊衝動が解き放たれる、と考える。そのようにして文明は崩壊する――という「文明の弁証法」を論じたのが第一部である。

それに対して第二部でマルクーゼは、リビドーが抑圧されずに発展することができる文明の可能性を示そうとする。

「成熟した文明においては、物質的、精神的な富が行き渡ることによって、様々な欲求は苦痛なしに充足されるようになり、支配が組織的にこれらの欲求に先回りする必要は、もはやなくなるだろう。依然として必要ではある労働——ただし、それも次第に機械化され合理化される——に振り向けられる本能的エネルギーの量はきわめて少なくなるので、広範囲の抑圧的な支配や欲望の変形は、もはや外的な力では支えられず、崩壊するだろう。その結果、快感原則と現実原則との敵対関係は、快感原則に有利に変化する。エロス、すなわち生の本能は、かつてなかったほど解放されるだろう」［115］というのが、その展望である。フロイト自身は、このような方向性は文明以前の野蛮への逆行と考えていた。しかしマルクーゼは、「美的という言葉の本来の意味と機能を想起することを通じて」、現実原則によるエロスの抑圧を「理論的に無効に」［128］しようと試みるのである。「美的次元」（これは上述の遺著と同じタイトルである）と題された、この第九章で中心的に検討されるのがシラーの『美育書簡』である。

最初に問題になるのは、やはりカントとの関係である。純粋理性と実践理性は、まさに現実原則が支配する世界の原理と見なされる。しかし、マルクーゼは（アレントを先取りするかのように）『判断力批判』のカントに着目する。「（カントによれば）美的な想像力において、感性は、一つの客観的な秩序のための普遍妥当的な原理を生じさせる。この秩序を規定する二つの主要なカテゴリーは「目的なき合目的性」と「法則なき合法則性」である。これらは、カント哲学の文脈を超えて、真に非抑圧的な秩序の本質をくっきりと描き出す。……カントにとって「目的なき合目的性」とは、対象が美しい表象となってあらわれる、その形式のことである。そのとき対象は（物や植物であろうと、動物や人間であろうと）、その有用性や目的合理性で表象されたり判断されたりすることもなければ、その「内的な」究極性や完全性で表象されたり判断されたりすることもない。……存在に対する態度のこのようなラディカルな変化は、新しい質の快を生じさせる。……美的な「法則への一致」は、自然と自由、快と道徳性を結びつける」［130–131］。第一批判や第二批判ではなく『判断力批判』のこの部分に着目する限り、カントとシラーは、従来言われていた〈カント学派としてのシラー〉というのは別の意味で、順接することになる。「カントの理論が同時代人に与えた衝撃は、彼の超越論哲学によって確立された領域を超えて、はるか遠くまで及んだ。とりわけシラーは、カントの概念から、新しい文明という観念を導き出した」[130]。「シラーの『美育書簡』は……美的な機能の解放的な力によって文明を再建することを目指しており、その再建は、新しい現実原則の可能性を含むものとして構想されている」[132]。では、美的なものは如何にして、文明を再建する「新しい現実原則」となるのか。

3　美的な秩序の「非現実的」現実性

マルクーゼは、上述のような「美的（ästhetisch）という言葉の本来の意味と機能」について、その含意が「感覚性・官能性」から「感性的認識」へ、そして「美学・芸術」へと変遷した、と跡づけ、それは本来、感性的認識の機能が欲求的な機能（官能性）と不可分であり、快感原則に支配されることを意味していた、と解釈する。シラーの『美育書簡』の意義も、この「美的な機能の衝動的、本能的な性格を強調している」[133] 点にある、とされる。ところが現実原則に支配される哲学は、このような感性の要求を認めないので、それは「変形されて、芸術理論の中に避難所を得た」[134]。それが、カントとシラーに先立つ、バウムガルテンによる「美学」成立の意味である、と。

そしてその時、芸術は大きな文明論的な役割を果たすことになる、とマルクーゼは論じる。すなわち「芸術は、支配的な理性の原則に挑戦する」[134]。そこでは「創造的な想像力の「自由な働き・遊び（free play）」が現実原則の束縛から自由になり、まったく異なった基準をもった一つの現実性が認められる。この、もう一つの「自由な」現実は……何ものにもコミットせず、人間の日常的な生のあり方には関与しないという意味で「非現実的（unreal）」である」〔134〕。このような芸術における美的態度から生じる「非現実的」現実性は、しかしシラーによれば、単に理性の専制に挑戦する破壊的で「野蛮な」ものとは異なる。シラーが「遊戯衝動」や「仮象」の概念で語ろうとしたのは、いわばもう一つの世界の構成原理である。曰く、「ひとたび遊戯衝動が文明の一つの原理として優位になるならば、それは文字通り、現実を変容させるだろう。客体的な世界である自然は、(原始社会におけるように)人間を支配したり(現在の文明におけるように)人間によって支配されるのではなく、何よりも「観照」の対象となるだろう。……それに対応して、主体の世界も変化する。ここでも美的な経験は、人間を労働の道具に貶める暴力的で搾取的な生産性を阻止するだろう」〔137〕と。

では何故、美的な経験は「暴力的で搾取的な生産性」から人間を解放できるのか。マルクーゼはそれを、さらに『美育書簡』のシラーの言葉を引用しながら論じる。「現実的なものへの欲求と執着は「単なる欠乏の結果」である。対照的に「現実性への無関心」と「仮象への関心」は、欠乏からの自由の印であり、「人間性の真の拡大」である。真に人間的な文明では、人間存在は労苦より遊戯であり、人間は欲求より仮象に生きるだろう」〔136〕。「欲求より仮象に生きる」こと。そのような生の原理的な可能性を示しているのが、上述のカントの「目的なき合目的性」という観念であり、シラーの「現実性への無関心／仮象への関心」という観念である。「仮象への関心」においては、想像力は「あらゆる存在の可能性をたどり、具象化する。その時これらの可能性は、質料の束縛から解放されて、「純粋な形相」としてあらわれる。自らの秩序を構成し、「美の法則に従って」存在する」〔136–137〕。人間が、このような美的な仮象の世界を生きられること——それをラディカルに主張しているのが『美育書簡』である、とマルクーゼは論じる。

しかし、その主張は「現実」と「労働」の世界からの逃避ではないか、という批判が、上述のルカーチをはじめ、多くの論者からシラーに投げかけられてきた。それに対してマルクーゼは、以下のように反駁する。「遊戯の領域というのが、抑圧的な世界における装飾や奢侈や束の間の休息に過ぎないのであれば、たしかにそれを主張することは無責任な「唯美主義」ということになるだろう」。しかし、シラーが、そしてマルクーゼが主張しているのは、「美的な機能が人間存在の全体を支配する原理となること」〔136〕に他ならない。そうなれば、既存の「現実」に対する欲求や執着はもはや不要となり、「現実性」の意味が根本的に転換する。「現実そのものよりも現実的な」（『美的次元』〔22〕）現実が成立し、美の秩序が「新しい現実原則」になる。そのとき美的な仮象の国は、決してユートピアでも、唯美主義への逃避でもない、と。

マルクーゼは、『美育書簡』はマルクス同様、「人間を非人間的な存在の条件から解放するという「政治的」な問題」〔135〕を解決しようとしていたと考え、しかもそれを、ルカーチが批判したような観念論への挫折としてではなく、あくまで現実的な可能性をもったものとして捉えている。それが可能であると考えるのは、美が、一方で生身の人間の感覚的、感性的なあり方に深く根ざしつつ――それ故、それは決して観念的でなく、きわめて現実的である――、他方でシラーが言うように「仮象」であるが故に、生身の人間が被らざるを得ない欲求や欠乏、強制から自由だからである。故に、それは現実原則の抑制、抑圧を必要としない。芸術は、一方で感性的・エロス的な力を現実原則に抗して解放しつつ、他方、その感性的・美的な形式にはエロスに、客観的で普遍妥当的な「真に抑圧のない秩序」＝「新しい現実原則」を与える力がある、とマルクーゼは考える。それが「美のエロス的性質」ということの意味である。

4　「労働と遊戯」か「遊戯としての労働」か？

『ハイデガーの子どもたち』でマルクーゼを論じたR・ウォーリンは、マルクスと同様にマルクーゼも、労働の哲学的意味について、それを人間の自己実現の本質的形態と見なす（初期マルクス的な）概念と、人間の自由は「必然性の領域を越えたところにだけ」、つまりレジャーや余暇においてのみ可能であるという（『資本論』のマルクス的な）概念との間で動揺していた、と述べている。(28)『エロスと文明』におけるシラーに即した議論は、労働が遊戯になること、その意味で労働の「疎外」からの解放と「人間化」を、明らかに主張している。その限り、初期マルクス的な議論である。しかし先に引用した同書の別の章では、労働に振り向けられる本能的エネルギーの量が機械化や合理化によって減少することが「成熟した文明」の条件である、という叙述も見られた。さらにマルクーゼは、『美育書簡』を論じた章の最後になって、ラディカルな文明の転換には「社会構造の破局的な変化」が必要であることを付け加えている。それは「労苦（労働）を遊戯に、抑圧的な生産性を仮象に、変容させることである。そのためには、文明を規定する要因としての欠乏が克服されていなければならない」［138］という条件である。この「欠乏の克服」は、はたして「労働」の世界の問題だろうか、それとも「美的仮象」としての「遊戯」の世界の問題だろうか。

マルクーゼもその一員に数えられるフランクフルト学派第一世代には、しばしば「美的なもの」に「解放」の契機を求める傾向が見られる。中でもマルクーゼは、ここでも見たように最もオプティミスティックに美や芸術への期待を語っている。その彼の思想は一九六〇年代から七〇年代初頭にかけて、既成の秩序に「叛乱」する若者たちに圧倒的に人気があったが、叛乱の季節の終りと共に省みられることが少なくなった。この事実は、彼の思想がやはり「唯美主義」に過ぎなかったことを意味しているのだろうか、それとも私たちの世界がマルクーゼの時代にも増して、彼の言う「現実原則」に強く巧妙に支配されていることを意味しているのだろうか。それを考えるためには、マルクーゼ自身も揺れていたように思われる「労働」と「美」（美的仮象や遊戯）や「自由」との関係を、さらに問う必要があるだろう。シラーの『美育書簡』解釈史の検討は、その一つの手がかりでもあり続ける。

第五節　ハーバーマス――美と公共性

フランクフルト学派第二世代として西欧マルクス主義の系譜に連なるハーバーマスは、一見したところ、美的なものに対するマルクーゼ等のような直接的な期待を表明してはいない。むしろ彼は（後述するように）美的なものに期待をかけるポストモダニズムに対して、それは「近代」における真・善・美の分化を誤って止揚しようとする試みであるとして、厳しく批判している。しかし、そのハーバーマスの思想においても、実は美的なものが重要な意味をもっている。それを窺うことができるのが、やはりシラーの『美育書簡』に関する彼の論考なのである。

1　美的ポストモダニズム批判という文脈

ハーバーマスの『美育書簡』論は、『近代の哲学的ディスクルス』（一九八八）の第二章「ヘーゲルの近代概念」のあとに「付論」としてつけられた、短い論考である。[29] このテクストは、一九八三年にコレージュ・ド・フランスで行われた講義を中心にまとめられた著作であり、当時、隆盛を示していたポストモダニズムを批判しつつ、一九八一年の『コミュニケーション的合理性の理論』で提起された彼の根本思想を――彼の通例として、論争の中で――精錬した著作である。その中でシラー論は、どのような位置を占めているのだろうか。

さしあたりそれは、若きヘーゲル、ヘルダーリン、シェリングの三人による「ドイツ観念論最古の体系」――そこでは「理性宗教が民衆宗教の姿をとるためには、芸術に身を委ねなければならない」と論じられていた――と『美育書簡』との思想史的なつながりの故である。しかし、それだけではなく、ここに置かれた短いシラー論は、むしろ

『近代の哲学的ディスクルス』という著作全体を通してのハーバーマスの議論を（以下に見るように）先取りしつつ要約する趣が認められるのである。[30] それは、どういうことか。

この中で、まず注目すべきは、先のルカーチと同様、古代人と対比して「近代人の分裂」を批判する第六書簡のシラーの議論を、「労働の疎外」と「官僚制」への批判と読んでいる点である。曰く、「シラーは、この疎外の現象が、進歩につきものの不可避な随伴現象に過ぎず、人類はこれ以外の進歩の道をたどれなかったであろうと考えていた」[61]。「シラーの同時代分析の結論は次のようなものである。すなわち、近代の生の状況においては、人間のもつ個々の能力は、全体を分割することによって初めて、洗練され、発展することができた、というのである」[60]。ここでは、「近代というプロジェクト」を擁護するハーバーマス自身の立場が、シラーの近代論と重ね合わされている。

同時に、近代の「分裂」の宥和の可能性を「美的なるもの」に賭けつつも、ヘーゲルやシェリングのような「同一性」志向にまで進まずに、美的仮象の領域を厳しく限定するシラーの姿勢は、日常生活や政治を「美学化」しようとする「美的ポストモダニズム」に対するハーバーマスの対決姿勢と重なる。「シラーの美的ユートピアは、生の状況を美的にすることを目的とはしていない。……芸術を生活に融合すること、それは後にシュールレアリストたちがプログラム的に追求し、ダダイストやその後継者が実現しようとしたことであるが、シラーは逆に、純粋な仮象の自律性（Autonomie des reinen Schein）を主張しているのである」[63]。「芸術を生活に融合すること」、それは『近代の哲学的ディスクルス』という著作においてハーバーマスが批判の俎上に上げて行くポストモダニズムの戦略と同一視される。この「付論」が置かれた位置を考えるならば、ハーバーマスはシラーに仮託して、ニーチェからポストモダニズムに至る生の「美学化」の思想的系譜を予め批判している、ということにもなる。「仮象の自律性」を説くシラーの議論（第二六書簡）は、直接的にはカントの仮象論を踏襲するものであると同時に、ハーバーマスにとってはモデルネの「誤った止揚」に対する自らの批判を、まさに先取りしたものと解釈されているのである。

2　コミュニケーションの理念はどこに求められるのか？

その上で、おそらく最も重要なのは、ハーバーマスが『美育書簡』に自らの「コミュニケーション的（合）理性」の理論の先取りを見いだしている点である。彼は次のように述べている。「（シラーにおいては）芸術こそ、人間同士の相互主観的な関係（intersubjektive Beziehungen）に深く入り込む「伝達の形式（Form der Mitteilung）」と考えられている。シラーは、芸術こそ、未来の「美的国家」において実現される一種のコミュニケーション的理性（eine kommunikative Vernunft）と捉えていたのである」[59]。ここでの「相互主観的関係」、「コミュニケーション的理性」という用語に注目したい。それらは、ハーバーマス自身の社会構想、倫理学、政治理論における中心概念である。近代社会において支配力を強める「道具的・戦略的」理性に対して、理解と合意を求める「コミュニケーション的理性」を擁護すること――それがハーバーマスの思想の核心である。『美育書簡』は、その核心にかかわるものとして論じられているのである。

この「コミュニケーション的理性」を擁護するためにハーバーマスは、コミュニケーションの根底にある規範そのものを問い直すことを可能にする「討議」（ディスクルス）という審級を区別している。しかし、その「討議」が、偽装・隠蔽されたイデオロギーに支配されていない真の討議である保証は如何にして得られるのか。それを根拠づけるために、ハーバーマスはさらに言語学のレベル――言語の運用を問題とする語用論（発話行為論）――にまで遡る。あるコミュニケーションが「真の」討議であることの根拠を、そのコミュニケーションの外部に求めることはできない。仮にそのような根拠を「外部」に想定したならば、その正当性そのものが討議の対象となり、根拠づけは無限に後退せざるを得なくなる。討議に付される必要のない——形而上学的な——根拠というのも、ハーバーマスの立場からはあり得ない。従って「根拠」はコミュニケーションの構造の内部に求める以外にない、ということになる。その議論の詳細（「コミュニケーション能力のための予備的考察」、一九七二）に立ち入ることはできないが、端的に言うならば、討議が「真の」討議であり得るのは、「理想的発話状況」というコミュニケーションの理念が「反事実的」に、しかし不可避的に想定されているからだ、というのがハーバーマスの答えである。

3　〈理念ならざる理念〉としての美

さて、そこに『美育書簡』論を重ね合わせると、どのように理解されるか。「芸術はコミュニケーション的理性の純粋な具体化である」というのは、単にシラーの言葉をハーバーマスの思想に引きつけて解釈したものか。それとも、それはまたハーバーマス自身の「美的なるもの」に対する立場でもあるのか。ここで重要と思われるのは、「理想的発話状況」という理念——と、さしあたり言っておく——と「美的仮象」、「仮象としての美」との構造的な同型性である。

ハーバーマスにとっては「社会の秩序」そのものはもちろん、その基礎となるコミュニケーションの規範も、何か具体的な理念に根拠をもつものではない（ハーバーマスの社会思想がしばしば、カントの倫理学と同様の「形式主義」と批判される所以でもある）。それはあくまでコミュニケーションによる合意形成にのみ基づくべきものである。しかし、その過程を分析していくと、そこには上述のように「理想的発話状況」という、いわば〈理念ならざる理念〉が見いだされることになる。

シラーにおいて「美」は、（後述するように）カントを経ることによって、かつての人文主義的伝統におけるような社会的・道徳的な尺度では、もはやあり得ないはずである。にもかかわらず、なぜ美が人々を「結びつける」と言えるのか。それは、直接的に行為の規範を指し示すようなことがない、あくまで「仮象」だから、というのがシラーの答えであろう。ハーバーマスはシラーを解釈しつつ、次のように述べる。「それ〔美的仮象〕以外の表象の形式は、すべて社会を分離してしまう。……美しい伝達（die schöne Mitteilung）のみが、万人に共通なものに立脚しているので、社会を一つに結びつける」。そのようにして「美的に宥和された社会は、対話の構造を作り出すに違いない」[63]。他方で、「仮象は、現実から一切の援助を受けていない限りにおいて、純粋に美的な仮象である」。そして「美的仮象は、仮象としてしか、宥和の力を発揮しない」[64]。このように、「現実」に対する関心に立脚しない「純粋な仮象」であるが故に「社会を一つに結びつけ」、「対話の構造を作り出す」美とは、まさに〈理念ならざる理念〉であろう。

私たちは、他者とともによりよく生きるために、自らの行為を、あるいは自らの生のあり方を、規定する「根拠」――それは、たとえば社会秩序や道徳的秩序と呼ばれる――を求めざるを得ない。しかし、それが何らかの具体的な「理念」として立てられたとき、それがどんなに善意によるものであれ「同一性」の抑圧が生じる。あるいはまた、異なる「理念」同士の争いが生じ、その是非を暴力以外の手段で解決しようとするならば、問題は振り出しに投げ返される。その「根拠」が「真理」であれ「善」であれ、事情は同じである。ひとり「美」だけが、「仮象としての美」だけが、この宿命から自由であり得るのである。――このように考えるならば、ハーバーマスにとって「美的なもの」は、「近代というプロジェクト」において分化した三領域の一つとはいえ、他の二領域とは異なった、彼の思想にとって本質的な重要性をもつものである、と考えても、あながち不当とは言えないだろう。

それと同時に、以上のように理解するならば、それは『美育書簡』の解釈如何という問題に対しても、一つの一貫した読み方の可能性を提示するものである。『美育書簡』の論旨が「屈折」しているのではないか、という疑問――

当初、道徳的国家への過程であるかのように論じられる美的国家が、最後にはそれ自体、目的であるかのように論じられる議論の「屈折」、そしてその問題と密接に関連して、そもそも美的国家とは、どこに見いだされ得るのか、という疑問——に対し、ハーバーマスの解釈は一つの答えを提示している。すなわち、美的国家は、ハーバーマスの言うようなコミュニケーションとディスクルスによって維持され、「理想的発話状況」という〈理念ならざる理念〉を「根拠」として持つ、生活世界の統合に、その具体的な姿を見いだすことができるのである。

4　美的な公共性

ハーバーマスは次のようにも述べている。「シラーは判断力に関して、暗黙のうちにカント的な概念と伝統的な概念とを混合している。この伝統的な概念は、アリストテレス的な伝統において（これはアレントに至るまで続いている）共通感覚の政治的なとらえ方との結びつきを完全に失ったことはなかった」〔62〕。判断力に関するカント的概念とアリストテレス以来の伝統的な概念の混在とは、どういうことか。（ハーバーマスの論争相手でもあった）ガダマーによれば、カント以前の人文主義的伝統においては、「判断力」は正義と不正を判断し、共同体の利益に対する配慮を可能にする能力であり、その意味ですぐれて社会的かつ道徳的な概念であった。それに対してカントは、「美的判断力」に芸術という独自の領域を確保する一方、法と道徳の領域における「美的判断力」の働きを「哲学の中枢から放逐」してしまった、という[31]。ガダマーが否定的に描いている、この美的なものの「自律化」と表裏一体の「主観主義化」の過程を、ハーバーマスは必然的でポジティブなものと考える。彼によれば「近代」とは、真・善・美の三つの領域を敢えて分化させ、それぞれ高度に発展させた後に再統合しようとする一つのプロジェクトだからである[32]。カントの立場は、いわばそのような「近代」の哲学的表現である。ハーバーマスは、これら三領域の再統合を展望しつつ、それらの安易な止揚は戒めている。彼がシラーの言う「仮象の自律性」を強調し、「美的ポストモダニズム」を批判する所以である。

しかし他方で、「ポスト形而上学」という時代認識に立つハーバーマスは、共同体の理念や規範を、そこでの人間関係やコミュニケーションの「外部」に求めるわけにもいかない。そこで、あくまで関係性に内在し、関係性において生成する理念や規範の可能性を考える必要がある。その、いわば〈理念ならざる理念〉の追求の大筋は、先に見た通りである。「理想的発話状況」とは、関係性に先立って実定的に与えられている理念や規範ではないが、コミュニケーションが「真の」討議であることを根拠づけるという点では、たしかに現実に「政治的」な機能をもつ。「共通感覚の政治的なとらえ方」と結びついた美も、また同様である。

このように、共同体の理念や規範は、そこでの人間関係やコミュニケーションに対して「外部」からもたらされるのではなく、あくまで関係性に内在し、関係性において生成する、と考える思想は「ハーバーマス＝アレント的」公共性論とも呼ばれ、近年の政治思想や社会思想、そして教育の公共性に関する議論の有力な理論的基盤の一つとなっていることは周知の通りである(33)。きわめて興味深いことに、『美育書簡』に仮託して「コミュニケーション的理性」を語るハーバーマスにおいても、『判断力批判』を再解釈しつつ政治思想を展開しているアレントにおいても、美的なものがその重要な理論的契機となっているのである。と同時に、この「ハーバーマス＝アレント的」公共性論に対しては、ハーバーマスがシラーに即して論じていたような「美的なもの」の「普遍的な伝達可能性」というのは、結局、西欧的な理性と美意識の枠内での「普遍性」に過ぎないのではないか、という批判が、リオタールのようなポストモダニストから提起されている。その際、拠り所とされるのが「崇高」という、やはり美的なカテゴリーなのである。この「崇高」は、『美育書簡』解釈史においても看過できない概念であると同時に、美的教育における水平軸と垂直軸との交差を考える際にも重要な手がかりになるはずである。が、「崇高」概念の考察は既発表の別稿[34]に譲って、ここではもう一人のマルクス主義者、イーグルトンのシラー論に視線を転じたい。

第六節　イーグルトン――ポストモダニズムの後に？

アイルランド系英国人の文芸評論家イーグルトンは、上述のハーバーマスの「理想的発話状況」について、それは「カントの美的判断の共同体の今日的な改訂版」である、と断じつつ、「いったい我々は人種差別主義者の大会にさえ、ユートピアの予徴となるイメージを見て取るべきなのか」とシニカルに反問している[35][404-405]。このようなイーグルトン特有のレトリックを駆使して「美的なもの」を論じた大著が、『美的なもののイデオロギー』（一九九〇）である。その中でシラーは、「シラーとヘゲモニー」と題された第四章で論じられている。

1　何故「美的なもの」を論じるのか

このシラー論を見る前に、「美的なもの」を論じるイーグルトン自身のスタンスについて一瞥しておきたい。この著作が出版された一九九〇年は、思想的にはポストモダニズムが隆盛であったと同時に、ソ連・東欧の社会主義国家が崩壊した直後であった。ポストモダニストたちは、マルクス主義を「大きな物語」（リオタール）として否定する一方で、しばしば「美的なもの」に賭ける姿勢を見せていた。上述のハーバーマスは、そのような傾向を古代以来繰り返される「美的なもの」の「執拗な回帰」と評していたが、たとえば上述のリオタールの「崇高」論然り、あるいは晩年のフーコーの「生存の美学」然り。そのような思想状況において、「ラディカル左翼」を自認するイーグルトンは、ポストモダニズムのマルクス主義批判に対して、さらにはハーバーマスのような（イーグルトンから見たら）「修正主義者」に対して、反批判する必要があった。「美的なもの」はその際の中心テーマの一つだったのである。

イーグルトン自身にとっては「美的なもの」は両義的である。彼は序章で次のように述べている。「近代ヨーロッパにおいて美的なものというカテゴリーが重要性を持つのは、それが芸術について語りながら、他の事柄、すなわち政治的ヘゲモニーを求める中産階級の闘争の核心に関わる事柄について語っているからである。美的な生産物に関する近代的な概念の構成は、近代の階級社会における支配的なイデオロギー形態の構成と、そしてそのような社会秩序に相応しい全く新しい人間の主体性の形式と、不可分である」。他方でしかし、「美的なものは、このような支配的イデオロギーに対して非常に強力な挑戦とオルターナティブを提供するものでもある」。その意味で、それは「きわめて矛盾に満ちた現象である」［3］と。要するにイーグルトンのスタンスは、近代社会における美的なもののイデオロギー機能を批判しつつ、他方でそこに解放的契機も見いだそうとするものである。そしてシラーの美的教育論は、このような美的なものの両義性を最も端的に表現している思想史的トポスの一つと見なされているのである。

2　「自由な主体」のメタファーとしての「美的なもの」

それでは、この「全く新しい人間の主体性の形式」とは如何なるものか。イーグルトンは、「天秤の皿は……両方に同じ重さが載っている時にも釣り合う」という「遊戯衝動」に関するシラーの有名な説明（第二〇書簡）［633］を引用して、次のように述べる。「美的なものにおいて我々は、肉体的なものであろうと道徳的なものであろうと、あらゆる規定性から一時的に解放され、その代わりに完全な規定可能性の状態（a state of utter determinability）を経験する。それは純粋な仮定の世界、永遠の「かのように」の世界である」［107］。「完全な規定可能性」とは、あらゆる規定から解放され、自由であることを意味する。美的なものがその意味で自由であるのは、それが純粋に「かのように」の世界にあるから、すなわち「仮象」だからである。「美的仮象」は、シラーにとって「あらゆる束縛を宙づりにして、自由な行為のための肥沃な土壌を準備する、豊かな潜在的可能性をはらんだ空虚」〔108〕である。

そして、この「あらゆる規定から解放された」完全な規定可能性の状態というのは、「ブルジョワ的秩序そのものに相応しい絶対的な自由という夢でもある」〔109〕。すなわち、「自由」な主体同士が、いっさいの強制無しに互いに「調和」し合い、「平等」な社会を作り上げることがブルジョワ社会の「夢」であり、美的なものは、そのような理想状態を先取りしている、というのである。「要するに、美的なものとは、自由、平等、民主主義というユートピア的なブルジョワ公共圏であり、そこでは全ての人間が「最も高貴な者と同じ権利を有する」自由な市民である」〔111〕。

あるいはまた、次のようにも言われている。「美的なものは、その主体中心性、普遍性、自発的合意性、親密性、調和、合目的性において、ブルジョワ社会のイデオロギー的要求を見事に満たす」〔103〕。つまり、美的なものは近代のブルジョワ社会において求められる「主体」のあり方を指し示すメタファーであり、またそのような「主体」によって構成されるべき社会秩序を「予表（prefigure）」〔106〕している、と。そして『美育書簡』は、まさにそのようなブルジョワ社会の理想を表現した「一種の政治的アレゴリー」〔113〕である、というのである。

3　自発的に服従する主体――「理性のヘゲモニー」

しかしイーグルトンの立場からは、そのような「自由」はあくまでブルジョワ的な「ユートピア」である。「美的なものに関するシラーの教説の曖昧さは、理性的な主体のあり方があらゆる感覚性や物質性を否定するような社会における自由の起源の不可解さにある。自由と必然、主体と客体、精神と自然とが如何に調和し得るのかを述べることは、疎外された社会秩序の下では不可能である。……シラーの著作のパラドックスは、まさにこのような政治的ディレンマの徴である」[113]。先のルカーチ同様、シラーの議論の「曖昧さ」や「パラドックス」は、「疎外」克服の現実的な方途を知らなかったが故の限界と見なされる。

そして、ブルジョワ社会の理想を表現する美的なものは、むしろ「理性のヘゲモニー」を確立するための巧妙な支配装置である、と論じられる。曰く、「シラーは、カントの厳格に義務論的な命令は、頑強に抵抗する物質的世界を服従させるためには、必ずしも最も効果的なイデオロギー装置ではないと、鋭敏に認識している」[105]。「理性は、グラムシ的に言えば、無愛想に高圧的ではなく合意に基づくことによって初めて支配を確立できるのであり、自らが征服している諸感覚を荒々しく踏みにじるのではなく、それらと結託することによってヘゲモニーを達成する。……シラー美的なものは、外から勅令を押しつけるのではなく、内部から感覚衝動の暴動を鎮圧するのである」[104]。シラーにおける、感性に対する理性の支配という哲学的・倫理的な問いにイーグルトンは――ヘゲモニーという用語が示しているように――政治的な含意を読み込む。感性的衝動と形相衝動、自然と理性との関係は、大衆と支配階級との関係の反映と見なされる。「政治権力は、その支配を確実なものにするためには、主体のあり方そのものの中に自らを埋め込まねばならない。この過程は、倫理的・政治的な義務を自発的な傾向性として内面化した市民を生み出すことを要求する」。「この目的を達成できるイデオロギー装置でありヘゲモニー的戦略が、美的なものなのである」[113-114]と。ブルジョワ社会の「夢」をあらわす美的なものは、このようにしてむしろ巧妙な支配装置として機能する、とイーグルトンは喝破するのである。

4　『美育書簡』の「左翼ラディカリズム」的意義

このように美的なもののイデオロギー機能を批判しつつも——さらにシラーに、ニーチェからポストモダニズムがたどった「現実全体を美学化する脱構築」[103]の萌芽も指摘しつつも——、他方でイーグルトンは、『美育書簡』にマルクスにつながる批判的・解放的な力も見ようとする。ここでも注目されるのは第六書簡である。「マルクスの産業資本主義批判は、人間の諸能力の発育阻害や分裂、全一的な人間性の崩壊に対するシラー的な洞察に深く根ざしている。コールリッジからマルクーゼに至るまで、産業資本主義の非有機的、機械的な性質を嘆くラディカルな美的伝統はすべて、この予言者的な告発から養分を得ている」[118]。先に見てきたように美的なものは両義的であり、それ故シラーの議論もパラドキシカルであるが、にもかかわらず「真にラディカルな美学」であり得るとしたら、それは何によってか。それは、シラーの構想が「感覚的な身体への信頼と、圧政的な理性への不信を含んでいる」[117]からである、というのがイーグルトンの答えである。

『美的なもののイデオロギー』の終章「ポリスからポストモダニズムへ」で、イーグルトンは次のように述べている。「美的ということは、何よりもまず特殊と普遍との関係に関わっており、それはまた倫理的・政治的にもきわめて重要な事柄である。唯物論的な倫理学が「美的」であるのは、それが具体的な特殊性から始まり、個々の人間の実際の必要と欲求を出発点とするからである」[413]と。「ラディカル左翼」もまた「普遍性」を志向する。けれども、その普遍性とは「意味と価値の公共的な定義づけに誰もが平等に参加できるということ」に他ならず、「その最終的な目的は、各個人の固有な特殊性が尊重され、満たされることにある。……このような政治的目標を達成するために、美的なものの伝統に埋め込まれた意味と価値は決定的に重要である」[414-415]。要するに、美的なものに立脚する思想は、それが「個々の人間の実際の必要と欲求」という、まさに「具体的な特殊性から始まる」倫理学を可能にするが故に、解放的な意義をもつ、というのである。そしてシラーの『美育書簡』は、そのような「美的」な唯物論的倫理学の一つの範型として評価されているのである。

第七節　おわりに

『美育書簡』にヘーゲル＝マルクスの疎外論の先取りを認めつつ、その観念論的な限界を批判するルカーチ。そのルカーチに代表される正統派マルクス主義美学を批判して、『美育書簡』に感性的・エロス的な力の解放の現実的可能性を見ようとするマルクーゼ。マルクーゼとは対照的に、美的なものによる生の止揚を厳しく警戒する一方で、コミュニケーション的合理性の根拠づけのプロトタイプを『美育書簡』に読み込むハーバーマス。近代社会における美的なもののイデオロギー的機能を剔出しながらも、『美育書簡』に託して個々の具体的・感性的な生に立脚する美学＝倫理学の可能性を語るイーグルトン。「美的なもの」への期待の語り方と、それと表裏一体の、近代社会の隘路の見立て方とは、四者四様である。さしあたり私たちは、そこに美的教育という観念をめぐる思想の博物誌における、いくつかの興味深いサンプルを見ることができるだろう。

その上で、しかし、シラーの『美育書簡』がこれらのマルクス主義者たちに好んで論じられてきたという事実は、あらためて次のような問いを惹起する。——近代社会が人間の生の豊かさを剥奪していることに対するシラーの「予言者的な告発」に彼らがインスパイアされたとしたら、それは、美的教育を論じるシラーの筆致に専ら由来しているのだろうか、それとも「美的なもの」そのものに、その契機が内包されているのだろうか。この問いは、次のようにも言い換えることができる。すなわち、「美的なもの」の非合理性への頽落や同一性の暴力やイデオロギーへの加担を批判する契機は、「美的なもの」そのものに含まれているのだろうか、という問いである。

この問いは、本章の出発点であった、京都学派の人間学における「美的なもの」の意味とも無関係ではない。京都学派の中で最も直接的に美と人間形成の問題に取り組んだ木村素衞は、西田幾多郎の「純粋感情」と「場所」の思想を根底として『美育書簡』を解釈しつつ、「美は一切の生内容の全体的絶対的肯定である」と論じた。[36] では、「現在のいまの一瞬一瞬が直下に永遠に接し」、「すべてのものが……絶対的価値を担って立ち現われる世界」、「〝そのままでよし〟とする世界」[37] は、そのような美的・超越的な生の肯定を剥奪するものをも、やはり肯定するのだろうか。――私たちが、学校教育において「生成」や「超越」の契機が失われていることを、「そのままでよし」とはせずに、危惧するのは何故だろうか。物象化するシステムと相互性とのせめぎあいの中で「日常性の奇跡」に希望を見出そうとするのは何故だろうか。[38]

マルクス主義者たちのシラー論が専ら水平方向の政治性において「美的なもの」を捉えるのに対して、京都学派の人間学は垂直方向の実存的深みにおいて「美的なもの」を捉える、という図式的な理解は、あくまで皮相なものに思われる。既に田中毎実や矢野智司が論じているように、京都学派の人間学は、その生命論と国家主義との関係のみならず、その技術論が戦中・戦後を通じた「総動員体制」と結びつくことによって、歴史的に大きな政治的な意味をもってきた。だとすれば、先に触れたようなこの学派の「アキレス腱」が、aestheticism の非政治性にではなく、むしろ「美的なもの」がはらむ政治性にこそあった（そして今でも、ある）可能性も、あらためて検討されるべきであろう。本章で検討したいくつかの『美育書簡』論は、そのための有効な参照項となるはずである。それらと、木村素衞に代表される京都学派の美的人間形成論との対質が筆者の次の課題である。

ここでは最後に、その「協同主義」によって京都学派の総動員論をリードし、この学派と往時のドイツ哲学およびマルクス主義との結節点を生きた三木清が、獄死によって遺稿となった親鸞論で「末法の自覚」と「悪人正機説」についで論じようとしていた[39]ことを想起して、筆を擱きたい。――三木が最後に対峙せざるを得なかった「悪」とは何だったのか。それは私たちの現在とは無縁だろうか。「悪」からの「救済」の志向性は、そしてその可能性は、はたして「美的なもの」に含まれているのだろうか。

(1)　森田尚人・矢野智司・小笠原道雄・田中毎実、「特定課題研究報告助成プロジェクト『戦後教育哲学の出発』」(二〇〇八、『教育哲学研究』第九七号、一五一―一七五頁)。
(2)　田中毎実、「臨床的人間形成論の現在」(平野正久編著、二〇〇九、『教育人間学の展開』北樹出版、三〇九頁)。
(3)　矢野智司、「問題としての日本の教育人間学――京都学派の人間学を中心としたスケッチ(一)」(二〇〇二、『臨床教育人間学』第四号、二三頁)。
(4)　岩城見一、「解説」(木村素衞、二〇〇〇、『美のプラクシス』燈影舎、二五九頁)。
(5)　たとえば、久松真一、二〇〇三、『藝術と茶の哲学』燈影舎。また、倉沢行洋、二〇〇〇、『〈増補〉藝道の哲学――宗教と藝の相即』こぶし書房、などを参照。
(6)　田中毎実、「森昭の教育人間学――統合学と原理論を循環する生成理論」(皇紀夫・矢野智司編、一九九九、『日本の教育人間学』玉川大学出版部、一四五―一四六頁)。
(7)　大西正倫、二〇一一、『表現的生命の教育哲学――木村素衞の教育思想』昭和堂。また、筆者による同書の書評(二〇一二、『教育学研究』第七九巻第一号、一七―一九頁)も参照されたい。
(8)　柄谷行人、一九九四、『〈戦前〉の思考』文藝春秋、一〇九―一一六頁。
(9)　田中毎実、「臨床的人間形成論の現在」三一二頁。

（10）矢野智司、「京都学派の人間学と戦後教育学の系譜」（二〇〇八、『教育哲学研究』第九七号、一六二頁）。

（11）岡部美香、「〈人間〉と〈教育〉を問うスタイル――教育人間学の一つの展開」（平野正久編著、二〇〇九、『教育人間学の展開』北樹出版、三六五頁）。

（12）この視角からのアプローチとしては、さしあたり以下の拙論を参照されたい。西村拓生「京都学派における美と教育――木村素衞の表現論に即して」（今井康雄編、二〇〇五、『「美的なもの」の教育的影響に関する理論的・文化比較的研究』平成一四―一六年度科学研究費補助金研究成果報告書、七二―八六頁）。

（13）以下、『美育書簡』からの引用注は、ハンザー版全集（1959, *Sämtliche Werke*, Band V, Carl Hanser Verlag.）の頁数を示す。

（14）西村拓生、「「美しい仮象の国」はどこにあるのか？――シラーの『美育書簡』をめぐる、仮象の人間形成論のための覚書」（矢野智司・鳶野克己編、二〇〇三、『物語の臨界――「物語ること」の教育学』世織書房、二七七―三〇八頁）。

（15）「ひと言で言うならば、感性的な人間を理性的にするには、あらかじめ彼を美的にする以外に道はありません。」（第二三書簡、六四一頁）。

（16）「恐るべき力の国の只中に、そして神聖な法の国の只中に、美的な形成衝動は、密かに第三の、喜ばしい遊戯と仮象の国を建設します。そこでは、この衝動は、人間からあらゆる関係の束縛を取り除き、自然的なものにおいても道徳的なものにおいても、強制と呼ばれる全てのものから彼を解放します。」（第二七書簡、六六七頁）。

（17）Sharpe, L., 1995, *Schiller's Aesthetic Essays: Two Centuries of Criticism*. Camden House, p. 4.

（18）この研究構想について詳しくは、以下の拙論を参照されたい。西村拓生、「〈プリズム〉としてのシラー『美育書簡』――「美と教育」に関するトピカのために」（一九九九、『近代教育フォーラム』第八号、一三七―一四八頁）。

（19）Kain, P. J., 1988, *Marx and Ethics*. Oxford University Press, pp. 68-71.

（20）Jamson, F., 1971, *Marxism and Form*. Princeton University Press, p. 160.（邦訳、荒川磯男他訳、一九八〇、『弁証法的批評の冒険――マルクス主義と形式』晶文社）

（21）Lukács, G. 1969, Zur Ästhetik Schillers, in: *Probleme der Ästhetik. Georg Lukács Werke*, Bd. 10, Herman Luchterhand Verlag.（邦訳、古見日嘉訳、「シラーの美学に寄せて」（一九八七、『ルカーチ著作集七』白水社））以下、同論文からの引用注は、本文中［ ］内に原書の頁数を示す。

（22）Sharpe, L., ibid., pp. 87-88.

（23）Eagleton, T. 1990, *The Ideology of the Aesthetic*, Blackwell.（邦訳、鈴木聡他訳、一九九六、『美のイデオロギー』紀伊國屋書店）以下、同書からの引用注は、本文中［ ］内に原書の頁数を示す。

（24）Jamson, F., ibid., p. 205.

（25）ルカーチ、G著・木幡順三訳、一九七〇、『美学Ⅱ』勁草書房、三六六頁。

（26）Marcuse, H. 1956=1972, *Eros and Civilization*, Sphere Books.（邦訳、南博訳、一九五八、『エロス的文明』紀伊國屋書店）以下、同書からの引用注は、本文中［ ］内に上記ペーパーバック版原書の頁数を示す。

（27）Marcuse, H. 1978, *The Aesthetic Dimension. Toward a Critique of Marxist Aesthetics*. Beacon Press.（邦訳、生松敬三訳、一九八一、『美的次元 他』河出書房新社）以下、同書からの引用注は、本文中［ ］内に原書の頁数を示す。

（28）ウォーリン、R著・村岡晋一他訳、二〇〇四、『ハイデガーの子どもたち――アーレント／レーヴィット／ヨーナス／マルクーゼ』新書館、二五〇頁。

（29）Habermas, J., 1988, *Die philosophische Diskurs der Moderne: Zwölfe Vorlesungen*. Suhrkamp Verlag.（邦訳、三島憲一他訳、一九九九、『近代の哲学的ディスクルスⅠ』岩波書店）以下、同書からの引用注は、本文中［ ］内に原書の頁数を示す。

（30）詳細にハーバーマスの議論をたどった分析は、以下の拙論を参照されたい。西村拓生「ハーバーマスのシラー『美育書簡』論――教育的公共性における「美的なるもの」のアクチュアリティに関する覚書（2）」（二〇〇九、『奈良女子大学文学部研究教育年報』第六号、一六一―一七三頁）。

（31）Gadamer, H.G., 1975, *Wahrheit und Methode. Grundzüge einer philosophischen Hermeneutik*, 4. Aufl., J. C. B. Mohr (Paul

Siebeck), S. 38.（邦訳、轡田収他訳、一九八六、『真理と方法I』法政大学出版局）

（32）ハーバーマス、J著・三島憲一訳、二〇〇〇、『近代――未完のプロジェクト』岩波現代文庫、二一―二五頁。

（33）この問題については、以下の拙論で詳しく論じた。西村拓生、「教育における「公」と「私」をめぐるアリストテレス」（山﨑高哉編、二〇〇三、『応答する教育哲学』ナカニシヤ出版、一二一―一四〇頁）。

（34）注（14）を参照。

（35）注（23）を参照。

（36）木村素衞、「形式と理想」（二〇〇〇、『美のプラクシス』燈影舎、二六頁）。木村のシラー論については、以下の拙論で詳しく論じた。西村拓生「京都学派と美的人間形成論――木村素衞は如何にシラーを読んだのか」（二〇〇八、『奈良女子大学文学部研究教育年報』第五号、八三―九七頁）。

（37）蜂屋慶編、一九八五、『教育と超越』玉川大学出版部、二一頁および三六頁。

（38）田中毎実、二〇〇三、『臨床的人間形成論へ――ライフサイクルと相互形成』勁草書房、二七五頁。

（39）三木清、「親鸞」（一九六八、『三木清全集』第一八巻、岩波書店、四四二頁以下）。

第7章　表象とメディア

教育学的メディア論のための一考察

今井康雄

第一節　「表象」を問うことの意味

教育において世界はいかに提示され表象されるのか――この問いに部分的にでも答えること、教育における提示と表象の基本的な構造の一端を明るみに出すことが本章の目論見である。しかしこうした問いや目論見そのものが、現在の状況のなかでは古色蒼然としたものに映るかもしれない。今日では、教育は提示や表象という課題を回避できる、あるいはむしろ、回避すべきだ、ということが大方の前提になっているように思われるからである。現代の社会では、既存の知識の多くが急速に陳腐化し時代遅れになっていく。世界を表象するような確実な知識が存在するという確信はますます薄れ、哲学的な議論においても、「自然の鏡」（Rorty, 1979）としての知識の存立を否定する反表象主義が支配的となっている。教育関係の議論においても、至る所で「コンピテンス」や「力」が強調されており、それに反比例して世界を表象するような知識はますます片隅に追いやられる（cf. Klieme, et al. 2001; Artelt, et al. 2002; Fuchs,

2003)。教育において追求すべきは、世界を表象するような不動の知識ではなく、急速に変化する現実に柔軟に対応できるような力だとされるのである(今井、二〇〇六参照)。

教育関係の議論におけるこうした支配的な態度と対比したとき、『忘れられた連関』におけるクラウス・モレンハウアーの主張には目を引くものがある。彼はそこで、教育において自らの生活形式を示すということを、以下のように不可避の事態として強調しているからである。

「あらゆる教育事象の不可欠の、避けることのできない要素は、われわれ大人がわれわれ自身の生活を子供に対して提示するという事実である」(Mollenhauer, 1983: 32=1987: 34)。

この主張が当たっているとすると、教育において子供に対して何か実質的な事柄を示すということは不可避だということになる。それは、たとえわれわれが世界を表象するということをできれば避けたいと考えたとしても、不可避なのである。実際、〈表象を避けようとする〉という態度それ自体が、われわれの生活形式を十分に表象していると言えるだろう。そうした態度は、人間のあらゆる資質が流動資本と見なされ、そのつどの状況にどの程度効果的に対応しえたかという、言わば「時価」で人が評価されるような生活形式を、次世代に対して提示——そして同時に表象(=代表的に提示)——しているように思われる。

モレンハウアーは「提示(Präsentation)」と「表象(Repräsentation=代表的提示)」を、文化伝達の二つの様式として区別している。提示は伝達の基底的な様式であり、それは今日でも幼児期の家庭教育に見られるが、社会移動の少ない近代化以前の社会においては支配的であった様式である。それは生活形式を直接示して見せることであり、職人の修行や農作業の見習いがその典型である。社会の近代化にともなう生活圏の拡大や社会移動の常態化によって、こうしたやり方は十分とは言えなくなる。学校で使われる教科書は提示とは異なる表象という伝達様式の典型的な場合である。そこではわれわれは直接世界を見知るのではなく、教科書に表象された世界を介して間接的に現実の世界を見知ることになる。もちろん、学校教育において、われわれは教科書を横に置き、子供たちに職人技を見せたり農作業を直接体験する機会を与えることもできる。しかしその場合でも、そうした体験は運命としてではなく、様々に可能な生活形式の一例として子供たちに与えられているにすぎない（これに対して、家庭環境は現在でもそれ以外に選択肢のない「運命」として子供たちに与えられる）。ここでも伝達の様式は依然として「表象」なのである。――しかし、本章での私の目論見の一つは、「提示」と「表象」の間に果たしてこうした明確な境界線を引くことができるのか否かを問うてみることにある。

〈表象を避けようとする〉という態度には、おそらく多くの正当な理由があるだろう。しかし、実際に生活形式の表象なしで済ますことができ力の訓練に自己を限定できる、と教育に関わる人たちが信じてしまうとすれば問題である。そうなると、提示と表象という事態は、それが現実に行われているにもかかわらず隠蔽され、隠蔽されることによって統御不能状態に置かれてしまうからである。以下では、教育に関する議論から消え去る傾向にあるこの表象という事態を再度想起するための道筋を示すべく試みたい。そのための出発点となるのがモレンハウアーにおける「表象」の構想であり、そこからは「メディア」の概念が論点として浮上してくる（第二節）。ヴァルター・ベンヤミンの理論に依拠することで、「メディア」概念と教育における表象の問題との架橋を試みたい（第三節）。そして最後に、メディアがいかに教育学的に構想可能になるか、その一端を示したい（第四節）。

なお、以下で私は、「メディア（media/Medien）」を、「medium/Medium」を包含する概念として――つまり

medium/Medium の複数形として——使用することにしたい。通常の用語法では、「メディア」は技術的メディアやマスメディアを指す用語として使われ、medium/Medium は哲学・美学や知覚理論の文脈で使われる傾向がある。しかし、最近のメディア史・メディア哲学においては、むしろこの両者の歴史的・理論的連続性を取り出すことが試みられているのである（cf. Mersch, 2006）。

第二節　モレンハウアーにおける「表象」の構想

1　フーコーとモレンハウアー——「表象」の二つの様式

『忘れられた連関』のなかで、モレンハウアーは、フーコーが『言葉と物』において行った「侍女たち」の解釈に修正を加えようとしている。それを促したのは、美術史家H・U・アゼミッセンの研究（Asemissen, 1981）がもたらした知見である。アゼミッセンは、ベラスケスが「侍女たち」を描いたとされる王宮の部屋の配置図と「侍女たち」の絵の比較から、「侍女たち」が実際の部屋と比べて左右逆転した形で描かれていることを見出した。つまり、この絵は全体として鏡像として描かれている、という結論になるのである。——しかし、モレンハウアーはなぜこのアゼミッセンの知見に着目したのだろうか。その背後には、表象についての、フーコーとは基本的に異なる独自の構想があったのではなかろうか。以下では、このモレンハウアー独自の構想を取り出すことを試みたい。

フーコーはこのベラスケスの作品を、同時代の古典主義的な認識枠組みの図像化として解釈した。古典主義的なエピステーメーに従えば、学問の課題は世界の秩序を統一的な記号システムに投射し、記号システムによって表象することにある。「侍女たち」の複雑な画面構成の分析を通して、フーコーは、表象にとって不可欠な構成要素がすべて画面上に再現されていることを示した。画布の前に立つベラスケスの自画像によって示される描き手、後方のドアから姿を見せる宮廷役人に体現された鑑賞者、そして、背後の壁の鏡に写る国王夫妻として描かれた絵のモチーフ、である。この絵のモチーフであるスペイン王夫妻は、絵の中のあらゆる視線がそこに集中する焦点をなしているが、描かれた場面のなかに現前してはおらず、奥の壁の、誰も見ていない鏡のなかに映った鏡像として描かれているにすぎない。まさに国王夫妻の不在によって、表象としての画像を可能にする三つの構成要素のすべてが画面上に再現されることになる。そこからフーコーは以下のように述べる。「おそらくこのベラスケスの絵のなかには、古典主義時代における表象関係の表象のようなもの、そしてそうした表象のひらく空間の定義があると言えるだろう」(Foucault, 1966: 31=1974: 40)。

この図像は、図像を現実に結びつけている構成要素を図像中に明示的に再現しているがゆえに、古典主義時代において「表象」とは何であったかを表象している。そのことによってこの絵は、古典主義的なエピステーメーを特徴づけることになる記号の特質をも表示する。というのも、「ある表象が他の表象に結びつけられ、それ自身のうちにこの結びつきを表象するやいなや、そこに記号が生じる」(Foucault, 1966: 79=1974: 90)。つまり、記号は自らを記号として特徴づけることによって、言い換えれば、その規則を明示的に特定し表明することによって、機能するのである。

フーコーの解釈に従えば、「侍女たち」は、表象それ自体のなかに表象の規則を明示することによって、このような記号論的な表象の寓意画となる。「侍女たち」を記号論的な表象に解消し、そのことによって表象一般を記号論的な表象に限定する可能性を持つ以上のような解釈に、モレンハウアーは対抗しようとしているように思われる。

アゼミッセンに依拠することによって、モレンハウアーは「侍女たち」についての別の解釈の可能性を提案している。つまり――

「ベラスケスは何一つごまかさなかった。彼はすべてをそれがあるがままに描いた。」ただし、「彼は右正面の壁に一枚の巨大な鏡を配置したのである。したがってこの絵は、絵を描くさいに出来したそのシーンの鏡像を、画家がいかに描いたかを示していることになる。」(Mollenhauer, 1983: 65=1987: 74)

この解釈に従うと、この図像はたしかに表象の寓意画ではあるが、記号による表象の寓意画ではなく、鏡像による表象の、言い換えれば感覚知覚を通した表象の、寓意画だということになる。フーコーの「侍女たち」解釈についての『忘れられた連関』での詳細にわたる議論は、この二つの表象形態を区別することがモレンハウアーにとって決定的に重要であった、と考えれば理解のできるものとなろう。モレンハウアーは、この絵のなかに「当時のヨーロッパの状況を特徴づけるような、教育理論的な伝達内容が暗号化されている」(ibid.) と言う。それは、一般的に「表象の困難」と呼ぶことが可能な状況である。上の二つの表象形態を区別することによってはじめて、この「表象の困難」の教育的な意味を理解することも可能になるだろう。

2　ベラスケスとコメニウス——教育的表象の問題

感覚知覚を通しての表象を試みた典型的な場合として、モレンハウアーはコメニウスの『世界図絵』を挙げる。モレンハウアーによれば、ベラスケスは「侍女たち」において仮象と現実の間の境界と戯れることで表象の困難を描き出しているにすぎない。これに対してコメニウスは、『世界図絵』で表象の困難を解決しようと試みたのであった。コメニウスが取り組んでいた教育的表象の課題を、モレンハウアーは以下の三点にまとめられている。

「1多くある可能な教育の素材のうち、何を学ぶことが重要か。2この重要な事柄を、不可欠の直観可能性（*Anschaulichkeit*）のなかで伝達することはいかにして可能か。3表象された事柄を自分のものにするという動機（*Motivation*）を、どうすれば子どものなかに引き起こすことができるか。」（Mollenhauer, 1983: 67f.=1987: 77（強調原文））

コメニウスはこれらの問題をどのように解決しようとしたのだろうか。『世界図絵』を解釈する際に、モレンハウアーは、コメニウスの思想の、伝統的な、前近代的と言えるような側面を強調している。コメニウスは正しい秩序についてのキリスト教的な観念に依拠しており、これによって教材内容に関する第一の問いは解決可能になる。第一の問いは、世界の正しい秩序とは何か、という問いと切り離し得ないからである。そうした秩序原理の凋落が、まさにコメニウスの時代――それは三十年戦争を始めとする宗教戦争の時代であった――に本格的に始まったのであり、コメニウスはキリスト教的な観念によってこれに対抗しようとしていた。

図像の利用という『世界図絵』の最も目立った特徴は、普通、教育方法と動機づけに関わる第二・第三の問いへの回答として解釈される。図像は感覚知覚に直接訴えることができるがゆえに、直観可能性を保証し、したがってまた自然な動機づけを可能にすると考えられるからである。コメニウス以後、直観可能性と動機づけは秩序原理から切り離され、凋落する秩序原理に代って教育的な表象の正統性を保証する役割さえ果すことになる。――ただしこのことが深刻な問題を引き起こすことにもなる。これについては後述しよう。――しかしモレンハウアーに従えば、コメニウスにおける図像の利用は、秩序原理に関わる第一の問いと密接に関連していた。モレンハウアーは図像を次のように位置づけている。

「コメニウスにとって（……）両者、つまり人間の感覚への世界の写像と正しい理念の規準に従ったこの写像の秩序づけが、ともに納得できるものであり手放しえないものであったがゆえに、図像は彼にとってぬきんでた教授学的機能をもつことになる。図像は、直接的な感覚知覚と、この知覚がそのなかで初めて意味を受け取る秩序との間を媒介するのである。」（Mollenhauer, 1983: 59=1987: 66（強調引用者））

図像はこのように、正しい秩序の表象という第一の問題と直観可能性および動機づけという第二・第三の問題とを架橋するがゆえに、教育にとって重要な意味を持つことになる。ここに、表象の困難という問題に対するコメニウスの回答の核心があった。同時に、モレンハウアーがフーコーのベラスケス解釈から距離をとらざるを得なかった根拠もまたここにあったように思われる。フーコーが「侍女たち」の解釈によって明らかにしようとした記号論的表象のメカニズムは直観性を確保しえない。「科学的記号体系」と「感性的直観」とが相容れないものであることを強調する『シンボル形式の哲学』の以下の一節は、記号論的表象と直観可能性との原理的な対立関係を浮き彫りにしている。

「記号のこの定立によって、意識は感覚や感性的直観という直接的基体からますます離れてゆく。（……）／おそらくこの傾向がもっとも明確にあらわれているのは、科学的記号体系の機能においてであろう。特定の元素を示すものとして用いられている抽象的な「化学式」は、直接の観察や感性的知覚がその元素についてわれわれに教えてくれるようなものはもはや少しも含んでいない。（……）化学式は（……）その物体を、一般的法則で規定されている可能的「反応」、可能的因果関係の総体として捉えるのである。」（Cassirer, 1953: 45=1989. 85f.（強調原文））

記号論的な表象は、それが直観可能性を確保しえないがゆえに教育の観点から見れば不十分なのである。「感性的直観」を完全には放棄しないままに「因果連関」や「一般規則」を表象できるためには、教育的表象は記号論的な表象とは別のメカニズムを持つ必要がある、ということになろう。それだけになおさら、直接的な感覚知覚と秩序との間を媒介するという図像の教育学的機能が重要なものとして現れることになる。こうした機能はしかし決して自明とは言えない。何ゆえに、図像は両者を媒介できるのだろうか（この問いに対する哲学・美学からのアプローチとしてBoehm, 2007参照）。

問われているのは、直観可能性を確保可能にするような表象のメカニズムである。ここで私はベンヤミンを想起する。ベンヤミン独特の「星座」「メディア」といった概念は、表象の直観可能性をいかに確保するか、という問題に対する回答として解釈可能である。さらに、ベンヤミンが一九三〇年代に展開したメディア理論は、教育的・直観的な表象がもたらす困難を原理的なレベルで明らかにしてもいる。以下では、ベンヤミンのメディア概念・メディア理論に即して、直観可能性を確保可能にするような表象のメカニズムと、それがもたらす困難を粗描してみたい。

第三節　表象とメディア――ベンヤミンのメディア概念・メディア理論からの展望

1　直観的な表象の方法としての「星座」

ベンヤミンが『ドイツ悲劇の根源』の「認識批判的序論」で提出している「星座」（Konstellation）という概念に、記号論的な表象に対抗する一つの対案を読み取ることができる。以下の一節がその手がかりとなる。以下に引用した一節で問題になっているのは、理念はいかにして表現可能になるか、あるいは「いかなる仕方で理念は現象となるか」という問いである。

「その問いにはこう答えることができる――諸現象の表象によって。（……）理念と事物の関係は星座と星の関係に等しい。この比喩が何よりもまず語っているのは、理念とは事物の概念でもなければ事物の法則でもない、ということである。（……）もろもろの理念はそれぞれに、永遠不変の星座なのであり、そして、諸構成要素がそのような星座のなかに位置する点として捉えられることによって、諸現象は分割され、かつ同時に、救出されているのだ。」（Benjamin 1980（1928）: 214=1999: 32f.）

ここでは表象は、星（現象）と星座（理念）の関係として捉えられている。星は星座のなかに配置されることで、確かに無数の星くずのなかから分割して取り出されはするが、それでも星としての具体性を失うことはない。「星座」として表象を捉えた場合、個々の現象の直観可能性は、概念や法則（カッシーラーの言う「科学的記号体系」）におけるのとは違って、表象において捨象されることはないだろう。表象は何らかの抽象によって実現されるのではなく、具体的な現象をその具体性のままで星座へと配置することによって実現されるからである。

表象における直観可能性の確保というこのモチーフは、ベンヤミンが亡命生活のなかで取り組んだパッサージュ論のプロジェクトにも見ることができる。パッサージュ論は、一九世紀パリのパッサージュ（アーケード街）に関わる雑多な事物や出来事に即して、ブルジョアジーの時空間を再構成しようとする試みであった。一九世紀のブルジョアジーの「時空間（Zeitraum）」は「時代の夢（Zeit-Traum）」でもあり（Benjamin, 1983（1929/1940）: 491=1994: 7）、そこから目覚めることが自らの時代の課題だとベンヤミンは見ていた。パリのパッサージュのなかには、こうした現代的なアクチュアリティをはらんだ過去のイメージ（「弁証法的イメージ」）が結晶していると考えられた。そうしたイメージを取り出すことがパッサージュ論の目論見であった。

このパッサージュ論のために、ベンヤミンは再度――『ドイツ悲劇の根源』における「認識批判的序論」がそうだったように――歴史哲学的に基礎づけられた独自の歴史記述の方法論を構想した。パッサージュ論における自分の方法を、ベンヤミンは「文学的モンタージュ」(Benjamin, 1983, (1929/1940) : 574=1993: 12) と名づけている。それは、以下の引用に見られるとおり、まさに表象の直観可能性の問題に対する回答でもあった。

「もうそろそろ認識されてしかるべき史的唯物論の中心的問題。つまり、歴史についてのマルクス主義的理解は必然的に歴史の直観可能性 (Anschaulichkeit) を犠牲にせざるをえないのか。あるいは、直観可能性の上昇とマルクス主義的方法の遂行とを結びつけることはいかにして可能なのか。そのための第一段階は、モンタージュの原則を歴史のなかに受容することであろう。」(Benjamin, 1983 (1929/1940) : 575=1993: 14)

ベンヤミンはこのモンタージュの方法を、端的に次のように表現している。「私は何ごとも述べない。ただ示すだけだ (Ich habe nichts zu sagen. Nur zu zeigen.)」(Benjamin, 1983 (1929/1940) : 574=1993: 12) ――明らかにここでも、個々の現象とその表現との間の星座に似た関係が予定されている。それは、歴史を物語るのではなく、歴史のなかの個々の事物を指し示し励起させることで「星座」を浮かび上がらせるような方法である。現在『パッサージュ論』として出版されているテキストは、そのかなりの部分が抜き書きからなり、かつ、そうした断片が「(N 3a, 1)」のような独特の符号を付けてハイパーテキスト的に結合されている。これを、本格的な著作のための単なる準備ノートして片付けるわけにはいかないだろう。ベンヤミンは、パッサージュ論の方法を以下のように星座という思考像で説明している。

> 「過去がその光を現在に投射するのでも、また現在が過去にその光を投げかけるのでもない。そうではなくイメージのなかでこそ、かつてあったものはこの今と閃光のごとく一瞬に出会い、一つの星座を作り上げるのである。言い換えれば、形象は静止状態の弁証法である。（……）弁証法的なイメージのみが真の（つまりアルカイックでない）イメージである。そしてこのイメージにわれわれが出会う場、それが言語である。」（Benjamin, 1983（1929/1940）: 576f.=1993: 16f.）

2　星座のメディア的構造

ベンヤミンは、前項の最後の引用にあるとおり、モンタージュが人為的・恣意的に適用できるような方法であるとは見ていない。イメージは「言語」において結ばれるはずなのであった。事実、ベンヤミン独特の「星座」という思考像の源泉を、一九一六年に書かれた言語論「言語一般および人間の言語について」にたどることが可能である。学生時代に書かれたこの言語論は、友人の間で回覧に供されたのみで活字化されることさえなかった。しかし、この一六年言語論の重要性はどれほど強調してもしすぎることはない。それは「ベンヤミンの多くの著作を集約する出発点かつ目標点」（Menninghaus, 1978: 9）となっているのである。

この一六年言語論文は、言語を、以下の引用に見られるとおり、「最も純粋な意味での「メディア」」と規定している。

> 「どの言語も自己自身を伝達する。あるいは、より正確に言えば、どの言語も自己自身において自己を伝達するのであり、言語はすべて、最も純粋な意味で伝達のメディアなのだ。メディアであること（das Mediale）、これこそがあらゆる精神的伝達の直接性（*Unmittel*barkeit）をなし、言語理論の根本問題をなすものである。」（Benjamin, 1980（1916）: 142=1955: 13（強調原文））

言語が「メディア」である、その理由は、「精神的本質は言語において伝達されるのであって言語を通して伝達されるのではない」（Benjamin, 1980（1916）: 142=1995: 11（強調原文））という点にある。言語による伝達は、伝達されるべき意味内容が言語の外部にまずあって、それを音声や文字といった言語的手段を通して伝達する、という具合になされるのではない。ベンヤミンにとって、言語は、伝達すべき内容から分離可能であるような手段ではなかった。「メディア」という概念は、さし当たり、言語のこの非手段性（Un*mittel*barkeit）を意味している。

言語の意味内容は、それを伝達する物質的な契機（音声や文字）から分離しえない。しかし、この物質的契機は意味内容と同一物ではなく、けっしてその固有性を失うことはない。それゆえベンヤミンは、「精神的本質と、その伝達をになう言語的本質との区別は、言語理論的研究における最も根源的な区別」（Benjamin, 1980（1916）: 141=1995: 11）だと言う。言語における意味内容と伝達手段のこの連続性と非連続性の同居を、どのように理解すれば良いのだろうか。ここに見るべきは、「非連続性によって印づけられ、パラドックスによって屈折された、メディアのなかの連続性」（Menke, 1991: 53）であろう。ベンヤミンにおける「メディア」の概念は、連続性と非連続性のパラドックス的と見える断絶を、架橋するような構造的特性を持っていたと考えられる。

個々の事物をメディアに変容させるのはこうした架橋の構造である。論理的・範疇的には異質なもの（たとえば音声と概念）を垂直的に結合する可能性を持ったこの種の構造を、私は「メディア的構造」と呼びたい。このメディア的構造は、星座の概念にとっても不可欠なものであった。そこでは、具体的な現象が抽象化されるのではなく、星座のなかに配置され、それによって理念の構成要素へと「救出」される。直観的な表象を可能にするメカニズムは、何よりも言語を典型とするようなメディアに、またそれが持つメディア的構造に見出すことができるだろう。

3　技術的メディアの問題

シニフィアン／シニフィエという概念対の場合とは違って、ベンヤミンのメディア概念においては言語の物質的契機が自立性を失うことはない。伝達のこうした物質的・外的側面への注目は、画期的なメディア理論の構想へと三〇年代のベンヤミンを導く駆動力となったように思われる。その構想は、メディア論の古典として今日でも繰り返し参照される論文「複製技術時代の芸術作品」に結実する。この論文もまたパッサージュ論のプロジェクトに起源を持つ。それは、一九世紀を振り返るベンヤミン自身の、現時点の状況を確定しようとするものであった（cf. Benjamin, 1999: 209）。

「複製技術」論文でベンヤミンは、一見したところコミュニケーションの物資的・外的条件にすぎないように見える技術的複製が、芸術や芸術観の核心部分に影響を与えることを強調した。その際決定的な要因となるとベンヤミンが考えたのは、技術的複製が知覚の様式を変化させる、ということであった。知覚は決して自然の事実ではない。「人間の知覚が組織されるあり方——知覚を生じさせるメディア——は、自然の条件のみならず、歴史的な条件にも制約されている」（Benjamin, 1989 (1936): 354=1995: 591）。知覚はメディアの介在を必要とするが、そのメディアは歴史的にも構築されているのである。「複製技術」論文において、ベンヤミンは現代的なメディア、とりわけ映画が、いかなる影響を知覚に及ぼすかに関心を向けた。

ここでも、メディアへのベンヤミンのアプローチは表象の直観可能性という『ドイツ悲劇の根源』でもパッサージュ論でも共有されているテーマと深く結びついている。以下の引用に見られるとおり、映画の特質はその「現実描写」のあり方に求められるのである。

「画家によるイメージが全体的なものであるのに対し、カメラマンによるイメージはばらばらに寸断されたものであり、その諸部分は、のちにある新しい法則にしたがって集められる。映画による現実描写のほうが現代人にとって比較にならぬほど重要であるのは、現代人が芸術作品から正当にも要求している、機械装置から解放された現実の姿を、映画の描写がまさに現実に機械装置を徹底的に浸透させることによって与えてくれるからなのである。」（Benjamin, 1989（1936）: 374=1995: 616（強調原文））

映画による現実描写は、直観的表象の必要条件を申し分なく満たすように思われる。映画的なモンタージュには（「文学的モンタージュ」の場合と同様）、星座に似たメディア的構造を見ることができるだろう。現実を機械装置によって裁断し、その細切れの小部分を組み合わせて作った星座が、逆説的にも、機械装置から解放された現実の印象を生み出すことになるのである。このような直観的表象のメカニズムによって、表象をめぐるコメニウス以来の教育的問題——表象はいかにして秩序の表象と直観性の確保の両方を同時に満たしうるのか——にも解決が与えられるのだろうか。

機械的複製技術による直観的表象によって、直観可能性の教育的な価値はむしろ根本的に揺らぐことになろう。直観可能性は、単に動機づけに役立つというだけでなく、秩序原理の凋落というもう一方の困難を一定程度埋め合わせることさえできた。それは、表象されたものを自らの知覚によって検証する自由空間を学習者に対して開くからである。表象が直観可能性を持つということは、表象されたものの正当化にも遡及的につながっていくはずであった。ところが、機械的複製技術の浸透によって、直観可能性に対して想定されていたこうした前提は根本的に疑問にさらされることになる。というのも、「複製技術は（……）複製される対象を伝統の領域から引き離す」（Benjamin, 1989（1936）: 353=1995: 590）からである。教育的作為に歯止めをかける「ブレーキ」あるいは「フィルター」（cf. Mollenhauer, 1983: 46=1987: 51）としての伝統が失われることで、知覚は技術的メディアによって人為的・恣意的に操作可能になる。コメニウスの場合、図像というメディアは、教育的作為のなかに組み込まれながらも、なお秩序原理と架橋され、それが教育的作為に対する「ブレーキ」として機能していた。秩序原理が最終的に凋落することによって、本来恣意的でない「星座」がほぼ完璧に作為可能になるのである。直観さえが操作可能となることで、直観可能性によって保証されるはずだった自由空間が無効化されてしまう。このことは、教育的に見たとき影響甚大である。表象されたものがたとえ直観的かつ動機形成的に子供たちに提供されたとしても、それは表象が教育的に見て適切であることをもはや意味しない（今井、二〇〇五a・b参照）。

技術的メディアの教育的問題は、それが一見機械装置ぬきの、つまりメディアぬきの現実なるものを示してしまう点にある。表象された世界は、もはや表象された何かとしてではなく、メディアによる媒介なしの現実そのものとして現れるのである。――ついでに言えばこれは、表象の回避可能性と「力」の信憑性をあたかも現実そのものであるかのように描き出す現在の支配的な教育論が好んでなぞっている現実であるかもしれない。――それだけになおさら、提示が教育にとって根本的だというモレンハウアーのテーゼを真剣に受け取り、教育において提示が具体的にどのように生じているかを問うことが重要になるだろう。そのことによってわれわれは、メディアの関与を、それとともに表象（＝再提示）の契機を、何かしら不可欠のものとして教育という事象のなかに組み込むことになるからである。メディアの作用を可視的にすること、しかも教育過程そのもののなかですでに可視的にすることが、教育学の重要な課題となる。たとえばアドルフ・ライヒヴァインは、そうした仕方でナチスのプロパガンダの作用を明るみに出すことを試みた（今井、二〇〇五a参照）。以下では、教育における提示とメディアとの錯綜を基礎的なレベルで分析すべく試みることにしたい。

第四節　教育学的メディア論に向けて

まず最初に、直観的な表象の記号論的な表象に対する教育的な有意性を確認しておきたい。記号論的な表象にとっては、表象の規則が表象されたもの自体のなかに表示されていることが不可欠であった。表象が機能するためにはその規則がすでに受け手に理解されていなければならない。しかし、その規則を受け手はいかに理解するようになったのか。つまり、いかに規則を学んだのか。——このように規則の可能性の条件をその理解・学習のなかに探求していくと、最終的にはブックの言う「導入的納得（einführende Verständigung）」（Buck, 1989: 1）の場面に行き着くことになる。それは、「理解の地平」を開き、それによって「学習」なるものを初めて可能にするような教育の原初的場面である。教育の可能性を問うような基礎的なレベルでは、規則の理解という記号論的表象の想定は、教育的コミュニケーションがまさに前提にできない当のものなのである。ここに、なぜ教育における表象が記号論的な表象に解消できないのか、についての、単なる動機づけや「分かりやすさ」のレベルを超えた理由を見ることができる。

「導入的納得」の原理的困難は、『哲学探究』におけるウィトゲンシュタインの議論の重要な準拠点でもあった。『哲学探究』の多くの節で、ウィトゲンシュタインは、教師が生徒に数列を教えるという教育的な場面を議論の出発点にしている。彼はそこで、教育に関わる深刻なジレンマを提出している。具体的な数列（たとえば、一、三、六、一〇、一五）を言えるように訓練することは、この数列の規則の理解（二一、二八、三六、…と続けていけること）を決して保証するものではない。たとえ規則の公式（たとえば、$a_{n+1}=a_n+(n+1); a_0=0$）を示したとしても、生徒の側の理解を期待することはほとんどできないだろう。というのもこの数列についての——ブックの用語を使えば——「理解の地平」がその生徒には欠けているからである。この「理解の地平」をまず作り出すことが、ここでは教えることの課題となっていた。「理解の地平」を作り出すためには個別的な事例から出発するしかないが、その個別的な事例を事例として理解するためには、個別的な事例を事例として位置づけることを可能にしている規則なり構造なりの理解が必要となるのである。

このウィトゲンシュタインのジレンマ（今井、二〇〇六）――それは一般に「学習のパラドックス」とも呼ばれる（Fodor, 1975: 95; Bereiter 1985; Luntley 2007; 河野・松丸・今井、2011: 146f.）――をモレンハウアーも念頭に置いていた。『忘れられた連関』の「提示」の章で、モレンハウアーは、『哲学探究』冒頭でのアウグスティヌス批判に言及しつつ、ジレンマを次のように定式化している。「子供たちは、すでに構造を理解している限りにおいてのみ、個物を理解する」（Mollenhauer, 1983: 27=1987: 27（強調原文））。ここからはジレンマの解決も明らかになる。「教育という事態の最初の、そして言葉の厳密な意味において「基礎的」な過程は、したがって構造の提示」（ibid.）だというのである。

ウィトゲンシュタインのジレンマに即して、モレンハウアーは、自らの生活世界を提示することの不可避性という私が本論の出発点としたテーゼを基礎づけているわけである。しかし、この「「基礎的」な過程」、つまり構造の提示は、いかにして可能になるのだろうか。これは、われわれが教育の事実性のレベルを越えてこの事実性の根拠のレベルに定位しようとすれば、けっして簡単に答えられる問いではない。私が試みに提出したい答えは以下のようなものである。つまり、「構造」が実際に提示可能であるためには、提示自体が表象（再提示）の契機を含む必要があり、その際にはメディアの関与が不可欠となる。そして、ウィトゲンシュタインは『哲学探究』においてこのような見通しを示唆していたのである。

教師が特定の事物を示して生徒に名前を教えるような「直示的教示（hinweisendes Lehren）」――たとえば、二本の木が立っている場所を指さして「これが「二」だ」と言う、といった類の教示――は、上に述べたような規則教示の困難にぶつかる。しかし、「提示された諸事例から離れまいとしているような教授は、諸事例を「越えて示す（*hinausweisen*）」ような教授から区別される」（Wittgenstein. 1988: §208（強調原文））とウィトゲンシュタインは言う。ここで問題になっているのは、いかにして人は「同じ」という概念を、この概念をまだ有していない人に教えるのか、という問いである。まさに「導入的納得」の可能性が問われている場合、ということになる。ウィトゲンシュタインの答えは以下のようなものである。

「たとえばフランス語しか話せない人には、私はこれらの語をそれに対応するフランス語によって説明するだろう。しかし、そのような概念をまだ持っていない人には、私はその言葉の使い方を、事例（*Beispiele*）によって、また練習（*Übung*）によって教えるだろう。（……）／こうした教授において、したがって私は、その人に同じ色、同じ長さ、同じ形を示し、彼にそれらを発見させる、製作させる、等々のことをするであろう」（ibid.（強調原文））。

ここでウィトゲンシュタインが描こうとしているのは「教授」という教育的状況であり、そこでは個別的なものを越える「理解の地平」を示すことが試みられる。この種の状況においてはじめて、個別現象は、求められている「構造の提示」を可能にすることができる。同じ色、長さ、形、等を持った事物は、ここではメディアとして働くことになる。ここには、論理的・範疇的に異質なもの――個々のモノと「同じ」であるというコト――の間の垂直的結合という先に述べたメディア的構造を見ることができる。個別現象にこのような表象の可能性を与えているのは、先に述べたメディア的構造なのである。「構造の提示」という基礎的な過程を可能にしているものを、メディアによる――

従ってまたメディア的構造をもった――表象のなかに見ることができるだろう。

メディアは学習者に一定の自由空間を保障することができる。なぜならそれは、記号とはちがって、規則に従った推論を要求しないからである。メディアにおいては、個別的なもの（事例としての同じ色を持った事物）から一般的なもの（「同じ」ということの理解）への移行は、帰納（induction）のような論理的な強制力を持った推論としては考えられていない。この移行は、限定された数の場合をもとに、そこから確からしく思える仮説へと飛躍する「仮説的推論（abduction）」に近い。これによって学習者には必然的に自由空間が開かれることになるが、この自由空間が教育的コミュニケーションに一定の不確実性を引き起こすことにもなる。

ここで想定されている論理的な飛躍は、レトリックの文脈で解釈することもできる。上に見たとおり、ウィトゲンシュタインは教授の効果的な方法として「事例」に言及している。そこで想定されていることは論理的な推論よりはレトリック的な説得に近い。アリストテレスの『弁論術』において、事例は、レトリック的な推論（「エンテュメーマ」）と並んで、説得の重要な構成要素であった（cf. Buck 1989: 46）。たとえば、護衛兵を要求するディオニュシオスは僭主制を企んでいるにちがいない、なぜならペイシストラトスも、テアゲネスも、護衛兵を要求して、それを受け取ると僭主になったからだ（アリストテレス 1968: 17ff.）。――事例のレトリック的な適用は、論理的な飛躍（ディオニュシオスがペイシストラトス、テアゲネスらと同じである必然性は存在しない）に一見必然的な信憑性を与えることになる。そしてそのことが可能になるのは、よく知られた事柄（この場合で言えばペイシストラトスとテアゲネス）の直観可能性を恣意的に利用することによっている。

「教授」のような教育的な状況設定の使命は、個別的なものから一般的と考えられるものへの不確かな移行ないし飛躍を確からしいものにすることにあると言えるだろう。それは上のレトリックの例のような危うい説得となる可能性もある。しかし説得のためには教育的状況設定はメディアを必要とするのであり、このメディアが、必然的に自由空間を導き入れることにもなる。教育的状況がメディアを必要とし、メディア的構造に遡及しなければならない限り、学習者には、外部からは規制不可能な自由空間が保障されることになる。たしかに、教育的状況に投入される様々なメディアは、その大部分が、この自由空間をできる限り狭めることをめざしている。しかし、メディアが教育的状況のなかに引き起こすメディア的構造が、常に一定の自由空間を学習者に開示してしまう。この両契機――自由の制限と保障――の対立と共振とを様々なメディアにおいて分析することは教育学的メディア論の重要な課題となろう。

* 本章は以下の拙論に加筆修正をほどこしたものである。Imai, Y., 2010, Die Medien und die "Repräsentation". Unterwegs zu einer pädagogischen Semantik der Medien, Dietrich, C., & Müller, H.-R. (eds.) *Die Aufgabe der Erinnerung in der Pädagogik*, Bad Heilbrunn: Klinkhardt, 299-312. ――なおこの『教育学における回想という課題』と題された論集は、クラウス・モレンハウアー（一九二八―一九八）の没後一〇年を記念して二〇〇八年一一月にオスナブリュック大学で開かれたシンポジウムを基にして出版されたものである。

参考文献

アリストテレス、「弁論術」（一九六八、『アリストテレス全集』第一六巻、岩波書店、一―三二九頁）

Artelt, C., Schiefele, U., Schneider, W., & Stanat, P., 2002, Leseleistung deutscher Schülerinnen und Schülern im internationalen Vergleich (PISA), *Zeitschrift für Erziehungswissenschaft* 5 (1), 6-27.

Asemissen, H. U., 1981, *Las Meninas von Diego Velazquez*, Kassel: Gesamthochschul-Bibliothek.

Benjamin, W., 1980 (1916), Über Sprache überhaupt und über die Sprache des Menschen, *Gesammelte Schriften*. Vol. 2,

Frankfurt am Main: Suhrkamp, 140-157.（「言語一般および人間の言語について」浅井健二郎訳、一九九五、『ベンヤミン・コレクション』1、筑摩書房、七─三六頁）

Benjamin, W., 1980 (1928), Ursprung des deutschen Trauerspiels, *Gesammelte Schriften*. Vol. 1, Frankfurt am Main: Suhrkamp, 203-430.（浅井健二郎訳、一九九六、『ドイツ悲劇の根源』上、筑摩書房）

Benjamin, W., 1983, (1929/1940) *Das Passagen-Werk, Gesammelte Schriften*, Vol. 5, Frankfurt am Main: Suhrkamp.（今村仁司・大貫敦子・高橋順一・塚原史・三島憲一・村岡晋一・山本尤・横張誠・與謝野文子訳、一九九四、『パサージュ論3　都市の遊歩者』岩波書店）

Benjamin, W., 1983, (1929/1940) *Das Passagen-Werk, Gesammelte Schriften*, Vol. 5, Frankfurt am Main: Suhrkamp.（今村仁司・大貫敦子・高橋順一・塚原史・三島憲一・村岡晋一・山本尤・横張誠・與謝野文子訳、一九九三、『パサージュ論4　方法としてのユートピア』岩波書店）

Benjamin, W., 1989 (1936), Das Kunstwerk im Zeitalter seiner technischen Reproduzierbarkeit (zweite Fassung), *Gesammelte Schriften*, Vol. 7, Frankfurt am Main: Suhrkamp, pp. 350-384.（「複製技術時代の芸術作品（第二稿）」（久保哲司訳、一九九五、『ベンヤミン・コレクション』1、筑摩書房、五八三─六四〇）

Benjamin, W., 1999, *Gesammelte Briefe*, Vol. 5, 1935-1937, Frankfurt am Main: Suhrkamp.（野村修訳、一九七五、『ヴァルター・ベンヤミン著作集』一五（書簡二、一九二九─一九四〇））

Bereiter, C., 1985, Toward a solution of the learning paradox, *Review of educational research*, 55, 201-226.

Boehm, G., 2007, *Wie Bilder Sinn erzeugen. Die Macht des Zeigens*, Berlin: Berlin University Press.

Buck, G., 1989, *Lernen und Erfahrung - Epagogik. Zum Begriff der didaktischen Induktion*, Vollrath, E., (ed.), 3. ed., Darmstadt: Wissenschaftliche Buchgesellschaft.

Cassirer, E., 1953, *Philosophie der symbolischen Formen. Erster Teil. Die Sprache*, Darmstadt: Wissenschaftliche Buchgesellschaft.

（生松敬三・木田元訳、一九八九、『シンボル形式の哲学　第一巻　言語』岩波書店）
Fodor, J. A., 1975, *The language of thought*, Cambridge, Mass.: Harvard University Press.
Foucault, M., 1966, *Les mots et les choses*, Gallimard.（渡辺一民・佐々木明訳、一九七四、『言葉と物――人文科学の考古学』新潮社）
Fuchs, H.-W., 2003, Auf dem Weg zu einem Weltcurriculum? Zum Grundbildungskonzept von PISA und der Aufgabenzuweisung an die Schule, *Zeitschrift für Pädagogik* 48（2）, 161-179.
今井康雄、二〇〇五a、「アドルフ・ライヒヴァインのメディア教育学――教育的抵抗とは何か」（『東京大学大学院教育学研究科紀要』第四四号、一―一九頁）
今井康雄、二〇〇五b、「メディアを通しての美的影響行使――「ヒトラー青年クヴェックス」の場合」（研究代表者・今井康雄『「美的なもの」の教育的影響に関する理論的・文化比較的研究』平成一四―一六年度科学研究費補助金・基盤研究（B）研究成果報告書、課題番号一四三一〇一二四、四八―七一頁）
今井康雄、二〇〇六、「情報化時代の力の行方――ウィトゲンシュタインの後期哲学をてがかりとして」（『教育学研究』第七三巻第二号、九八―一〇九頁）
Klieme, E., Funke, J., Leutner, D., Reimann, P., & Wirth, J., 2001, Problemlösen als fächerübergreifende Kompetenz. Konzeption und erste Resultate aus einer Schulleistungsstudie, *Zeitschrift für Pädagogik* 46（2）, 179-200.
河野哲也・松丸啓子・今井康雄、二〇一一、「心の哲学と「力」の概念」（『教育哲学研究』第一〇三号、一四二―一四六頁）
Luntley, M., 2007, Conceptual Development and the Paradox of Learning, *Journal of Philosophy of Education*, 42（1）, 1-14.
Menke, B., 1991, *Sprachfiguren. Name, Allegorie, Bild nach Benjamin*, München: Fink.
Menninghaus, W., 1978, *Walter Benjamins Theorie der Sprachmagie*, Frankfurt am Main: Suhrkamp.
Mersch, D., 2006, *Medientheorie zur Einführung*, Hamburg: Junius.

Mollenhauer, K., 1983, *Vergessene Zusammenhänge. Über Kultur und Erziehung*, München: Juventa.（今井康雄訳、一九八七、『忘れられた連関——〈教える—学ぶ〉とは何か』みすず書房）

Rorty, R., 1979, *Philosophy and the Mirror of Nature*, Princeton: Princeton University Press.（野家啓一監訳、一九九三、『哲学と自然の鏡』産業図書）

Wittgenstein, L., 1988, Philosophische Untersuchungen, *Werkausgabe*, Vol. 1, Frankfurt am Main: Suhrkamp, 225-560.（藤本隆志訳、一九七六、『ウィトゲンシュタイン全集』第八巻、大修館書店）

第8章　生成と発達を実現するメディアとしての身体

西田幾多郎の歴史的身体の概念を手掛かりに

矢野智司

我々は通常、過程的自己を自己と考へて居るから、かゝる場合、自己が物と合一するとか或は自己がなくなるとかのみ考へるのであるが、単に自己がなくなるのではなく、すべて有るものが自己に於てあるものとなるのである。真に無にして見る自己といふのは、かゝる過程的自覚を包んだ直覚面でなければならぬ。斯くして我々は天光る月にも野に啼く虫にも自己の生命を感ずると云ひ得るのである。（西田幾多郎『一般者の自覚的体系』）

第一節　バタイユから西田幾多郎への道

禅の修行者であった西田幾多郎とエロティシズムの思想家ジョルジュ・バタイユ、この二人の組み合わせはとても奇異に感じられるかもしれない。西田幾多郎とベルクソンであれば、西田がベルクソンの生命論に深く影響を受けつつ思索を進めてきたことはよく知られている。しかし、西田とバタイユにはそのような思想的接点がない。それにもかかわらず、西田とバタイユの思想にも表面的な違いを超えて深く通底しているところがある。それは両者がベルクソン、ニーチェの影響を受けていることやヘーゲルの弁証法を論理に据えているといったことだけではない。『善の研究』（一九一一年）における初期西田哲学の出発点は、よく知られているように主客未分の純粋経験である。その思想的課題は、この主客未分の純粋経験からいかにして主―客へと分かれる思惟が生まれるかにあった。西田はこの問いを純粋経験の自覚として捉えようとした。思惟は純粋経験から発生するのであって、純粋経験が思惟によって基礎づけられるのではない。思惟は「純粋経験の自発自展」の運動のうちに捉えられる。この『善の研究』の課題を受けついだ『自覚に於ける直観と反省』（一九一七年）は、ベルクソン的な「直観」とリッカート的な「反省」、すなわち生の哲学の生命主義と新カント学派の論理主義との間をつなぐ統一的な原理を、フィヒテの「事行」の概念を手掛かりに、「自覚」に探り当てようとした思想的「悪戦苦闘のドッキュメント」である。時間的な生命がいかにして空間的な形をとるのか、純粋経験から出発しつつ、意識事象の最深部に向けて細心かつ大胆な探究が推し進められ、自他に分かれた「思惟の世界」「歴史の世界」、そして「我なし」の「芸術の世界」「宗教の世界」が生みだされる経験の動的な論理構造が明らかにされる。

『自覚に於ける直観と反省』において、種々の世界が誕生する論理はこうである。最も直接的な実在である「絶対自由の意志」（純粋経験にあたる）が否定されることによって「思惟の世界」が生まれる。さらにこの「絶対自由の意志」は、この思惟の立場をも否定する。否定を否定するということは、主と客に分かれた分別の世界が否定されことを意味する。つまり私たちが唯一の世界と思い込んでいるこの世界は、ふたたび否定されることで、一層具体的実在と考えられる「芸術の世界」「宗教の世界」へと開かれるというのである。

このような西田の論理構造はバタイユの論理構造と同形である。知識以前ともいうべき「純粋経験」「絶対自由の意志」（西田）―「内在性」「連続性」（バタイユ）を出発点とし、それが「絶対否定」「無限の衝動」（西田）―「死の意識」（バタイユ）によって否定され、主客が分裂した「思惟の世界」（西田）—「現実意識の世界」（バタイユ）が誕生し、その否定がさらに否定されることによって脱自的な「芸術の世界」「宗教の世界」（西田）—「内的体験」「非—知の体験」（バタイユ）が生起する、この弁証法的なダイナミズムの論理的類似性は、西田の哲学世界と根源のところでバタイユの世界とが呼応しあっていることを示している。生の底に死を感じる悲哀の感情を根元的情動とし、自己を無にし「死することによって生きる」ということのうちに人間存在のダイナミズムを捉えた西田にとっても、あるいは、死への恐れや嫌悪が内面化することによって否定する力となり、その刻み込まれた否定の力によって誕生する現実意識の世界をさらに否定（破壊・侵犯）することで、死にゆく体験ともいうべき脱自の「非—知の体験」を生きるものとして人間存在を捉えたバタイユにとっても、人間存在とはいつもすでに無に曝されつつ根源的に否定を孕む矛盾した運動態なのである。

西田とバタイユ、この両者の思想的類似性を指摘するのは、なにも両者の思想が同じだと主張したいためではない。私が西田とバタイユという取りあげ方をしたのは、西田とバタイユが根源で思想的呼応関係にあることを踏まえた上で、私の課題を考えるための手掛かりを、西田の思想のうちに求めたいからである。私はこれまで「生成と発達の教育人間学」の構築を目指してきた。思惟を媒介とする問題解決のような「経験」によって分節化する社会的有能性の「発達」と、脱自の過剰な「体験」によって生起し生命性に触れる「生成」、この両者の関係を私はバタイユの思想を手掛かりに、動物性としての連続性の「否定」による「人間化」と、さらにこのようにして生まれた有用性の世界を再度否定する「否定の否定」の「脱人間化」として捉えた。しかし、次元の異なる「体験」と「経験」とが、どのようにして人間という場に生起するのか、その機構については明確にすることができなかった。教育実践との回路を開くべき教育人間学という立場からは、この機能の原理的な考察は不可欠だと考えられるが、この問いについての答えをバタイユの思想に見出すことは困難である。この問題を考えるための道筋はさまざまにあるだろうが、私はその機構を身体論から明らかにできるのではないかと考えた。そして西田の身体論は、バタイユの理論を再考しつつ、この問題を考える上で最良の手掛かりになるのではないかと考えた。

このような目論見から、私はすでに拙論「生命論とメディアの教育学―生命性と有能性が生まれる身体という場」において、西田の「歴史的身体」の概念を基に、生成と発達を可能とするメディアとしての身体について論じた。しかし、そこでは西田の論理構造に深入りすることなく、生成と発達を可能とするメディアの側に考察の重点をおいて論じるにとどまっている。本稿での論究はその続編をなすものである。本稿では、先の論文の道筋とは反対に、西田の論理構造の側に考察の重点をおいて、そこから生成と発達を可能とするメディアとしての身体概念を捉え直したい。

西田哲学は「純粋経験」から始まり、「絶対自由の意志」の立場を経て、「場所」の論理の立場へ、そして「場所」から「弁証法的一般者」へと具体化され、ここからさらに「行為的直観」の立場へといたる。西田哲学に「歴史的身体」が登場するのは、後期のテクストにおいてである。初期の西田とは異なり、後期の西田においては、自覚の原理は否定の否定といった論理構造ではなく、これから明らかになるように、「絶対矛盾的自己同一」の原理に基づく「行為的直観」という用語でもって言い表されるのだが、それはいわば「否定の否定の世界」が「否定の世界」の上に折り重なったような論理構造となっている。つまり日常の世界が、直ちに芸術の世界・宗教の世界ともなる。本稿では西田の「歴史的実在の世界」の論理、そしてその世界における人間存在を捉える人間学の原理とも言うべき「行為的直観」の論理を検討し、そこからさらに「歴史的身体」の論理構造を明らかにする。その上で、西田の論理構造から生成と発達を可能とするメディアとしての身体概念を捉え直し、最後に、後期の西田哲学の歴史的身体論にしたがいつつ、「生成と発達の教育人間学」の思想史的な捉え直しをはかる。

第二節　歴史的実在世界の論理

１　生命の論理

田邊元からの西田哲学批判に対する応答、また同時期のマルクスへの批判的研究を通して、西田哲学の場所論は歴史的世界における行為的直観の理論として深められていく。論文「論理と生命」（一九三六年）は、後期の西田の到達点を示すとともに、以後の京都学派の人間学を推し進めることになる記念碑的論文である。(1) そのタイトルが示すように、この論文は論理と生命との関係を論じたものであるが、論理によって生命を明らかにするのではなく、生命から論理がどのように生まれてくるかを主題にしたものである。その意味で言えば、『自覚に於ける直観と反省』におけるベルクソンとリッカートの問題枠組みが反復されているが、より思索の世界が拡大されまた深化したものといえるだろう。このときに主題を読み解く鍵となるのが、「我々は道具でもって物を作る」とテクストのなかで幾度となく繰り返される人間学的命題と、私たちが「身体的存在」であるとともに「身体を道具として有つ者」であるとする二重性の身体概念である。(2)

まず西田哲学における生命論の核心が述べられているところから引用してみよう。西田の実在世界の論理構造を論じるさいの論理的特徴がよく表現されているところである。

> 矛盾の自己同一といへば、人は唯過程的に、否定が直に肯定であり肯定が直に否定であると考へる。併し絶対否定の弁証法といふのは、個物的限定即一般的限定、一般的限定即個物的限定、時間即空間、空間即時間といふことでなければならない。個物が

個物自身を限定するといふことは他を否定して自己となすことであり、それは軈て自己自身を否定して一般となることであり、一般が自己自身を限定するといふことは自己を個物化することであり、それは軈て自己自身を否定して個物となることである。故に個物と個物との相互限定といふことは非連続の連続の媒介者が自己自身を限定することであり、非連続の連続の媒介者が自己自身を限定するといふことは個物と個物との相互限定といふことである。かゝる矛盾の自己同一として生命といふものが考へられるのである。（八巻、二八一頁）（筆者註、「軈《やが》て」は古語としての使用法「即ち」の意味であろう）

この文章を命題化すれば、「生命とは矛盾的自己同一の論理構造として考えられる」と言っているのだが、「矛盾の自己同一」「個物的限定即一般的限定、一般的限定即個物的限定」「時間即空間、空間即時間」「非連続の連続」といった西田哲学特有の論理の鍵となる概念群が、説明もなしに最初から用いられており、文体の独特の生硬さと簡潔さもあって、決してわかりやすい文章ではない。しかし、この概念群の連関が理解できれば、西田の哲学世界はずっと見通しのきくものとなる。

西田の根本的な論理構造は、「個物」と「一般者」、「時間」と「空間」というように、絶対に相反して矛盾し結びつかない二つの項を、否定によって端的に統一する媒介者の自己限定の論理でもって捉えるところにある。その統一する論理の在り方を「絶対矛盾的自己同一」と呼んでいる。したがって、「時間即空間」といった表現では、このとき二項を結びつけている「即」は、「すなわち」といった二項の順接関係ではなく、絶対に相反し矛盾するものの統一「絶対矛盾的自己同一」という論理関係を意味しているのである。時間はどこまでも時間であって空間とはならないし、また空間もどこまでも空間であって決して時間と交わることはない。それにもかかわらず、生命は時間的であるとともに空間的でもある。生命を捉えようとすると、私たちはとんでもなく論理的に矛盾した思考を強いられることになる。しかし、その矛盾のうちに、生命の論理構造の特徴を見出すことができるのであり、私たちが何ものであるかの謎に触れることができるのである。

2　個物と一般とをつなぐ論理

さらに生命の論理構造を明確に捉えるために、個物と一般との関係を詳細に見てみよう。それというのも、ここに西田の人間学・国家論・自然哲学の最も根本的な論理構造を読み取ることができるからである。

生命は従来より大きく目的論と機械論とに分かれて論じられてきた。しかし、西田にしたがえば、この二つの議論はともに実在を抽象化し極限化したときの論理にすぎない。目的論というのは、一が多を統一する理論、「一の多」として現れる理論である。例えば、生命現象は、刻一刻とe_1、e_2、e_3、e_4、e_5、……というように時間の流れのなかで多様に移り変わってくるのだが、他方でこの多は有機体として全体的一において統一されなければならない。それにたいして、機械論というのは、一が多の関係において現れる「多の一」の理論である。例えば、個物とは空間的に捉えたときe_1、e_2、e_3、e_4、e_5、……というように多数の個物との相互限定において個物であるが、しかし、他方で個物が個物であるためには他の個物との間に統一がなければならない。目的論と同様に、ここでも外部から統一する一般者のうちに個物が回収される。西田によれば、どちらも一と多との関係を捉え損ねている、つまり具体的な形をとって表現される生命の動的な運動を捉え損ねているという。生命の論理は、一般的限定と個別的限定との関係がそうであったように、「一即多、多即一」でなければならない。このとき「多」とは「個物的多」のことであり、「一」とは「全体的一」のことである。

西田のこの個物をめぐる論理は、ライプニッツのモナド論と同様、個物の独立性と自由性とを明らかにする論理である。そして先に見た個物と一般者との弁証法はこの論理を言い表している。西田において個物とは、論じられている主題において「物」「生物」「社会」などさまざまなものを指すが、歴史的世界で個物とは具体的には「個物的自己」すなわち「人格的自己」のことである。この個物と一般者という問題系を、人格的自己の具体性から捉え直すなら、自己はそれぞれ個物として独立性と自由性を有しているが、自己は他の自己との関わりのなかで相互に自己の行為の形をとりながら生きている。しかし、このような多として自己があるということは、それを結び合わせる一なる統一がなければならない。ところがもしこの一なる統一が有であるとしたなら、個物には独立性も自由性もなくなるだろう。しかし、この一なるものがなければ、多ということ自体が不可能になる。したがって、この一なるものは無であるとともに有でなければならない。このような「一即多、多即一」の「絶対無」の場所的弁証法が実在の論理の形式となる。

この「一即多、多即一」の場所とは、後で見るように「弁証法的一般者」であるが、端的に言えば超越者を指しており、「絶対無」がこの位置を占めているのである。西田は宗教を「歴史的実在の世界の成立の根柢」（八巻、二六六頁）と捉えるが、絶対無こそがそのような歴史的実在の世界の根柢である。歴史的実在の世界が、このような宗教的構造をもつが故に、人間が刻々と世界を作りそして世界から作られるその瞬間が、同時に絶対に触れる「永遠の今」となるのである。

3　媒介者としての弁証法的一般者とその哲学史上の意味

この個物（Einzelne）と一般者（Allgemeine）そして媒介者（Medium）の関係は、西田によって端的に$\frac{E}{A}M$という公式で表現されている。この公式は対立する項目を捉える西田哲学における論理的図式のプロトタイプというべきものである。ここから、私たちが常識的に捉えている「意識」や「物質」という捉え方がどのようにして生じるかが説明される。すなわち、弁証法的一般者Ｍの個別的限定Ｅの方向において極限をもつと「意識の世界」が、反対に一般的限定Ａの方向に極限をもつと「物質の世界」が立ち現れるというのである。西田自身の図式化にしたがえば、Ｍ→Ａでは物質の世界が、そしてＭ→Ｅでは意識の世界が立ち現れるのである（八巻、一二二頁）。

このＭ＝「弁証法的一般者」は、先にも述べたように「絶対無」の別名なのだが、それぞれの項目のつながりにおいて「弁証法的一般者の自己限定」としてさまざまな名称で呼ばれている。例えば、時間と空間のときには「永遠の今」と呼ばれ、心と物、自己と世界のときには「歴史的身体」「ポイエシス的身体」、個物と世界のときには「歴史的世界」「歴史的生命」と呼ばれている。そしてこのＭの世界が「真の具体的世界」と言われるのである（八巻、一二二頁）。このようなＭを最も広い意味（広義）においてメディアと捉えるなら、西田の理論とは根本的なメディアの論理と言うこともできよう。

さらにここから、西田哲学の思想史的位置を示す大きな図柄を提示することで哲学の特色を示しておこう。極めて簡略化し図式的に捉えるなら、西田哲学では［主観―時間―心―個物］のＥの系列と、［客観―空間―物―一般者］のＡの系列において、互いの対応する項目が絶対に相反し矛盾するものの自己同一の関係として捉えられていると言うことができる。そしてこの両項を媒介するのがＭ＝「弁証法的一般者」である。この［時間―心―個物］は単に並置されているのではなく、ライプニッツのモナド論がそうであるように、互いに緊密につながっており一つのものである。個物とは自分から働くもの自発的なものである。そのため内面的に結合しており時間的であり、その時間は心を離れては考えられない。したがって［時間―心―個物］は相互につながっている。同様に、空間ではデカルトの言うように、すべてのものが現在であり、現在であるときにだけ空間である。そこには持続する心ではなく物がある。物は空間に互いに並ぶものだが、そのような個体を結びあわすためには一般者がなければならない。したがって［空間―物―一般者」もまた互いに緊密に結びついた一つのものである（一四巻、二四〇頁）。前者ではどこまでも予見不可能な創造的な生命の流れが、そして後者ではその生命の流れを切断しながら立ち上がる空間的な構造が示されている。

この二つの系を哲学史の系譜で言い換えると、この前者の系列は、ライプニッツに代表される唯心論・理想主義の系譜の思想である。人間の自由意志を主張し、その存在論的立場は唯心論であり、認識論上の立場は合理論・観念論である。それにたいして、後者の系譜はマルクスに代表される唯物論・経験論の系譜の思想である。因果関係で機械論的に世界を捉え、存在論的立場は唯物論であり、認識論的立場は経験論・実在論である（前田、二〇一〇、六五頁）。前者の系列はEの系列からAの系列を考え、後者の系列はAの系列からEの系列を考えるということができる。西田はこのどちらの系列の立場も一方の性質を無視し抽象的であるとして批判するのである。

以上見てきたように、西田の論理は歴史的実在の論理であり、それは生命の論理である。西田において実在とは、非合理な力の系列であるEの系列とその力を空間的に合理化するAの系列との交錯であって、それゆえにどこまでも創造する力としての歴史的生命である。つまり「歴史的実在の世界の構造」とは、絶対矛盾的自己同一としてどこまでも創造しつづける歴史的生命にほかならない。しかし具体的にこの歴史的生命を表現するのは、歴史的世界における歴史的身体である。

第三節　歴史的身体の論理

1　歴史的身体の論理

前節では、人間の世界が歴史的実在の世界であることが示され、その論理がどのような構造になっているかが明らかになった。歴史的身体が登場するのは、この歴史的実在の世界においてである。前に引用した箇所に続く文章を大きく引用してみよう。物質の世界・生物の世界・人間の世界の関係が明らかにされ、私たちの生きている世界は「歴史的実在の世界」であること、さらにはこの世界での人間とはなにより身体であることが語られる場面である。

生物的世界といへども右に云つた如く既に弁証法的一般者の自己限定として考へられねばならぬと思ふが、生物的世界と考へられるものは、尚真に弁証法的一般者の自己限定の世界ではない。歴史的実在の世界に於ては、個物は何処までも自己自身を限定すると考へられるものでなければならない、自由意志的でなければならない。か丶る世界に於て、始めて有が無であり、生が死であると云ふことができる。か丶る世界の自己限定に於て、人間が道具を有つといふことも可能となるのである。（中略）か丶る世界の個物として人間といふものがあるのである。故に人間は自己自身の行動を知るのである。人間が道具を有つといふことが、既に世界の自己否定の肯定から可能なるのでなければならない。道具は我々の身体を離れたものである、物である。而して人間は啻に物を道具として有つのみならず、自己の身体をも道具として有つ。人間は身体的存在であると共に、自己の身体を道具として有つのである。（八巻、二八二―二八三頁）

生物的世界も世界であるかぎり「弁証法的一般者の自己限定」にはちがいないのだが、それは「真に」ではない。個物は「何処までも」自己自身を限定するものでなければならず、ここに自由意志的な個物である人間が登場する。しかもその人間は「道具を有つ」と述べられ、人間であることと道具を有つということとが強く結びつけられている。道具はすでに誰かによって作られたものであるから歴史的社会的性格をもっており個を超えた存在である。したがって、このとき人間の身体とは後述のように「歴史的身体」であり、世界は端的に「歴史的実在の世界」である。またこのとき語りの中心が「弁証法的一般者」になっていることにも注意が必要である。

「人間は身体的存在であると共に、自己の身体を道具として有つのである」という文言は、人間の身体の二重性を示すものとして重要な観点である。メディアとしての身体概念を、西田の言説から切りだそうとするとき、この身体の二重性の提示は極めて重要である。先に西田哲学の実在を捉える論理構造には、［主観―時間―心―個物］のEの系列と、［客観―空間―物―一般者］のAの系列があることを明らかにしたが、「身体的存在」というときの身体は「身体である」ことだからEの系列にはいり、また「身体を道具として有つ」というときの身体は物であるところから、このときの道具的身体はAの系列にはいると考えられる。「身体である」ことと「身体を有つ」こととは、それぞれ互いに絶対的に矛盾するといってよく、この二つの項の絶対矛盾的自己同一として「歴史的身体」が立ち現れると考えられる。西田自身は、この身体の二重性の関係を、「絶対矛盾的自己同一」という言葉でもって明示的にテクストのなかで表現しているわけではないが、歴史的身体もまた弁証法的一般者Mの具体的な姿と考えられるのである。ところで、「Mの世界といふのは行為的直観の世界である。それは歴史的実在の世界である」（八巻、二一三頁）と言われている。このようにして、私たちは、ようやく行為的直観から歴史的身体について考えるところまで行きついた。

2　行為的直観の論理

行為的直観と歴史的身体との関係について、「論理と生命」の翌年に発表された論文「行為的直観」（一九三七年）によって補足しながら論じよう。行為的直観とは、先の「歴史的実在世界の論理」との関わりで言えば、弁証法的一般者の自己限定を、具体的に実現する歴史的自己の働きに着目したときの論理である。行為的直観とは、端的に言えば、行為によって物を見るということである。「行為的直観的に物を見ると云ふことは、物が否定せられるべく見られることである。直観といふのは、抽象概念的に考へれば、単に静止の状態とも考へられるであらう。併し具体的には物を身体的に把握することである。」（八巻、五四九頁）つまり「行為的直観的に物を見る」というのは、「物を身体的に把握すること」なのである。

これはどのようなことなのか。身体が「身体である」ということと「身体を有つ」という互いに対立する二重性であることはすでに見たが、この二重性は「身体である」という意味で「見る」面と、「身体を有つ」という意味で「見られる」面との二重性に言い換えることができる。「身体といふものがなければ、運動によつて物を見るといふことはない。身体は運動の主体と考へられる。然るに又逆に運動によつて身体が見られる。我々は手によつて道具を作り、道具によつて物を造ると考へられる。道具といふのは我々の身体を離れたものである、物である。併し道具を認めることから我々の身体を知るのである。」（八巻、二八〇頁）この身体の二重性から行為によって物を見るということを捉えるのである（思惟というのもこの身体を離れることはできない）。

それではこの「見る」という方向にはどのようなことが起こるのか。そこでは「物の身体化」が起こるという。このとき物としての身体の方は失われてしまうので、第一形相の純粋主観のような世界（精神的世界）が生起する。それにたいして、「見られる」ということでは、身体は物と捉えられるところから、「身体の物化」が生じるという。この方向を推し進めていくと、純粋客観の物化の世界（物質的世界）が成り立つ。このように「見る」ということにおいても、「物の身体化」と「身体の物化」という相反する二つの働きの統一、つまり純粋矛盾的自己同一としての世界が動いているのである。そして歴史的身体（身体的自己）とはこのような相反する二項を包むMなのである。

反対に次のように言い直すことができる。思惟作用によってMとしての歴史的身体（ポイエシス的身体）が否定されるとき、それぞれの極に「物質的世界」と「精神的世界」が立ち現れる在り方を示している。媒介者が物質的世界と精神的世界を媒介しているのではない。むしろこの二つの世界は、思惟作用によって媒介者を否定するときに立ち現れてくるものにすぎないのである。「表出即表現である、かゝる矛盾的自己同一が思惟作用である。かゝる立場に於て、一方に何処までも作られたものからとしてポイエシス的身体を否定する物質的世界が考へられると共に、一方に何処までも作るものからとして同じくポイエシス的身体を否定する精神的世界が考へられるのである。」（九巻、二七三頁）。これは、先に弁証法的一般者Mの個別的限定Eの方向において極限をもつと「意識の世界」が、反対に一般的限定Aの方向に極限をもつと「物質の世界」が立ち現れると述べたが、この弁証法的一般者Mの在りようを歴史的身体のレベルで捉え直したものである。リアルなのは、意識でもなく物質でもなく、道具をもって物を作る歴史的身体なのである。あるいは「作られたものから作るものへ」という創造運動であり、その表現としての行為的直観である。

このような在り方は、ふたたび「歴史的実在の世界の論理」に引き寄せられて、次のように書きあらためられる。

我々が物を以て働く。併し我々の身体は働くものたると共に見るものである。形造ることは見ることである。斯く我々の自己から見て行為的直観の世界即ち現実の世界は、逆に之を全体の立場から見れば、表現的に自己自身を限定する創造的世界、即ち歴史的実在の世界であり、論理的には、個物の相互限定が一般者の自己限定、一般者の自己限定が個物の相互限定なる弁証法的一般者の世界である。（八巻、三三四―三三五頁）

私たちが歴史的身体として道具をもって物を作るということ、働くとともに見るこの行為的直観は、自己から見たら「行為的直観の世界即ち現実の世界」であるが、全体の立場から見れば「歴史的実在の世界」であり、さらに論理的立場から見れば、個物と個物とが相互に限定することが一般者の自己限定であり、そして反対に一般者の自己限定が個物の相互限定であるような「弁証法的一般者の世界」なのである。

私たちは、西田の論文「論理と生命」を中心に、その前後の論文をも補足的に検討しながら、西田の歴史的実在の世界の論理の核心をシンプルに図式化し、さらにそれとの関係で歴史的身体の論理を検討した。この歴史的実在の世界では、個物としての自己を創造的要素として、行為的直観を通して、いつも絶対的に新しい世界の創造が刻々となされていくのである。

3　歴史的身体と行為的直観の具体

原理的に言えば、人間が歴史的世界において道具でもって物を作るかぎり、どこまでも創造がなされているということができる。しかし、この行為には優劣はないのだろうか。もしそれがなければ、人間（個物）は何をしてもよいことになるだろう。教育人間学にとってこの問いは重要な問いである。歴史的身体と行為的直観の具体に、いま一歩踏み込んでこの問いを考えてみよう。西田は次のように言う。

我々は何処までも自己の私を去つて物そのものとなつて考へ、物そのものとなつて行ふ、何処までも真実を求め、真実に従ふ、そこに科学があり、道徳があるのである。（中略）我々が世界の真の問題を見出すことは、真の自己を見出すことである。（中略）行為的直観的に物そのものとなつて考へ、そのものとなつて行ふ所に、真の自己があるのである。否定すべきは、我々の自己の独断と我執とでなければならない。（九巻、三〇〇―三〇一頁）

ここでは「独断と我執」を否定して、「物そのもの」となって、世界の真の問題、真の自己を見出すことが求められている。それにしても「自己の独断を捨てる」とは一体どういうことなのか。「独断を捨てる」ことは、「自己の私を去つて」、「行為直観的に物そのものとなつて考へ、そのものとなつて行ふ」ことを意味するという。それではこの「行為直観的に物そのものとなつて考へ、そのものとなつて行ふ」とは、どのような事態を指しているのだろうか。

西田によれば、技術とは「我が物の中に入ることである、物の働きが我の働きとなることである」（八巻、二九七頁）。したがって、大工が道具でもって無心に材料の木材に働きかけるとき、科学者が観察対象を事に徹して注視するとき、彫刻家が専心して一打の鑿を打ち振るうとき、彼ら（歴史的身体）は我を忘れ物そのもののなかに深く入りこんで考え、物そのものとなって行っていると言えるだろう。もし彼らが物そのものになることをやめ、勝手に独断的になるなら、そのような大工が造る家は傾くだろうし、科学者の測定結果は正確さを欠くことになるだろうし、彫刻家の鑿の一打は恣意的なものとなるだろう。「無心」や「専心」といった言葉はこのような事態を言い表している。そのとき私たちは、［技術―身体―道具］を介することで、主客の合一を実現しているといってよい。

しかし、このような物との関わりは、労働や科学や芸術の世界にとどまらない。道徳の世界においても同様である。西田は、私たちはそれぞれ行為直観的に世界に働きかけ、物となって考え物となって行為すればするほど、「世界の問題が自己の問題」となるという（九巻、三〇一頁）。そして、それぞれの人間が、それぞれに真の世界の問題を発見し、真の自己の問題を発見するという。このとき西田が「物」と呼んでいるのは、自然科学が対象とする「物質」のことではなく、「事実」「事」「歴史的事物」のことである。「物は事であり、事は物である」（一二巻、三七二頁）というように、西田は「物」を「事」に置き換えて論じてもいる。つまり「物」となって考えるということは、「事」となって考えることでもある。しかし、真の世界の問題を発見する（見る）こと、真の自己を見出すことは、それほど簡単なことではない。それというのも、歴史的世界は「夢と偏見に充ちた世界」だからである（九巻、三〇一頁）。夢は物そのものを無視することであり、偏見は物そのものへの独断を意味するのだろう。だからこそ、主観的な思惟にとどまることは危険なことであり、私たちは行為直観的に世界に働きかけることで、また世界から作られることで、世界の真の問題を発見し、真の自己を見出す必要があるのだ。

この「無限なる当為の方向」へと向かう努力が道徳的立場と呼ばれる（九巻、一四五頁）。このとき道徳とは、自己の行為の動機の在りようにではなく、またその行為による功利的な結果の有無にでもなく、個人の生を超えて「物そのものとなつて考へ、物そのものとなつて行ふ」ことに尽きるのである。この道徳の主題は本章の課題を超えるのでこれ以上深入りはできないが、ここで確認しておくことは、以上のように解するなら、行為的直観の原理は、科学にとどまらず、道徳さらには宗教においてもかわりはしないということである。この「行為的直観的に物そのものとなつて考へ、そのものとなつて行ふ」は、人間存在の出発点であるとともに、最終の在り方でもあるということである（一二巻、三四三頁）(3)。

4　メディアとしての歴史的身体

メディア論として、これまでの歴史的身体の議論を整理し直すことにする。歴史的身体とは、単に生体としての身体ではなく、道具をもって物を作る身体である。道具を使用するためには技術が不可欠である。

我々の身体は歴史的身体である、手を有つのみならず、言語を有つ。我々が歴史的身体的に働くといふことは、自己が歴史的世界の中に没入することであるが、而もそれが表現的世界の自己限定たるかぎり、我々が行為する、働くと云ひ得るのである。故に人間は理性的なるかぎり、真に生きるものとして能働的であるのである。我々が道具を有つといふ時、道具は既に名を有つたものであるのである。我々の身体的自己は歴史的世界に於ての創造的要素として、歴史的生命は我々の身体を通じて自己自身を実現するのである。歴史的世界は我々の身体によつて自己自身を形成するのである、我々の身体は非合理の合理化の機関である。我々は身体を道具として有つと共に、我々は何処までも身体的存在である。世界に没入するといふことは、身体がなくなるといふことではない、単に一般的となることではない。却つてそれが深くなることである、寧ろ身体の底に徹底することである。（八巻、三二四—三二五頁）

このように、歴史的身体を弁証法的一般者の具体的表現と捉えたとき、その原理は身体の二重性すなわち「身体であること」と「身体を有つこと」の二つの項の絶対矛盾の自己同一である。身体を有つとは、身体を道具（狭義のメディア）として有つことであるが、それは身体が道具を有つことによって成立している。しかも道具を有つためには技術が伴わなければならない。したがって、この歴史的身体というメディアには、道具と技術とがつながりをつけている。つまり歴史的身体は、さしあたりメディア＝［技術—身体—道具］として捉えることができる。さらにより詳細に見るなら、歴史的身体とは、行為的直観として道具でもって物を作る身体であり、物を見る身体でもある。したがって、歴史的身体とは［自己—（技術—身体—道具）—世界］のつながりをもつ創造運動である。このとき歴史的身体は、［技術—身体—道具］にとどまらず、［自己—（技術—身体—道具）—世界］にまで拡張されることになるが、すでに前にMを「広義のメディア」と呼んだように、この後者の歴史的身体を「広義のメディア」として捉えることが可能となる（矢野、二〇一二）。

これまでの議論を、Eの系列とAの系列になぞらえて敢えて図化すると、図のようになる。このとき［身体—技術—自己］のラインは、通常「主体」と呼ばれてきたものであり、［身体—道具—世界］のラインは、通常「客体」と呼ばれてきたものにあたる。身体の二重的性格がこの二つのラインの交錯を可能にさせるのである。しかし、最も具

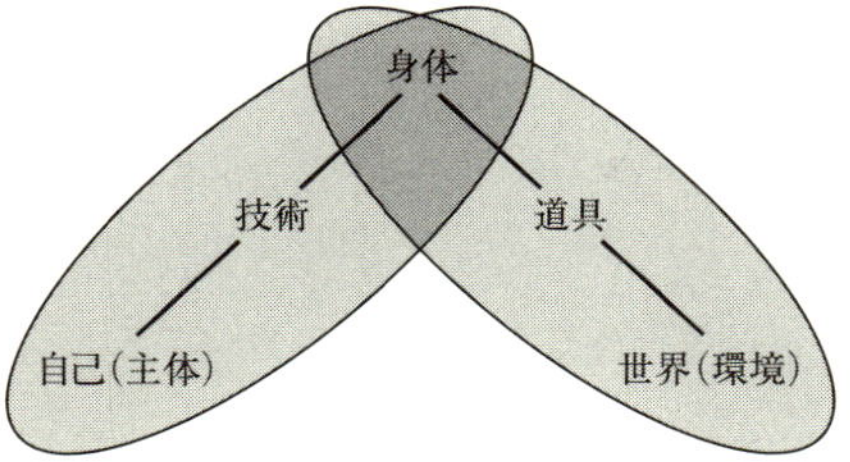

図　歴史的身体の論理構造

体的なのは、どこまでも歴史的身体そのものであって、この二つのラインは抽象化によって取りだされたものにすぎない。

行為的直観とは「物そのものとなつて考へ、そのものとなつて行ふ」ということであった。この節の引用でも「世界に没入する」ということが述べられている。そのことを可能にしているのは、私たちの身体が二重的性格を有しているからである。この歴史的身体は、歴史的世界の存立する論理構造たる絶対矛盾的自己同一の場であって、世界の内部であると同時に世界の外部でもある。もし身体が世界の外部でしかなければ、世界に「没入する」ことができず、もし世界の内部でしかなければ、すでに世界のうちにあるのであるからもはや「没入する」ことはできない。「世界に没入する」ことができるのは、世界の内部であるとともに外部でもある人間だけである。

そして、そのときそこには、「技術―身体―道具」のメディアがいつも働いていることを忘れてはならない。私たちは徹頭徹尾技術的存在であり、いつも道具と結びついている。手に道具がなくとも身体はすでにして道具である。私たちはこの「技術―身体―道具」のメディア（例えば言語もそのなかの一つ）によって世界を対象化し、主客に分かれるとともに、メディアによって主客の合一を実現する（もちろん言語もその一つ）。私たちは身体として一歩歩む毎に、新たな創造を成し遂げ、世界を作り変えるとともに、その世界によって作りかえられる。この一歩一歩の歩みそのものが、仕事となり、遊戯（散歩）となり、芸術（ダンス）となり、宗教（修業）となる。

以上、歴史的身体を二重性において捉えることで、身体がなぜ脱自の体験によって生命性に触れる「生成」を生起させる場となるとともに、また問題解決の経験によって分節化する社会的有能性の「発達」を実現する場となるかが、明らかとなる。「身体であること」の系は「生成」を可能とし、「身体を有つこと」の系は「発達」を可能とするだろうが、両系が互いに絶対矛盾の自己同一の関係であるがゆえに、歴史的身体はどこまでも限りなく創造的に形成されるのである。

第四節　教育学の歴史における歴史的身体の消失

西田幾多郎の思想は、木村素衞のような京都学派の教育学者にとどまらず、当時の教育学者にも大きなインスピレーションを与えた。篠原助市も西田の思想から影響を受けた一人である。篠原は新カント学派の教育学者と考えられているが、西田が『自覚に於ける直観と反省』（一九一七年）を講義し執筆している時期に、西田の指導によって卒業論文（一九一六年）を完成させている。それは一見するとフィヒテと新カント学派の哲学に基づいて論じられているように見えるが、篠原の理論は西田のそれを新カント学派の用語で言い直したものである。『教育の本質と教育学』（一九三〇年）は京都帝国大学に提出された学位申請論文だが、そこでも篠原は西田の思想に多くのものを負っている。有名な「自然の理性化」とは、新カント学派に基づいた理性による自然的衝動の秩序化などではなく、「自己が自己に於いて自己を見る」という西田の自覚論に基づいた原理なのである。生命の力（生の哲学）と客観的価値（新カント学派）という相対立するものの統一、篠原の「自然の理性化」とは、生成と発達とを結びつけた原理だった。しかし、後期の『教育学』（一九三九年）に登場する「個人の歴史化」の概念では、西田の「行為的直観」の原理にしたがいながらも、歴史を作る歴史的世界における歴史的身体の課題は十分に展開されず、教育は「国民精神」の自覚のうちに回収されてしまった(4)。

その意味で言えば、西田の弟子であり京都学派の人間学に基づいた木村素衞の教育学こそは、西田の「論理と生命」(一九三六年)における歴史的身体の課題を踏まえたものでありえたはずである。事実、木村が美学の研究者と言うこともあり、論文「身体と精神」(一九三八年)は、道具を介して世界に働きかけ、また作ることで作られるダイナミズムを論じた優れた論文で、西田から高く評価された論文であった。木村の教育学は、西田の歴史的身体論を組み込んで構築される可能性を十分にもっていた。しかし、戦時体制のなか、木村の教育学はこの歴史的身体の議論を推し進めることなく、国家と教育との関係の論理的解明に精力が注がれ、学習理論としても教育理論としても発展することはなかった。

ところで、篠原が『教育学』を発刊した年、第二次世界大戦が開始された一九三九年という年は、「戦後教育学」の誕生を記するエポック・メーキングな年でもあった。それというのも、この年は城戸幡太郎の『生活技術と教育文化』、山下徳治の『明日の学校』、海後勝雄の『教育技術論』が続けて出版された年である。城戸幡太郎・山下徳治・海後勝雄、彼らは戦後教育学の発展に大きく貢献した「教育科学」を創設した中心的人物たちである。これらの著作は、三木清の技術論と協同体論の強い影響下で書かれている。重要なことは、その三木の技術論が西田の行為的直観の原理に大きな影響を受けていることである。つまり戦後教育学の理論的枠組みは、戦時下に展開された西田―三木の「技術―身体―道具」という歴史的身体論と結合した技術論の延長にあるということである。しかし、そのような戦後教育学は、京都学派への批判によって、西田―三木の人間学的な技術論から離れてしまい、自然科学をもとにした科学主義になることで、次第に生命論との緊張をもったつながりを失っていった。

最終節において、戦前の教育学について述べるのは、懐古的な関心からではない。今日の学問的思考に、思想史的思考が欠落していることからくる機能不全を見ているからである。この短い思想史的描写からも理解できるように、「生成と発達の教育人間学」という教育学的思考の試みは、教育思想史的に捉えれば、孤立した営みではなく、京都学派の教育学の新たな展開として位置づけることができる。それとともに、そのように京都学派の教育学の系譜に位置づけたときに、転じてあらためて思想史を見直すならば、歴史的身体の問題圏は教育学での展開を十分にもつことなく、戦争によって消失してしまったことがはじめてわかる。それは学問的な意義を失ったからではなく、戦争による断絶のためにこの主題を問い続ける思想的担い手を失ってしまったからである。

近年、ヴィゴツキー学派の学習理論の再評価が高まっている。また学習を社会的歴史的文脈において捉える状況認知の理論が、教育学研究において影響をもっている。しかしながら、これらの学習理論には生命論の視点が欠けている。西田哲学が到達した歴史的身体への視点が欠けているため、この学習理論からは社会的に有用な発達の論理は論じえても、生命に触れる生成に関わる事柄を論じることはできない。学習という事象の領域が有用性の関心によって最初から狭く限定されており、生成と発達という生の変容の全体性から学習という事象を切りだしていく手続きが十分に踏まえられていない。

「生成と発達の教育人間学」という立場から捉え直すとき、この歴史的身体の議論は二一世紀という生命がより深く根底から問われる時代に、あらためて注目に値する議論である。有用性の価値観と科学主義に基づく機能的な教育学――教育実践は、生命と結びつく人間存在を一次元化することで、生命不全ともいうべきさまざまな教育問題を引き起こしている。歴史的身体を問うとき、私たちは新たな学習理論と教育学の構築の可能性に開かれるのである。

（1）熊野純彦によれば、一九三〇年代後半の京都学派の第二世代を含む哲学研究者たちは、西田幾多郎の論文「論理と生命」の思考圏のうちで、「身体」と「歴史」の問題を基軸に研究を展開したという（熊野、二〇〇九、八七頁）。しかし、横山太郎にしたがうなら、京都学派の「身体」への関心は、西田からではなく田邊元の論考からくるものである（横山、二〇〇五）。いずれにしても、西田―田邊を二つの中心とする京都学派の人間学研究者たちにとっては、この時期、「身体」は重要な研究主題の一つとなったといえよう。

（2）西田幾多郎の身体論は、フッサールやメルロ゠ポンティらの「身体の現象学」の問題構成に驚くほどの親近性があるといわれているが（野家、一九九四、七六頁）、西田が同時期のフッサールの「運動感覚（キネステーゼ）」の研究を知るよしもなく、またメルロ゠ポンティの『知覚の現象学』が出版されるのは一九四五年のことである。西田は「論理と生命」前後の論文でもすでに身体について論じている。また身体がタイトルになっているものには、一九三七年の信濃哲学会で行われた講演の記録「歴史的身体」（全集第一四巻所収）がある。西田の身体論についての研究には、湯浅泰雄『近代日本の哲学と実存思想』（一九七〇、創文社）、舩山信一の提唱した人間学的唯物論の身体論を中心に京都学派の身体論を論じた服部健二の「身体概念をめぐって」（『西田哲学と左派の人たち』二〇〇〇、こぶし書房）などがある。市川浩＋山崎賞選考委員会『身体の現象学』（一九七七、河出書房新社）では、今日の西田研究から見れば粗い議論と言えないでもないが、西田の身体論が田邊や三木と対照しながら論じられている。また技術論としては、大橋良介「西田哲学の『技術論』」（『現代思想』一九九三年一月号）、岩崎稔「ポイエーシス的メタ主体の欲望――三木清の技術哲学」（山之内靖ほか編、一九九五、『総力戦と現代化』柏書房）、秋富克哉「技術思想―西田幾多郎と三木清」（大橋良介編、二〇〇四、『京都学派の思想――種々の像と思想のポテンシャル』人文書院）、服部健二「『歴史的人間学』とその技術論――三木哲学の再検討」（木岡伸夫・鈴木貞美編、二〇〇六、『技術と身体――日本「近代化」の思想』ミネルヴァ書房）などがある。また京都学派の身体論としては、田邊元「人間学の立場」（全集第四巻所収、筑摩書房）、三木清『哲学的人間学』（一九三三、未完）、西田の身体論の問題構成を行為論に置き換えた三木清『技術哲学』（一九四二、岩波書店）、高山岩男『哲学的人間学』（一九三八、岩波書店）。さらに戦後になるが、哲学的人間学の成果を取り入れた三宅剛一『人間存在論』(一九六六、勁草書房) などがある。

(3) 『日本文化の問題』(一九四〇年) では、「物となつて考へ物となつて行ふ」と言い換えられ、日本文化の伝統の核心をなすものとして捉えられ、ここから「日本精神の神髄」そして「矛盾的自己同一としての皇室中心」といった言葉につなげられていく(一二巻、三四六頁)。ここには西田哲学にとどまらず生命論全体に関わる重要な問題圏が現れているのだが、本章では論じる紙幅が残されていない。この検討は次の機会に譲らねばならない。

(4) 篠原助市のみならず、同時期に高等師範学校から京都帝国大学に進学し学び、新カント学派の影響を受けていると解されてきた大正新教育の中心的な教育学者、長田新・小原國芳・土田杏村らのテクストも、西田哲学との関係で読み直される必要がある。

参考文献

(西田幾多郎のテクストについては、岩波書店一九七八年版『西田幾多郎全集』を使用している。旧字で書かれているものは新字に改めた。文中表記の(五巻、四六三頁) は、人名が明記されていないものはすべて西田のテクストを示しており、最初の数字が巻数を、そして次の数字は該当する頁数を示している)

檜垣立哉、二〇一一、『西田幾多郎の生命哲学』講談社学術文庫

今井康雄、二〇〇四、『メディアの教育学──「教育」の再定義のために』東京大学出版会

小林敏明、二〇一一、『西田幾多郎の憂鬱』岩波書店

熊野純彦編、二〇〇九、『日本哲学小史──近代一〇〇年の二〇篇』中公新書

前田英樹、二〇一〇、「ベルクソン哲学の喜び──第二章　ほんとうの障碍物に出会う」(『思想』第一〇三二号)

新田義弘、一九九八、『現代の問いとしての西田哲学』岩波書店

野家啓一、一九九四、「歴史の中の身体──西田哲学と現象学」(上田閑照編『西田哲学──没後50年記念論文集』創文社)
鈴木亨、一九七七、『西田幾多郎の世界』勁草書房
田邊元、一九三〇、「西田先生の教を仰ぐ」(一九六三、『田邊元全集』第四巻、筑摩書房)
上田閑照、一九九五、『西田幾多郎──人間の生涯ということ』岩波書店
上田閑照編、一九九〇、『西田哲学への問い』岩波書店
矢野智司、二〇〇八、『贈与と交換の教育学──漱石、賢治と純粋贈与のレッスン』東京大学出版会
矢野智司、二〇一二(近刊)、「生命論とメディアの教育学──生命性と有能性が生まれる身体という場」(前平泰志ほか編『円環する教育のコラボレーション』京都大学学術出版会)
横山太郎、二〇〇五、「日本的身体論の形成──『京都学派』を中心として」(『UTCP研究論集』第二号)

あとがき、または「それからの教育人間学」に向けて

「それから以後どうだい」。なにげない会話の一部として交わされもするこの「それから」という言葉は、「それ」が指し示す出来事が何であるかによって、とめどもなく切実な言葉にも変貌するものである。夏目漱石は一九〇九年「東京朝日新聞」に、連載をはじめるにあたり、つぎのような『それから』の予告文を載せている。

「色々な意味においてそれからである。『三四郎』には大学生の事を描たが、この小説にはそれから先の事を書いたからそれからである。『三四郎』の主人公はあの通り単純であるが、この主人公はそれから後の男であるからこの点においても、それからである。この主人公は最後に、妙な運命に陥る。それからさきどうなるかは書いてない。この意味においてもまたそれからである。」

この四行ほどの短い文章で、漱石は「それから」という言葉が孕む人間学的な時間構造を描きだしている。「それから」を「それから先」と捉えるとき、ある過去の出来事を想起し、その出来事を起点として次の出来事との連続性に注意の焦点があたる。それにたいして、「それから後」と捉えるときには、焦点はある過去の出来事から一旦離れて、その上で新たな出来事へと移動する。そしてさらに「それからさきどうなるか」では、ある出来事を起点として次の出来事が収束し、さらにその後の開かれた未来へと、焦点は移るのである。漱石はこの短い予告文のなかで、

「それから」についての時間を三つの位相に区別することで、私たちの経験に生起する「それから」という時間への関わり方を正確に語っている。この分節化には深い普遍性があるように見える。私たちは、いつもすでに、この「それから」の諸相のいずれかの相を人生の課題として生きているのだ。

「それから」の「それ」が具体的に何を指すのかについては、当然のことながら個人によって異なるだろう。しかしながら、個人に固有の人生において、それ以前とそれ以後と画するような大きな切断をもたらす事件や出来事があるように、共同体や国家においても、「それから」と呼ぶべき大きな出来事の「それ」が起こることがある。同時代を生きた者がみな共有する、あるいはさせられてしまう経験や体験というものがあり、そのとき「私たち」の「それから」がはじまる。このような出来事の代表的なものに、厄災である戦争と災害があることに異存はないだろう。「それから」の「それ」は忘れがたく、「それ以前」と「それ以後」とでは世界の成り立ちそのものが異なってしまうような出来事である。

私たちにとって「それから」の「それ」は、一九四五年八月一五日の日本の敗戦のことであるとともに、二〇一一年三月一一日の東日本大震災のことを指すようになるだろう。「それから」と語り始めるとき、それまでの時間の流れは突然に切断され、それまでとは異なる時間が生起していく。その時間の流れの切断の意味を問い直しながら、「それから」の時間の流れを語るには、新たな言葉を必要とするだろう。私たち生き残った者たちと死んでいった者たち、そしてこれから生まれてくる者たちとをつなぐ、正しい物語を探し出していかなければならない。それは「それから」を生きる者すべてに共通する生の課題である。しかし、それとは別に、教育を研究する者に科せられた「それから」の課題がある。

教育思想もまた「それからの思想」の一つである。新たな教育思想の誕生は、戦争や内戦と内在的なつながりがある。戦争や内戦は、それまでの日常の生活を根底から破壊するが、それは同時に、子どもが育つ家庭と地域とを破壊する。戦争において生みだされた戦争孤児のホスピタリズムの問題が、教育学的な思考を駆動してきた。三〇年戦争のコメニウス、フランス革命後の混乱期のペスタロッチとフレーベル、ロシア革命期のマカレンコ、そして第二次世界大戦を体験したランゲフェルト、彼らはそれぞれ家庭や地域社会（養育・教育のシステム）が壊されて庇護と教育を剥奪された戦争孤児たちの問題に直面した。その状況のなかで、そのような子どもたちにたいして新たな「相互性」を生みだそうとする試みが、制度的な枠組みを超えた教育実践と教育学的思索の再構築とを駆動させてきたのだ。つまりこれらの教育学は、どれも「戦後教育学」なのであり「それからの教育学」であるといってよい。このことを明確に指摘したのは田中毎実先生である。

本書は、直接的に大震災の「それから」を主題としているわけではないが、さまざまな「それから」の課題、「それから先」「それから後」「それからどうなる」に真剣に取り組んだ教育人間学の論考集である。本書は、日本の教育人間学をリードされてこられた田中毎実先生の京都大学退職を契機として企画されたものであるが、それ以上に、そのことを契機として改めて教育人間学の「それから」の可能性を明らかにするための本である。読者がそれぞれの論考が開く「それから」と結び合うことを心より願っている。最後になったが、本書の意義を理解され編集された東京大学出版会の後藤健介氏に心より感謝したい。後藤氏の努力なしには本書は生まれなかっただろう。

二〇一二年六月

矢野智司

執筆者紹介（執筆順）

田中毎実（たなか・つねみ）［編者／序章］
大阪大学大学院文学研究科博士課程単位取得退学。大阪大学助手（人間科学部）、愛媛大学助教授（教育学部）、同教授、京都大学高等教育研究開発推進センター教授、同センター長を経て、現在、武庫川女子大学教授（文学部）。京都大学博士（教育学）。主要著書に，『臨床的人間形成論へ――ライフサイクルと相互形成』（勁草書房、二〇〇三年）、『大学教育の臨床的研究――臨床的人間形成論　第1部』（東信堂、二〇一一年）、『臨床的人間形成論の構築――臨床的人間形成論　第2部』（東信堂、二〇一二年）、『生成する大学教育学』（共著、ナカニシヤ出版、二〇一二年）、ほか。

＊

田中智志（たなか・さとし）［第1章］東京大学大学院教育学研究科教授。主要著書に、『教育思想のフーコー――教育を支える関係性』（勁草書房、二〇〇九年）、『学びを支える活動へ――存在論の深みから』（編著、東信堂、二〇一〇年）、『プロジェクト活動――知と生を結ぶ学び』（共著、東京大学出版会、二〇一二年）、ほか。

岡部美香（おかべ・みか）［第2章］京都教育大学教育学部准教授。主要著書に、『子どもと教育の未来を考える』（編著、北樹出版、二〇〇九年）、『教育人間学の展開』（分担執筆、北樹出版、二〇〇九年）、『環境教育学――社会的公正と存在の豊かさを求めて』（分担執筆、法律文化社、二〇一二年）ほか。

松下良平（まつした・りょうへい）［第3章］金沢大学人間社会学域学校教育学類教授。主要著書に、『知ることの力――心情主義の道徳教育を超えて』（勁草書房、二〇〇二年）、『道徳の伝達――モダンとポストモダンを超えて』（日本図書センター、二〇〇四年）、『道徳教育はホントに道徳的か？――「生きづらさ」の背景を探る』（日本図書センター、二〇一一年）、ほか。

鳶野克己（とびの・かつみ）［第4章］立命館大学文学部教授。主要著書・論文に、『物語の臨界――「物語ること」の教育学』（共編著、世織書房、二〇〇三年）、鳶野克己「人間であることの野性に向けて――内なるカマラを思い、カマラを生きる」（『立命館大学人文科学研究所紀要』九四号、二〇一〇年）、『ランゲフェルト教育学との対話――「子どもの人間学」への応答』（分担執筆、玉川大学出版部、二〇一一年）、ほか。

西平　直（にしひら・ただし）〔第5章〕京都大学大学院教育学研究科教授。主要著書に、『エリクソンの人間学』（東京大学出版会、一九九三年）、『魂のライフサイクル――ユング・ウィルバー・シュタイナー』（東京大学出版会、一九九七年＝増補新版、二〇一〇年）、『教育人間学のために』（東京大学出版会、二〇〇五年）、『世阿弥の稽古哲学』（東京大学出版会、二〇〇九年）、ほか。

西村拓生（にしむら・たくお）〔第6章〕奈良女子大学文学部教授。主要著書に、『物語の臨界――「物語ること」の教育学』（分担執筆、世織書房、二〇〇三年）、*Concepts of Aesthetic Education: Japanese and European Perspectives*（分担執筆、Waxmann Verlag、二〇〇七年）、『「人間と教育」を語り直す』（分担執筆、ミネルヴァ書房、二〇一二年）、ほか。

今井康雄（いまい・やすお）〔第7章〕東京大学大学院教育学研究科教授。主要著書に、『ヴァルター・ベンヤミンの教育思想――メディアのなかの教育』（世織書房、一九九八年）、『メディアの教育学――「教育」の再定義のために』（東京大学出版会、二〇〇四年）、『教育思想史』（編著、有斐閣、二〇〇九年）、ほか。

矢野智司（やの・さとじ）〔第8章〕京都大学大学院教育学研究科教授。主要著書に『自己変容という物語――生成・贈与・教育』（金子書房、二〇〇〇年）、『動物絵本をめぐる冒険――動物－人間学のレッスン』（勁草書房、二〇〇二年）、『贈与と交換の教育学――漱石、賢治と純粋贈与のレッスン』（東京大学出版会、二〇〇八年）、ほか。

人名索引

ら　行

事項索引

さ 行

た 行

教育人間学　臨床と超越

2012年8月30日　初　版

［検印廃止］

編　者　田中毎実《たなかつねみ》

発行所　財団法人　東京大学出版会
代表者　渡辺　浩
113-8654 東京都文京区本郷7-3-1 東大構内
http://www.utp.or.jp/
電話 03-3811-8814　Fax 03-3812-6958
振替 00160-6-59964

印刷所　株式会社平文社
製本所　牧製本印刷株式会社

ISBN 978-4-13-051322-7　Printed in Japan

矢野智司著　贈与と交換の教育学　——漱石、賢治と純粋贈与のレッスン　A5・五四〇〇円

今井康雄著　メディアの教育学　——「教育」の再定義のために　A5・五〇〇〇円

佐藤学　今井康雄編　子どもたちの想像力を育む　——アート教育の思想と実践　A5・五〇〇〇円

田中智志　橋本美保著　プロジェクト活動　——知と生を結ぶ学び　A5・三八〇〇円

田中智志　今井康雄編　キーワード　現代の教育学　A5・二八〇〇円

西平直著　世阿弥の稽古哲学　46・三〇〇〇円

西平直著　教育人間学のために　46・二六〇〇円

ここに表示された価格は本体価格です．御購入の際には消費税が加算されますのでご了承下さい．